大 国 税 事

姚轩鸽·著

九 州 出 版 社　JIUZHOUPRESS｜全国百佳图书出版单位

图书在版编目（CIP）数据

大国税事 / 姚轩鸽著. -- 北京 ：九州出版社，
2017.3

ISBN 978-7-5108-6849-8

Ⅰ．①大… Ⅱ．①姚… Ⅲ．①税收管理－中国－文集
Ⅳ．①F812.423-53

中国版本图书馆CIP数据核字（2018）第065904号

大国税事

作　　者	姚轩鸽　著
出版发行	九州出版社
地　　址	北京市西城区阜外大街甲 35 号 (100037)
发行电话	(010)68992190/3/5/6
网　　址	www.jiuzhoupress.com
电子信箱	jiuzhou@jiuzhoupress.com
印　　刷	三河市九洲财鑫印刷有限公司
开　　本	880 毫米 ×1230 毫米　32 开
印　　张	9.875
字　　数	230 千字
版　　次	2019 年 3 月第 1 版
印　　次	2019 年 3 月第 1 次印刷
书　　号	ISBN 978-7-5108-6849-8
定　　价	48.00 元

治大国，若烹小鲜。

——《老子》第六十章

国家岁入生产（revenue production）的历史即国家的演进史。

——〔美〕玛格丽特·利瓦伊

随着我们观察我们祖先造反的历史，我们会认识到税收在文明的进程中是一个多么强大的力量。

——〔美〕查尔斯·亚当斯

财政是连接三个子系统的不可或缺的环节。三个子系统以财政为媒介构成了"整个社会"。因此，"整个社会"危机必然归结为财政危机。

——〔日〕神野直彦

序：探寻法治税收的理想与现实道路

韦　森

进入 21 世纪以来，在中国进行的一项最重要、最复杂的改革是政府财政体制的改革。实际上，人们目前所说的这一财政体制改革，是由三个相互关联的改革所构成：第一是税制的改革；第二是调整中央政府和地方政府财权和事权的划分，这包括中央和地方政府的税收分成比例的调整，中央和地方政府支出责任的划分；第三是国家预算制度的改革，即完成人大对政府预算的制衡和监督，以及政府预决算编制、审查和批准、执行和调整、监督及法律责任方面的规范化和制度化建设问题。

以上三个方面的改革和制度建设，既有各自的内容，又互相关联在一起。譬如，实行"营改增"的税制改革，就会牵涉到中央和地方政府税收分成乃至财权和事权的调整问题。政府要不要开征遗产税和环境税，又要牵涉到征收新税种要经人大讨论立法和批准的问题，乃至牵涉到落实税收法定原则问题，这无疑又牵涉到国家的立法法、预算法和政府预算制度建设问题。

这三个既分离又关联在一起的改革的系统工程，不仅牵涉到我们国家现代国家制度的建设，实际上也直接影响到未来中国的经济增长和人民福祉。但是，从三个方面的改革来看，目前均还没有完全形成社会共识，如何改，总体的改革方向和具体的改革路径还没有最后决定。只是在这一综合改革的具体方面在改，如实行营改增，降低增值税税率，并适当调整中央和地方政府的增值税分成比例。另一方面，尽管新的《预算法》已经通过，并于 2015 年 1 月 1 日开始实施，但是一个中国现代国家预算管理制度还没有形成，人大监督和制衡政府预算还是形式上的。预算编制的完整性和合理性乃至透明性还仍然欠缺。就此来看，我们国家的税制改革，政府财政体制的改革，乃至国家预算制度的建设，离一个现代化国家的治理制度还有很大的距离。

从大范围的世界文明演变史和中国历史来看待我们今天的税收制度、财政体制和国家预算制度的改革与建设，更能清楚地认识中国经济与社会的发展方向。自鸦片战争以来，中国是从一个延续两千多年的皇权专制的王朝体制下来开启现代化国家建设之路的。整个 20 世纪，中国社会都在探寻着国家的现代化过程。1949 年中华人民共和国成立后，我们的国家建立了一个计划经济社会。接着，在 1978 年解放思想的大潮中，中国终于开始了市场化改革，实际上也重启了现代化国家的建设过程。市场经济机制在中国社会中的引入和自发成长，导致中国经济有了近 38 年的高速增长。伴随着中国经济的高速增长，中国各级政府的财政收入也从 1978 年的 1 千多亿元人民币，增长到了目前总量超过 20 多万亿元的政府宽口径财政收入。

尽管这些年中国政府的财政收入超高速增长，但是，我们整个国家的财政收支与预算管理制度，基本上还停留在计划经济的思维和体制遗产之中。1978 年市场化改革和对外开放后，尤其是在 1994 年实行分税制改革之后，伴随着中国经济的高速增长，政府的财政收入和支出急剧膨胀起来，到现在已经有了十几万亿的税收收入和超过二十几万亿元的宽口径各级政府财政收入和财政支出。尽管中国经济规模已经成长到了世界第二，政府财政总收入和财政支出总规模也差不多达到了世界第一，但是我们整个政府对于现代市场经济条件下如何处理国家的账本和如何花钱，乃至如何做市场经济条件下政府预算好像还没有思想准备，整个国家财政体制和预算制度还大致停留在计划经济时代的体制运作的惯性运作和管理思路中。巨大的财政收支与国家预算管理体制的不规范，也导致了部分政府官员腐败的产生，中国的社会收入分配差距不断拉大，中国社会的不安定因素和紧张程度也在不断增加。在此情况下来理解当下中国正要启动的税收制度、财政体制的改革乃至国家预算管理制度的建设，就能理解其当下意义了。所有这些改革，从中国社会的整体现代化进程来看，无非是中国社会大转型和现代国家制度建设的一个重要构成部分。

要建立现代国家税收制度、财政体制和规范的政府预算管理制度，最根本、核心的问题是要从古代历代封建王朝下的皇粮国赋的财税观转变到现代国家制度中税收法定原则上来，即政府征税要经纳税人及其代表的同意，政府的税收和财政收入要取之于民，用之于民。这也就是现代国家制度中的法治税收和预算民主制度。就此而论，讨论税收的本质，从世界大范围和长时段的中外历史比较中，讲清税收的本质、税收的公平、税收法治乃至合理和合意的税收制度，就变得十分有意义了。这正是姚轩鸽先生这些年所做的理论工作，也是这本《大国税事》所要讲述的一些基本道理。

作为国内有影响的财税伦理学者，尤其是一个在政府财税部门工作多年的研究者，姚轩鸽先生根据政治学、经济学和伦理学原理和方法，近些年来系统研究了现代社会中政府财税基本理论与现实财税体制改革的一些根本问题，撰写了大量随笔与时评文章。这些文章、随笔和时评，跳出了"财税、中国、当下"等要素的局限，触及现代国家制度中财税体制的终极目的、根本原则的核心价值等重要课题，实际上探索了目前中国正在和将要进行的税收制度和财政体制改革，以及国家预算管理制度建设的深层理论基础，读来发人深思和深省。

　　纵观数千年的世界文明史，我们会发现，世界各国的经济与社会制度常常并不是按照理性乃至公正和理想的轨道在演进。一些国家的经济与社会制度的生成、存在和演变，也有诸多随机因素，且实际上是各个历史时期的各种社会力量博弈的结果，其中有文化信念的作用，也有制度经济学理论上所发现的制度变迁中的"路径依赖"问题。譬如，尽管马克思[1]、约翰·斯图亚特·穆勒以及当今国内的许多财政学家和许多经济学家都主张在市场经济条件下实行直接税制度，西方发达国家目前也大都在实行直接税制度，但我们国家目前基本上所采取的是以间接税为主的税收制度，且目前正在推行的"营改增"以及根据 2011 年全国人大常委会通过修改的《个人所得税法》

---

　　[1]　马克思在 1866 年为国际工人协会日内瓦代表大会的代表所写的"临时中央委员会就若干问题给代表的指示"中曾明确指出："如果需要在两种征税制度间进行选择，我们则建议完全废除间接税而普遍代之以直接税；因为，间接税提高商品的价格，这是由于商人不仅把间接税的总数，而且把为缴纳间接税所预先垫支的资本的利息和利润也加在这些价格上来了；因为，间接税使每个个人都不知道他向国家究竟缴纳了多少钱，而直接税则什么也隐瞒不了，它是公开征收的，甚至最无知的人也能一目了然。所以，直接税促使每个人监督政府，而间接税则压制人们对自治的任何企求。"（见《马克思恩格斯全集》，北京：人民出版社 1972 年版，第 16 卷，第 221-222 页）

所提高的个人所得税免征额，显然又在导致中国税收制度朝着以间接税为主的税收制度方向继续演进。

纵观长时段、大范围的世界历史，可以发现，各国的经济与政治制度变迁常常并不依经济学上的理性分析而前行，但是这却不排除学术界和思想界对历史的制度变迁和现实的制度安排进行理性的和理论的思考和评论。正是从这个意义上，我们现在更需要像姚轩鸽这样在政府税收第一线工作的财税专家和税收伦理学者来从现代各国税收制度和大范围的税收制度变迁比较研究中探索税收的本质、伦理乃至法治税收的一些基本原则。

只有税收法定和预算民主的国家基本制度建立起来了，中国方能建立起现代国家治理体系，中国的良序和谐的市场经济社会才是可期的。由此看来，当下中国尤其需要姚轩鸽先生这样的理论探索和思考。

是为序。

韦森 ①

2016 年 5 月 17 日谨识于沪上

---

① 韦森，汉族，籍贯山东省单县，经济学博士，教授，博士生导师，曾任复旦大学经济学院副院长多年，现为复旦大学经济思想与经济史研究所所长。1982 年获山东大学经济学学士学位后，曾在山东社会科学院《东岳论丛》编辑部做编辑工作数年，并被评为助理研究员。1987 年受联合国资助，赴澳大利亚国立大学国家发展研究中心留学。1989 年获澳大利亚国立大学硕士学位。1995 年获悉尼大学经济学博士学位。1998 年回国执教于复旦大学经济学院。2000—2001 年，剑桥大学经济与政治学院正式访问教授。2006 年，哈佛大学哈佛燕京学社短期高级访问学者。在复旦大学开设微观经济学、宏观经济学、制度经济学、比较制度分析等课程；主要研究领域为制度经济学和比较制度分析，对哲学、伦理学、法学、政治学、人类学、语言学、社会学以及宗教神学等学科也有着较广泛的研究兴趣；在国内外有影响的学术期刊上发表大量中英文学术文章，撰写专栏文章、访谈和学术随笔，出版 15 部学术专著和论文集。

自序：写在前面的话

接续丁酉年的文运，戊戌年笔者的第一本税收伦理随笔、评论集，将由九州出版社推出。而且当这个自选集在"大国税事"这一主题下结集整理的时候，最先闪现在笔者脑际的问题是何为国家？大国与小国治理有何异同？进而自问：大国与小国的税收治理有何异同，大国税收治理应该遵从怎样的道德价值原则，选择怎样的战略和策略等等。

我本"泱泱大国"，这原是我们自小从课本中接受的自豪与骄傲。而国外学者布朗也认为："中国是天生的大国，数千年来，它一直是东方文明的核心，一直遥遥领先于周边国家，并且建立了庞大的附庸国体系。"[①] 问题是，作为大国有何特殊之处？它的治理与小国相比有何不同？老子说"治大国，若烹小鲜"[②]，税收治理亦然。

一

何谓"国家"，或者说国家的定义是什么？

早在1931年的时候，据C.H.泰特斯统计，可列举的国家定义有145种。因此，克烈逊和斯卡尔尼克说："几乎每位学者都会

---

① 布朗著：《辛亥革命》，解放军出版社，2011年版，第34页。
② 陈鼓应著：《老子注释及评介》，第60章，中信出版社，2013年版。

提出自己的国家定义，这些定义不可避免地会同已有定义有细微差别，虽然其中有些由于有相似的方法而可以被认为是组成了一些'学派'。因此，要达到一种综合事实上是不可能的。""根本不存在为整个学术界所公认的国家定义。"①

但即便如此，关于"国家"的界定，学界毕竟有一个大致的共识——"国家是拥有最高权力及其管理组织或政府的社会，因而也就是拥有主权的社会，也就是最大且最高的社会，也就是独立自主的社会。"②而所谓"大国"，不过是指相对"比较大"的"拥有最高权力及其管理组织或政府的社会"，或是相对"比较大"的"拥有主权的社会"，也是相对"比较大"的"最大且最高的社会"，更是相对"比较大"的"独立自主的社会"。

就社会的动态结构而言，因为社会"无非由经济、文化产业、人际交往、政治、德治、法和道德7类活动构成"。或者说，社会由"创造财富、完全不创造财富与间接创造财富"三类活动构成。③因此，所谓"大国"，不过是指相对"比较大"的"经济、文化产业、人际交往、政治、德治、法和道德7类活动"的国家，也即相对"比较大"的"创造财富、完全不创造财富与间接创造财富"活动的国家。

合而言之，所谓"大国"，一方面是指拥有最大最高权力的社会。就"权力"是"迫使被管理者不得不服从的一种力量"而言，"大国"是指拥有相对较大"强力"的国家，诸如"战争能力"等。因此，19世纪英国的外交史学家 A·J·P· 泰勒认为："大国的标志就是战争能力，它们或许还有其他目的——其居民的福利或者统治

---

① 谢维扬著：《中国早期国家》，浙江人民出版社，1996年版，第37页。
② 王海明著：《国家学》，中国社会科学出版社2012年版，第13页。
③ 王海明著：《新伦理学》，商务印书馆2008年版，第410—411页。

者的荣耀，但是对它们作为强国最基本的考验是看其是否有能力进行战争。"[①] 古典现实主义的开山者卡尔在其著作《二十年危机》中也认为："一个大国之所以能够被承认为是大国，往往是因为它是大规模战争的战胜国。"[②]

另一方面，所谓"大国"，也是指拥有相对较大"社会"的国家，诸如"经济影响力论"者等，比如基本实体、经济能力、军事能力、战略目标和国家意志"五个要素论"。[③] 在国内一些学者看来，所谓"大国"，则是指经济力、科技力、国防力、资源力、政治力、外交力、文教力等影响力比较大的国家，可具体化为29综合国力评价体系。[④] 同时也有从资源含量、经济活动能力、对外经济活动能力、科技能力、社会发展程度、军事能力、政府调控能力、外交能力八个层面，以85项指标作为综合国力大小的评价体系[⑤] 等等。

但就国家的"三要素"构成而言，传统"大国"一般是指那些领土广阔、人口众多、资源丰富的自然性国家。因为"人口、土地和权力（及其管理组织或机关）显然是构成社会的充分且必要条件"。[⑥] 必须指出的是，"大国"未必就等于强国。大国固然可以借助本国的自然和资源优势而崛起，成为一个在政治、经济、军事、文化等方面具有优势和影响力的强盛国家。逻辑上，"小国"也可通过扬长避短，在政治、经济、军事、文化等方面成为具备

① A. J.P. aylor, *The Struggle for Mastery in Europe*, 1848—1918, Oxford: Oxford University Press, 1954, P.24.1.

② E. H. Carr, *Twenty Years Crisis*, 1919-1939, Palgrave Macmillan Press, 2001, pp. 102.

③ RayS. Cline: *World Power Accessment*, Westview Press Inc, 1975.

④ 黄硕风著：《综合国力新论》，中国社会科学出版社，1999年版。

⑤ 王诵芬著：《世界主要国家综合国力比较研究》，湖南出版社，1996年版。

⑥ 王海明著：《国家学》，中国社会科学出版社，2012年版，第26页。

一定优势和影响力的强国或"大国"。即一个国家既可能因为治理水平和文明程度的优劣差异，或由大变小，由强变弱；或由小变大，由弱变强。一句话，国家的大和小、强和弱等也都处于动态变化、转化之中。但其决定性、根本性的因素却在于各自社会治理基本制度规则的优劣。

众所周知，一个国家治理的基本制度规则，有母系统，也有子系统，还有孙系统，等等；既有终极规则系统，也有根本规则系统，还有最高规则系统以及主要规则系统。或者说，既有经济、文化运行规则，也有人际规则系统，还有政治、法治、法律运行系统，以及德治、道德和环境保护规则运行系统。或者说，由"创造财富、完全不创造财富与间接创造财富"三类系统构成。

毋庸置疑，财税规则系统居于社会治理系统的核心地位，是连接国民与国家之间根本利益交换的枢纽和关键。这是因为，"财政是国家治理的基础和重要支柱"。或如卡尔·迪策尔 (Karl Dietza1) 所言："国家财政与国民经济的关系是在相互作用中促使国民经济发展下去"，并"第一个从国民经济的立场出发，从宏观上来研究公债，主张公债具有生产性，能起到推进国家的经济化的作用"。[①] 或如玛格丽特·利瓦伊所言："国家岁入生产（revenue production）的历史即国家的演进史。"[②] 具体而言，则如著名日本学者神野直彦先生所说："财政是连接三个子系统的不可或缺的环节。三个子系统以财政为媒介构成了'整个社会'。因此，'整个

---

　① 〔日〕坂入长太郎著:《欧美财政思想史》，中国财政经济出版社，1987年版，第 286 页。

　② 〔美〕冯格丽特·利瓦伊著:《统治与岁入》，格致出版社、上海人民出版社，2010 年版，第 1 页。

社会'危机必然归结为财政危机。"① 而且，"政治体系通过财政渠道筹措货币，以此来维持社会秩序，同时又通过财政渠道提供公共服务，保护所有权，进而通过财政渠道向社会体系提供公共服务，借以维系共同体式的关系。这样做的目的是获取社会体系的'忠诚'拥护"。②

质言之，正如美国著名法学家奥利弗·温德尔·霍姆斯所言："税收是我们为文明社会所支付的对价。"③ 而且，"随着我们观察我们祖先造反的历史，我们会认识到税收在文明的进程中是一个多么强大的力量"。④

二

国家的兴衰，与其基本制度运行规则的优劣紧密相关，特别是与财税制度的优劣紧密相关。逻辑上，"大国"的兴衰，更与其基本制度运行规则的优劣紧密相关，与其财税制度的优劣紧密相关。

道理或在于，一方面，因为大国治理的对象、范围、层次、途径与方法等要素，是任何小国都无法比拟的。另一方面，因为大国治理必须直面现实复杂性、实践可操作性、未来的不确定性、转型的艰巨性等具体特点。因此，大国税收治理必然遭遇上述诸

① 〔日〕神野直彦著，米彦军、尹晓亮译：《体制改革的政治经济学》，社会科学文献出版社，2013年版，第8页。
② 〔日〕神野直彦著，米彦军、尹晓亮译：《体制改革的政治经济学》，社会科学文献出版社，2013年版，第9页。
③ 转引自〔美〕查尔斯·亚当斯（Charles Adams）著，翟继光 译：《善与恶——税收在文明进程中的影响》（第二版），中国政法出版社，2013年版，第1页。
④ 〔美〕查尔斯·亚当斯（Charles Adams）著，翟继光 译：《善与恶——税收在文明进程中的影响》（第二版），中国政法出版社，2013年版，第9页。

多问题的挑战，在特定的国情、税情与世情下，与小国的税收治理相比，其复杂性和困难度要大得多。特别是在全球化时代、社会现代化转型的特定历史时期，更加充满不确定性与风险性。

因此，全面认识中国税情，解剖中国税事的内在运行机理、存在的主要问题、面临的根本挑战等，确立符合中国实际的税收治理目标，同时提出富有针对性的因应对策，无疑具有深远的历史意义与不可估量的现实价值。特别是在中国经济四十多年来令世界瞩目的高速发展和经济全球化高速发展的时代大背景下，大国税收必然肩负重大的内外历史使命，亟待尽快深化"大国税事"问题研究，推进结构性"系统性重构"的税制改革。

就一个国家的税收治理而言，不论是大国还是小国，无非都是通过税收道德与税法两种途径，调节征纳税人之间根本性利益冲突、纳税人之间的人际、代际、国际和物际冲突，以及征税者之间的——官际、代际、国际、物际"四者"之间基本利益冲突，从而增进全社会和每个国民的福祉总量。因此，大国与小国各自在调节这一个根本征纳关系、八大基本涉税利益关系时，所面临的主要问题与挑战、选择的途径与策略，以及采取的具体方法和方式是有差别，甚至是大相径庭的。无疑，必须从现实的国情、税情、世情实际出发，选定最合适的，而未必是最优的策略与方法。

事实上，大国税收治理也会因为政体的不同，历史起点的差异，现实税制的特殊状况等原因，比如税权合意性的大小及其监督制约的有效性强弱等因素，面临不同的挑战与压力，需要设定不同的税制改革目标，确定不同的阶段性税改任务，选择不同的税改策略与方法。

三

正因为大国治理，包括税收治理所面临的管理对象、范围、环境等问题与小国不同，其税收治理面临的问题、目标、途径与方法等，便不可能"一刀切"，必须区别对待。

首先，大国税收治理的方向性错误犯不起。因为大国税收治理的方向性问题，也即税收治理的终极目的问题，是社会创建税制的终极目的问题，也是判定税制优劣的终极标准。而且，尽管终极目的问题对大国小国的税收治理同样重要，但对大国税收治理的特殊性而言，终极目的问题尤为重要，是重中之重。比如，小国的税收治理或可为了聚财筹资，但对大国而言，仅有此三大具体目的远远不够。道理在于，一旦发现聚财筹资目的与经济调节、社会分配不公等目的发生冲突，不可两全，纠偏的难度和成本都很大，客观上也需要一个终极的裁定标准。

而且，就税收治理原则的结构性与层次性而言，也需要一个最为根本、终极的目的和原则，作为最终的裁决标准。这个终极目的和原则，便是增进全社会和每个国民的福祉总量。而且，对大国税收治理而言，这个终极目的和标准更为需要，它是大国税收治理的"北极星"，一旦"差之毫厘"，注定"谬以千里"，纠错纠偏的成本巨大。

而且，大国税收治理的终极目的，还可分为"两大具体原则"，即在征纳税者利益尚未发生根本性冲突、可以两全的境遇下，应该奉行"不伤一人地增进所有人利益"的"帕累托最优原则"；唯有在征纳税者利益已经发生根本性冲突、不可以两全的境遇下，方可奉行"最大利益净余额原则"，也即"最大多数人的最大利益原则"。

其次，大国税收治理不能忽视公正这一个根本原则。因为正如亚当·斯密所说："与其说仁慈是社会存在的基础，还不如说正义是这种基础。虽然没有仁慈之心，社会也可以存在于一种不很令人愉快的状态之中，但是不义行为的盛行却肯定会彻底毁掉它。"① 也如正义论大师罗尔斯所言："正义的主要问题是社会的基本结构，或更准确地说，是社会主要制度分配基本权利与义务。"②

大国税收治理不能忽视公正这一个根本原则显然意味着，公正原则是调节征纳税者之间根本利害关系的核心原则。即用公正原则可保证征纳税者之间权利与义务的平等交换，保证征纳税者之间基本权利与义务交换的完全平等交换，征纳税者之间非基本权利与义务交换的比例平等交换。

同时，公正有助于征税者之间和纳税者之间各自利害关系的调节。具体说，公正有助于征税者之间，诸如各级政府之间（上下左右以及官员任期之间）、政府与政府之间、政府与生态环境之间基本权利与义务交换的完全平等交换，非基本权利与义务交换的比例平等交换。公正也有助于纳税人之间，诸如人际、代际、国际和纳税人与生态环境之间基本权利与义务交换的完全平等交换，非基本权利与义务交换的比例平等交换。

一句话，唯有全部税收权利与义务关系通过公正原则彻底理顺了，大国税收治理才可能最大限度地增进全社会和每个国民的福祉总量，促进"人民美好生活"需求的满足。

再次，大国税收治理必须遵从人道自由最高原则，也即遵从

---

① 〔英〕亚当·斯密著:《道德情操论》，商务印书馆，1998年版，第106页。

② 〔美〕罗尔斯著，何怀宏、廖申白等译:《正义论》，中国社会科学出版社，1988年版，第5页。

平等、法治、限度原则和政治、经济、思想自由原则。即大国税收治理不能仅仅遵从人道初级原则，而应该给纳税人最大的自由，就是要肯定和确立纳税人在税收治理活动中的权利主体地位，遗憾的是，多年来由于人道自由原则尚未实现税收制度性"嵌入"，致使征纳税者之间正常的主次关系错位。主要表现为：税收法治徒有法治之形式，仅仅满足"合法律"规范。而所谓的"在税收法律面前人人平等"，也流于形式。而且，由于纳税人的基本权利，诸如涉税的政治权利、财产权利和思想自由的权利长期缺乏有效的制度性保障，对税权滥用的监督与制衡，也缺乏足够的有效性。

坦率地说，中国税收治理不仅存在诸多现实的障碍，而且也面临不少理论上的挑战。即目前尚处在奔向文明理想税收目标的途中，或将遭遇众多历史与现实的挑战与压力。因此，必须时刻明确中国税收治理的终极目的，牢记大国税收治理的内外责任和使命，始终遵从公正平等的根本原则，敬畏人道自由的最高原则，自觉推进社会主义核心价值观的税收制度性"嵌入"。可以说，收集在《大国税事》中的这些随笔和评论文章，就是笔者对中国税收治理诸多理论与现实问题碎片化思考成果的一次整合与结集。

必须特别指出的是，大国税收治理，不能仅仅把目光局限在人类自己的福祉，正如汤因比先生所言："如果我们确实认识到，迄今一直是我们唯一的栖身之地的生物圈也将永远是我们唯一的栖身之地，这种认识就会告诫我们，把我们的思想和努力集中在这个生物圈上，考察它的历史，预测它的未来，尽一切努力保证这唯一的生物圈永远作为人类的栖身之处，直到人类所不能控制的宇宙力量使它变成一个不能栖身的地方。"①

---

① 〔英〕汤因比著：《人类与大地母亲：一部叙事体世界历史》，上海世纪出版集团，2012年版，第9页。

四

　　总之，大国税收治理是古今中外的重大理论与现实课题。就税收是国民购买政府公共产品价款的事实看，征纳税者之间的关系，无疑是一种目的与手段的交换关系，至少不是因果关系。税收既是一种权利，也是一种责任。大国税收治理，不仅肩负国内的使命与责任——提供高性价比的公共产品与服务，同时也肩负一定的国际使命与责任——提供高性价比的国际公共产品与服务。在人类文明进程中，税收"经常起到关键性的作用"，而且，"税收在历史的重大事件中所起的作用甚至比我们看到的还要迷人"。①

　　大国税事、税事更是如此，中国税收治理任重道远，亟待提供文明思想财富的智力支持。而"写在前面的话"，总是"最后写成"，能否提纲挈领地诠释《大国税事》的主旨，唯有读者才是真正的评判者。于笔者而言，唯有择善固执，制心一处，从伦理视域进行理性的省察和探索，至于结果是得焉还是失焉，同样唯有读者才是真正的评判者。

　　幸逢"三千年未有之大变局"，如果对《大国税事》失语失声，对一个税收伦理学者而言，或是一种失责，一种对职业本分的亵渎。美国学者罗文·吉布森在《重思未来》一书中说："我发现，有时后退一步反而有所助益。认识到自己不过是无限的时间长河和宇宙空间里的沧海一粟，我们在世上的时间只是短短的一瞬，我们只是飞过黑暗通道的一只山雀，我们没有能力改变任何事实建造一个完美的世界。然而，我们应当竭尽所能，因为我们存在

---

　　① 〔美〕查尔斯·亚当斯著，翟继光译：《善与恶——税收在文明进程中的影响》（第二版），中国政法出版社，2013年版，第9页。

于世有一个宗旨，即使这个宗旨不过是维持世界的正常运转。"① 诚
哉斯言！笔者愿为中国税制的现代化转型，奉献自己的绵薄之力。

大国税事，大国担当！唯有全社会和每个国民福祉总量的增
进，唯有全体匡民"美好生活"的实现，才是大国税收治理的终
极目的，也是"中国梦"的应有之义。

姚轩鸽
戊戌年正月初四于"沉潜斋"

---

① 〔美〕罗文·吉布森著：《重思未来》，海南出版社，1999年，第38页。

目　录

第一辑　税改亟待公共理性

第二辑　税鉴：税收与国运兴衰

第三辑　税理：减税不是税改的全部

第四辑　税愿：财税改革应有核心价值

第一辑　税改亟待公共理性

税制分合不是关键问题

自从 1993 年国务院颁布了《关于实施分税制财政管理体制的决定》并从 1994 年 1 月 1 日起中央与地方实行分税制以来，关于分税制优劣的争论似乎从未停止过。时隔 16 年后的今天，这种探讨依然是财税学界的热点话题。

争论双方的共识是，现行分税制是政府为了改变以往财政包干制使中央税收比例不断下降，甚至到了要向地方借钱地步的窘迫境地，进一步加大中央政府对财权的掌控力度，更好地将中央权威"渗透"到中国社会的各个角落。以此而言，现行分税制确实达到了预期的目的。1994 年分税制改革以前，大部分省份的财政自给率都在 80% 以上，一些经济较强的省份甚至达到 100% 以上。但在分税制实施的当年，这一比率就明显下降，大部分省份的财政自给率只能维持在 50% 左右。接下来的年份，就一直维持在 40% ～ 60% 这一水平上。以浙江省为例，1993 年的财政自给率是 133.27%，1994 年就下降到 61.84%，随后几年一直维持在 60% 左右。但笔者要追问，这就是分税制实施的终极目的吗？难道分税制仅仅是为了加强中央政府对地方的掌控吗？

众所周知，社会之所以要创建税制，就是为了不断增进全社会和每个社会成员的利益总量。因此，这些组织和制度的创建，无不仅仅具有工具价值。因为，根本说来，这些组织和制度的创建，都是对社会成员自由的限制，是对社会成员财产的一种剥夺。但却是社会以"小失"换"大得"的一种必要的理性选择。如此看，评价税制的优劣，或者说税制分合的优劣，就只能看其是否增进了全社会和每个社会成员的利益总量了。换句话说，加强中央对地方的掌控，只能是实施分税制的具体目的。终极目的只能是为了增进全社会和每个社会成员的利益总量。如果增进了全社会和每个社会成员的利益总量，这种分税制就是优良的，实施这种分税制就是正确的选择；反之，如果减少了全社会和每个社会成员的利益总量，这种分税制就是恶劣的，实施这种分税制就是错误的选择。至少，不是合适的选择。可见，当我们从这一视角审察现行分税制得失之时，或许能够得出更为客观的结论。

1994 年实施的分税制，无疑自觉不自觉地背离了税制的终极目的。1994 年的"分税制"，实际上"在某种程度上加剧了县乡之间财政承包体制的偏重倾向"，背离了税制改革的初衷，被地方各级政府自上而下所广泛效仿，使财力自下而上逐级向上集中，使得改革仅仅停留在财税层面上，未适时对各级政府之间的财权和事权进行划分，导致财力日益向上集中，事权逐级下移。最终，不能不背离税制创建的终极目的，无法增进全社会和每个人的利益总量。

所谓的税制分合，不过是根据税制的非根本要素对税制进行的分类命名，不是根据税制的根本要素进行的分类和命名。这意味着，这种分类和命名与生俱来就带有三个缺陷与软肋，将受到诘问：这种税制"税权"运用的限度在哪里，或者说，如何监督这种"税权"，避免它带来危害？这样，所谓的税制分合，也就是分税制丕是合税制，就不是税制优劣的关键问题，不是税收治理的根本问题了。对其优劣的评价，也就是有前提的了。

决定税制优劣的关键问题，最终要看这种税制是否增进了全社会和每个纳税人的利益总量。换句话说，如果这种税制体现的是全体纳税人的意志，分合不过是一个次要问题；否则争论分合又有什么意义；如果这种税制的"税权"运用是接受有效监督的，税制的分合也不是关键问题。所以，争论税制的分合优劣，如果不首先弄清楚前提的话，一切哪怕是最为真诚的探讨与分析，恐都无异于税制的优化。

对当下分税制优劣的评估与研讨，虽然不能完全否定其价值，但其意义的大小是明显的。也就是说，不论我们列举了现行分税制的多少优劣点，都会因为不完全归纳法的先天性缺陷而陷入"公说公有理，婆说婆有理"的论证怪圈。道理在于，谁也无法穷尽税制分合优劣的全部论据。因为，根本说来，税制优劣的评价与论证是一种价值论证，要看这种税制对税制终极目的的符合程度。就税权的原初来源看，是为了保证征纳税人之间权利与义务的公正分配，一定的涉税权利与义务，需要一定的"税权"来保障。具体说，由于纳税人所需要的公共产品不同，也就需要相应的"税权"保障。全国性公共产品的提供需要相应的"税权"保障，准全国性公共产品的提供也需要相应的"税权"保障，区域性公共产品的提供同样需要相应的"税权"保障。虽然这就是税制分权的普遍理由，但比这一理由更关键的要素是："税权"合意性如何？

现行分税制存在的缺陷与问题，就本质而言，就是因为这种"税权"的合意性问题没有得到彻底解决，再加上这种"税权"缺乏有效的现实监督。因此，不仅没有带来分税制的正面效应，反而放大和带来了新的问题。鲍尔先生指出,"中国的分税制财政体制,实际上是一个把国家流转类税收和对利润所征税收在中央、省和省以下地方政府之间分享,再辅之以各级政府自上而下有条件的专项拨款的体制。最终进入地方政府预算的地方税收收入取决于中央确定的税基、税率、税收征管、地方政府的收入任务和收入分享公式"。就是说,这种分税制,只是针对税制运行过程中的"税权",由中央单方面地进行了中央与地方的划分。它体现的意志,只是中央的财税意志与偏好。而"税权"的合意性问题,亟待彻底的政治体制改革去解决。

总之,我们与其把精力放在税制非根本问题的争论方面,倒不如在涉及税制优劣的根本要素方面用功。关键问题方面的寸功进步,一定会大于次要问题的"一箩筐"收获的。日本税法专家北野弘久先生曾说,有志青年应该用功于税收本质问题的探索。信哉斯言!有志于中国税制优化的研究者,应该将有限的学术生命,投入无限的税收学术生涯。只有这样,个体的学术生命才可能更加灿烂。

(《海西税务》2011〔1〕)

新一轮财税改革的根本之路

财税作为国家与国民之间原初契约的核心内容，它的生态与长势，无不折射出一个国家、一个社会文明的位阶，反映一个时代变迁的深浅轨迹。

过去的一年，中国财税改革经历了比以往更多的振幅，所幸，一切都已过去。在新的一年里，我们每一个人没有理由不期待更加理性、更加美好的目标与梦想。

在中共十八大报告中，提出了"加快改革财税体制……形成有利于结构优化、社会公平的税收制度"。问题在于，在实践中，财税改革要如何才能形成一个社会公平的税收制度？

在这个转型时代，面对纷繁复杂的历史境遇和情境，财税改革更需要大智慧与大胆略，需要文明理性精神旗帜的导引。这个旗帜，就实践而言，就是宪法，只能是宪法，只能是完备的宪法。

宪法是国民与国家之间最重要最根本公共事务的权力性规范体系，是国民与国家之间最重要最根本权利与义务法定的、应该且必须的权力性规范体系。因此，财税改革作为最重要最根本的契约及公共活动，理应高举宪法旗帜，设定目标，选择策略，稳步推进。

财税改革要维护宪法，首先就是要在实质性地扩大财税权力民意基础方面力争新的突破，要切实领会宪法"主权在民"的精神实质，并贯彻落实到财税改革的各个环节。

这就是说，要改革当下的财税体制，还权于纳税人，必须逐步建立征收税人之间权利与义务分配平等的税制。

其次，财税改革要维护宪法，就是要在建立长效实效的财税权力监督制衡机制方面有所作为。事实上，维护"宪法至上"原则确立实施的过程，也就是各种财税权力滥用作恶行为被逐步遏制的过程。

2012年12月4日，中共中央总书记习近平在庆祝《八二宪法》施行30周年纪念会上强调：宪法的生命在于实施，宪法的权威也在于实施。

宪法是财税法的母法、根本大法，合宪是财税法获得现实遵从动力的最佳选择。财税立宪也是宪法获得大多数国民实际支持与信仰的最佳切入点。或者说，没有实质性财税入宪的宪法是空泛的。当然，缺乏宪法支持的财税法，也是底气不足，无法获得现实权威的。

可见，一切财税改革都应从遵从、维护宪法开始，以"合宪不合宪"作为财税改革目标设定、策略考量的根本标准。

在遵从"宪法至上"原则的同时，也应保持一份清醒：绝对完备的宪法，现实中是根本不存在的。这也意味着，通过不断的财税改革，特别是根据新情况进行财税修宪、立宪，也是高举宪法精神旗帜的应有之义。

事实上，现行宪法也不是完备的，即便是《八二宪法》也一样。就财税入宪而言，尚存在诸多显现的缺陷和遗憾。一是关于财税内容的明确规定与条款太少，而且太过模糊。比如，关于涉税这样一个关乎国家治理的根本问题，明确条款仅有一条。这固然为未来宪法的财税修改、增加财税条款预留了很大的空间，但也是缺憾。

其二是现行宪法关于财税问题的规定太过模糊和原则。如果"财税权"来源问题以及监督制度缺位和滞后的话，就会从根本上动摇一个国家财税治理体系的根基，导致征纳税人之间权利与义务体系的倾斜与失衡。自然，也就容易背离财税治理"增进全社会和每个国民的福祉总量"的终极目的。

最后一点是，重视财税权利与义务的特殊性、相对性与主观性，忽视财税权利与义务的普遍性、绝对性与客观性的倾向性问题，忽视财税权利与义务实质性关系调节等问题都亟待关注和重视。特别是征税人行使的权利多于所履行的义务的问题最为突出，亟待解决。

一切宪法，如果不被它的国民遵从和信仰，这个宪法就是一纸空文。遵从宪法作为一种义务意味着，每个国民要在遵从宪法规定的纳税义务的前提下，清醒地知道自己的主体地位，在意自己的财税权利，并通过各种渠道和形式维护自己的财税权利，特别是宪法已经规定的各项财税权利。毋庸置疑，每个纳税人、每个国民权利意识的淡漠，是导致其权利被权力侵害的主要原因之一。

新一轮财税改革应通过不断努力，真正体现宪法的至上性与权威性，并建立实质意义上的"财税权力"监督制度与机制，遏制征纳税人权利与义务生态系统不理想的现状。

（《南风窗》2013［2］）

有一种税痛叫"隐痛"

有税就有痛，因为所有税都意味着纳税人可直接支配财富的减少。但是，如果任何纳税人都不愿意舍弃这一点可直接支配的财富，那他将失去更多的财富。因此，一定量的税痛，也就是"必要的税痛"。就纳税人而言，"必要的税痛"，也就是其结果而言，其净余额是利大于弊，属于"必要的恶"。"必要的恶"就是善，就是值得可期和追求的。自然，税也就是任何社会所必需的。

迄今为止，笔者认为，"必要的税痛"无非四种，即税负沉重之痛，税种性质之痛，"税用"不当之痛，以及征税不讲理之痛。其中"第一种税痛"为明痛，也就是纳税人能够明确知晓和感受到的税痛，其他则为"隐痛"，也就是不为纳税人明确知晓和感受到的税痛，这就是笔者所说的另一种"税痛"——"隐痛"，就是纳税者虽然交了税，可直接支配的财富也减少了，但自己却不知道的"痛"，比如说，"税用"不当之痛，以及征税不讲理之痛，也不是每个纳税者都能明确知晓和感受到的税痛。当然，最常见的"隐痛"是税种性质之痛。因为，如果一个国家实行的是"间接税"为主的税制，那么，这个国家里的大多数纳税者，承受的就是一种"隐性的税痛"，往往这种"隐痛"对纳税人的伤害更大更久远。

道理在于，一切间接税，都是指纳税义务人不是税收的实际负担人，也就是说，这是一种纳税义务人能够用提高价格或提高收费标准等方法把税收负担转嫁给别人的税种。因此，也就是一种得了好处还不明确承担责任的税种。对纳税者而言，间接税无疑是一种可能让其长期承担税负，但却无法明确感知其"税痛"的税种。因此，凡是以间接税为主体税种的税制，注定都是不完备的税制，有待改革完善的税种。而且，这种隐痛，会长期扭曲税制和经济，背离社会创建税收的终极目的，最终消减全社会和每个国民的福利总量。

而且，"隐痛"会扭曲税收治理的信号系统，遮蔽税制的不完善，削减税制改革的原动力，使纳税人的权利意识淡漠。因此，一切社会的税收治理，都应想方设法减少这种"隐痛"，建立以直接税为主的税制。如此看来，当下中国税制改革面临的挑战和压力实在太大。

因为，我国目前运行的是以"间接税为主，直接税为辅"的税制。具体说，在现行 19 类税收收入中，直接税所占比率并不高。2010 年直接税占税收总收入仅为 6.6%，但间接税占税收总收入达 56.7%。公开数据再次显示，2011 年我国全部税收收入中，间接税的收入占比为 70% 以上，而来自所得税和其他税种的收入合计占比还不足 30%。这岂不意味着，我国 70% 左右的税收都会进入价格，同时不为广大消费者所觉察，也因此会处于"植物人"生存状态。道理如前所述，在间接税制下，虽然政府不直接向国民伸手，但由于所有的商品与服务都含税，而且税率不低。因此，这种无差别课税特点（只要商品流转，就会计税）与相对较高的税率设计（增值税一般税率为 17%），也就人为地推高了我国的宏观税负，加重了国民的税收负担，加剧了国民的税收隐痛。长期看，这种税制注定会背离税收增进全社会和每个国民福利总量的终极目的，是必须首先消减的税痛、隐痛。

其实，关于疼痛对于机体健康的价值和意义，美国达特茅斯学院哲学系理性哲学与道德哲学讲座教授伯纳德·格特（Bernard Gert）说得最为透彻，他说："说疼痛是一种恶，并不是说疼痛不能达成一种有用的目的。疼痛以某种方式向我们提供需要医治的警告。如果我们感觉不到疼痛，我们便不会注意到这种必要的医治，以致可能导致死亡的恶果。关于疼痛作用的这一事实在某种程度上可以用来解析恶的问题。它以某种方式表明，恶可能是世界上最好的东西：所有这种恶便叫作必要的恶。"这无疑告诉我们，"税痛"并不可怕，相反，正是"税痛"可以警告和提醒我们——现行税制存在的哪些问题值得我们珍视，需要改革。问题还在于，如果一个社会以间接税为主体，就会遮蔽和麻痹纳税者的这种税痛，就等于讳疾忌医，制度性地拒绝改革，也等于自己不自觉地忽视税制增进全社会和每个国民福利总量的终极目的。

因此，不论我们能列举出间接税的多少优点，诸如征税对象普遍，税源丰富；有利于节省消费，奖励储蓄；计算和征收，简便易行等，仅就其给纳税人带来的"税痛"是"隐性"的这一点而言，选择以它作为主体税种，长期看，不利于对人类文明税制终极目的的追求，也就亟待回归。明显的"税痛"值得关切，隐蔽的"税痛"更值得关切，要彻底消减"税痛"，特别是税之"隐痛"，既需要建立"直接税为主，间接税为辅"的税制，也需要建立公开透明公正的"税用"机制，更需要建立以纳税人为权利主体的税制。唯有如此，才可能最大限度地消减这些明与暗的双重税痛，实现税制增进全社会和每个国民福利总量的终极目的。

　　如此看来，与税负沉重之"税痛"相比，另一种"税痛"——隐痛，或许更值得关切，更需要关切。

　　　　　　　　　　　　　（《凤凰博客》2012-10-07）

失信惩戒不能仅限于纳税者

在经济形势日益严峻、税收收入增长连续乏力的大背景下，近日，国家发展和改革委员会、国家税务总局、中央文明办、最高人民法院、公安部、财政部、国土资源部、交通运输部、商务部、人民银行、海关总署、工商总局、质检总局、食品药品监管总局、互联网信息办、银监会、证监会、保监会、全国总工会、国家信息中心和中国铁路总公司21个单位召开了部际联席会议，就《关于对重大税收违法案件当事人实施联合惩戒措施的合作备忘录》(以下简称《合作备忘录》)的落实情况进行沟通与协调，情理之中。

众所周知，税收作为国民与政府之间就公共产品交换价款缔结、履行契约的活动，政府税收收入的多寡，直接牵扯国民可享受公共产品的质量与数量，关系国家机器运作的质量和水平。因此，纳税者的诚信状况，也就是准自愿服从行为的多少，也就直接关涉政府税收收入的多少，关系国民福祉的大小。而且，直接关系执政基础的稳固与否。

"准自愿服从"行为这个概念，最初由美国学者玛格丽特·利瓦伊教授提出，她在《统治与岁入》一书中指出，自愿服从行为是由纳税者在自由平等条件下发自内心的自愿的乐意的服从，而准自愿服从行为则是"纳税人基于他人的行为而做出的精打细算

14

的决策"。直言之,"所谓准自愿是指因为如果不纳税并被抓住的话,将受到惩罚"。即"惩罚"有助于纳税者的准自愿服从。

值得注意的是,对纳税者而言,"准自愿服从"虽不是十分完美,且不是发自本心的同意,但却是可操作的,富有实效的,有助于纳税者当下利益最大化的选择。同时对征税者而言,"准自愿服从"也有助于实现政府税收收入的最大化。就是说,"准自愿服从"对征纳税者双方是互利双赢的。所以,利瓦伊教授一再强调:"准自愿服从是政策必须赖以制定的基础",税收亦然。

问题在于,促进准自愿服从行为的条件是多因素的,不是由纳税者单方面就能决定的。"只有当纳税人相信(1)统治者会遵守协议,且(2)其他人也遵守他们的协议,准自愿服从才会发生。纳税人是策略性行动者,只有当他们预期其他人也合作的时候才会合作。每个人的服从取决于他人的服从。没有人愿意成为'傻瓜'。"或者说,"准自愿服从的一个基础是有条件合作"。直言之,如果缺少"有条件合作"之前提的话,纳税者准自愿服从行为根本不可能发生,更别说自愿服从行为了。

这岂不意味着,如果政府作为征税者不遵守"取之于民,用之于民"之誓言的话,纳税者也就不会有自愿服从与准自愿服从的行为。同样,"若有人违法并侥幸逃脱了制裁,则更多的人就可能开始违法"。可见,要提高纳税者税法遵从度,或者说纳税者的准自愿服从行为,征税者——政府的诚信,会比纳税者的诚信更重要,更有助于促进纳税者的自愿服从与准自愿服从行为。道理就在于,"准自愿服从有赖于规范并得到物质激励和强制的支持。……他们包括惩罚、激励和互惠行为"。比如,"确保累进性、保护隐私、公众相信不会有行政浪费、腐败或者管理不善,这些事是准自愿服从的前提和条件"。

由此可见，政府通过 21 个单位召开部际联席会议的形式出台《合作备忘录》，以便建立纳税者失信惩戒机制，肯定有助于促进纳税者准自愿服从行为的产生，遏制纳税者大面积逃税行为的蔓延。问题是，仅有这个联合惩戒举措还远远不够。更为重要和关键的是，政府如何守信，如何对税权实行"闭环式"有效监督，特别是如何做到"用之于民之所需"，用税公开透明，真正提高"用税"的质量与效率，提高公共产品与服务的性价比与合意性？

毋庸置疑，这才是大规模促进纳税者准自愿服从行为发生的核心要件。否则，即使对税收违法"黑名单"上的当事人，实施联合惩戒的力度再大，也无法大规模激励纳税者准自愿服从行为的产生，同时改善逃税行为存在的现实。

（《凯迪评论》2015-09-10）

财税权利与义务分配不公
才是"中等收入陷阱"的命门

"中等收入陷阱"理论，原是由世界银行 5 年前在一个报告中首次提出，是指新兴国家人均 GDP 在 3000 美元附近时，快速发展中累积的矛盾会集中爆发。因此，这一理论似乎像一个魔咒，目前正被各种传媒传播，放大，也被诅咒，从而让一些人均 GDP 在 3000 美元附近徘徊的国家如履薄冰，忐忑不安。

这自然也包括中国。因为据国家统计局最近公布的数据显示，2010 年中国 GDP 为 39.7983 万亿元，即人均 GDP 已超过 4000 美元。同年，城镇居民家庭人均总收入达 21033 元，比上年增长 11.5%；农村居民人均纯收入 5919 元，增长 14.9%。城乡居民收入的增速双双超过 GDP 的增速。与此同时，人们似乎已经发现中国社会出现的诸如"贫富分化、就业困难、腐败多发、信仰缺失"等"中等收入陷阱"的明显特征。

这一理论最大的贡献就是它的问题意识，不仅提出问题，而且使之量化，确立了明确的考量指标，凸显这个以往容易被人们悬置的问题。但这一理论也只是指出，人均 GDP 在 3000 美元附近时"陷阱"将成为一种高概率事件。换句话说，就是人均 GDP 在 3000 美元附近徘徊，也未必一定或者百分之百地出现"中等收入陷阱"问题。原因很简单，国情不一，政体背景不一，经济发展方式不一，文化历史传统不一，国民整体素质等背景不一。

但"中等收入陷阱"理论确实是在善意地警示我们，当人均GDP 在 3000 美元附近徘徊时，"中等收入陷阱"将会成为一种高概率事件，一定要警惕这一现象的蔓延和扩散，主动规避其风险，未雨绸缪，防患于未然。具体到各个国家的实际，"中等收入陷阱"问题可能的诱因肯定千差万别，呈现形式也可能纷繁复杂。因此，跨越的路径选择也会各有特色。就中国而言，如果存在"中等收入陷阱"问题，原因也很多，但最主要最根本的原因，笔者以为，是因为政府与民众之间利益协调机制出现了问题，具体表现为财税权利与义务分配不公，财税特权现象大量存在。坦率地说，这也是导致社会矛盾与冲突的总根源，加剧"贫富分化、就业困难、腐败多发、信仰缺失"等社会问题的爆发概率，最终背离社会治理的终极目的，减少全社会和每个人的利益总量。

所以说，财税公正问题才是"中等收入陷阱"的真实命门，也是中国，及其他遭遇类似问题国家跨越"中等收入陷阱"，追求可持续和谐发展必须认真对待的关键问题。财税公正问题不解决，最终就可能被"中等收入陷阱"理论所诅咒，或者酝酿成巨大的社会灾难。

财税公正是指财税行为主体之间平等的利害相交换，其根本问题是财税平等，是指征纳税人之间权利与义务分配的平等交换。具体说，财税公正首先要看征纳税人之间的基本权利与义务分配是否符合完全平等原则，非基本权利与义务是否符合比例平等原则。其次才是征税人之间或纳税人之间基本权利与义务分配是否符合完全平等原则，非基本权利与义务是否符合比例平等原则的问题。

不论是征税人还是纳税人，其基本权利都应该完全平等分配。

因为，这是它们存在和发展所必需的基本的起码的最低的利益交换与索取。假如没有这个基本保障，财税治理结构就会扭曲，基础就会动摇。而征纳税人这个基本权利的根据在于，每个征税人或纳税人都为社会公共资源的建立做出了它们完全相同的贡献。但征、纳税人的非基本权利则不应该按照完全平等原则分配，应该且必须按照比例平等原则分配。这是因为，每个征纳税人为社会做出的具体贡献是不等的。完全平等分配原则与比例平等分配原则，也就是所谓的纵向公平与横向公平原则。

事实上，不单是"中等收入陷阱"，就是"贫困陷阱"，或者其他陷阱，它们共同的诱因，大多都是因为财税权利与义务分配的非平等交换。

走财税公正之路化解"中等收入陷阱"诸问题，路径其实很明确，只要及时还予纳税人主体权力，建立纳税人主导的财税体制，只要预算、决算公开透明就差不多了。

（《华商报》2012-06-16）

中国经济经不起"预征"这副"泻药"

尽管早已预感到今年中国纳税人的冬季不会好过，或多或少都会遭遇"预征"的难题，也提前搜集了有关"预征"问题的研究资料，但无论如何也没有想到，这个冬季忧郁的风景会这么早到来。这不，刚刚过去一周的三条财税信息，就见证了笔者这份担忧不是多余。一是前 9 个月全国税收收入增速同比回落了18.8%，二是媒体称浙江部分地方已预征明年税款，三是前三季度罚没收入成地方增收主要途径。而这看似不大相关的三条信息，事实上是紧密相连、密不可分的。"预征"与非税收入的"提速"，无不折射出宏观经济的下行态势，同时也警示——各级政府，该过过紧日子了！

"预征"肯定是非法的，也是有风险的

"预征"的代名词有"过头税"，也有"寅吃卯粮"等，其实质就是把企业纳税人本该当年当月应该且必须征收的"税款"提前征收，或者把企业纳税人本该当期抵扣的税款托至下期，或者把企业纳税人本该当前享受的税收优惠政策推后兑现，其目的则是为了完成当下的税收任务，继续为政府提供足够的财政收入。问题是，根据现行《中华人民共和国征收管理办法》，所有的"预

征"都是违法的。《征管法》第三条就明确规定:"税收的开征、停征以及减税、免税、退税、补税,依照法律的规定执行;法律授权国务院规定的,依照国务院制定的行政法规的规定执行。""任何机关、单位和个人不得违反法律、行政法规的规定,擅自做出税收开征、停征以及减税、免税、退税、补税和其他同税收法律、行政法规相抵触的决定。"就是说,"预征"既会起于擅自"免税"的违法,也会终于来年、下期擅自"停征"的违法。

众所周知,一切违法都是有风险的。而直接的风险主体非税务机关及其具体执法的税务人员莫属。间接的风险则是参与、支持"预征"行为的企业及其当事人。但最终的危害在于,会使税收征管脱离法治文明的轨道,加剧执法机构及其人员的风险,扭曲、干扰经济主体创获财富的正常行为,破坏微观经济的自然秩序。对政府而言,会给宏观经济发展埋下"定时炸弹",积累社会矛盾与隐患,背离政府治理的终极目的,消减每个国民的福祉总量。

然而,既然谁都知道"预征"是违法的,为何还要"执法犯法"?也许这真是转型社会的特色与吊诡。"执法犯法"的背后,既有缺乏"违法必究"有效机制的原因,也有税收任务绩效考核机制的有形与无形的压力,还有弥补经费不足及其队伍待遇诉求的计较。当然,也不排除个别领导基于建功立业冲动的个人偏好与非理性。当然,也有一些纳税人基于当前利益及其处好征纳关系良好愿望的妥协与配合。换句话说,如果上述五个方面每减少一项,"预征"行为发生的可能性就会降低。毕竟,"预征"不仅是非法的,而且是有风险的。这是一个基于人生经验与常识就能得出的结论。

或许正因如此,仅在今年的七、八、九三个月里,财政部、国家税务总局两部门就先后六次表态不收"过头税"。谢旭人部长强调:下半年加强税收征管,确保税收应收尽收,但坚决不收"过头税"。国家税务总局肖捷局长也强调:税务部门要坚持依法治税,绝不能收"过头税",绝不能"寅吃卯粮",绝不能增加纳税人的额外负担。

然而,据媒体披露的浙江部分地区的"预征"(相信经济欠发达地区会更多一些),还是令社会各界大惑不解:税款"预征"背后的真正根源到底是什么?

"预征"的背后是"预支"

毋庸讳言,"预征"的背后是"预支",更是不合法、不合理的"预支"。坦率地说,"预支"的刚性、旺盛需求及其现实压力,才是"预征"行为发生的现实原动力。

问题或许更在于,"预支"的合法及其合意性。一般而言,地方政府和部门做到合法支出或许不太难,只要有法律规定即可,也可以不论这一法律处于哪个位阶,权威性有多大。但是,如果要做到"合意性"可就难了,仅仅"合法"还不够,还得"合意""合愿"。"合意""合愿"意味着,这种支出是公开透明的。

也许"预征"的压力,在经济发展形势向好的时候,在一些经济发达的地区,本不是一个突出的问题,但是在总体经济发展形势不乐观,在一些经济欠发达的地区,"预征"很可能成为压垮总体经济,或者欠发达地区经济的"最后一根稻草",至少会干扰宏观经济实现结构转型的战略进程,人为制造一些新的征纳冲突与矛盾。

因此,身处充满不确定性和极其复杂的转型期,一个有大局意识、历史情怀的地方领导,都应该满怀历史的使命感与责任感,以为历史负责的精神权衡利弊，措置远近，"利之中求大"，"害之中求小"，唯有此，方能在位时安心，离位时无憾。

由此可见，要彻底消减"预征"之行，根本说来，需要地方政府有过紧日子的实际行动，有敢于接受民众公开监督的勇气，有为民服务的真心实意，关键是有还权于民、尊重民众权利主体地位的见识与胆略。"预征"的或许不是纳税人的税款，但透支的注定是民众对当地政府的信任。信任标志着民意，代表着民心的向背，这是一切政府执政的基石。如果及时抽掉"预支"这把火，或许"预征"之祸就不会沸腾。

请认真对待"预征"

"预征"的风险与危害毋庸赘言，不仅各级政府必须认真对待，税务机关应该认真对待，纳税人和全社会都应该认真对待。因为非理性的"预征"，很可能会击溃我们每个人共同生活的基础。

坦率地说，在各种现实负能量的簇拥下，"预征"会以各种各样的面目出现，或者以"帮忙""支持""关照"的名义，或者以"理解""同情"的名义，但其核心就一个——"预征"，完成任务，交差。因此，"预征"一旦启动，结果不是损人利己，就是己他"两害"。当然，最先感受到"预征"风寒的多是中小型企业，特别是大量尚未脱离生存边缘却为社会承担着就业重任的中小企业。而且可以想象，在生存压力的现实情境中，妥协和认命作为人性的本能，多数中小企业会选择妥协与配合。

问题是，如何彻底消减"预征"的风险与危害？关键在于政府预算支出制度的优化。具体说，首先要看政府在财政预算支出的公开透明方面能有多大的作为。其次要看财政支出的民众利益表达机制是否建立健全。民众的利益表达机制无疑是预算支出"合意""合愿"的前提，也是矫正目前预算支出政府主导，与民众希求错位之过的关键。

就当下而言，要解决政府支出的燃眉之急，减轻政府预算的压力，政府或应选择切实"节流"，过紧日子，重新评估已经启动的项目，优化现有支出结构等举措，但至少不要在"预征"上打过多的主意，在非税收收入的"深挖狠抓"上太费心思。因为这些本能性的举措，不仅弥补不了多少"超支"的财政窟窿，反倒会伤及未来经济发展的根本与基础，加剧经济社会协调发展的伦理之惑。

总之，要认真对待税款的"预征"，也请各级领导要从为历史负责的角度认真对待税款的"预征"问题，中国经济经不起"预征"（包括非税收入的"预征"）这副大剂量的"泻药"，中国纳税人，特别是中小企业纳税人更是伤不起！

（《华商报》2012-11-28）

《环保税》立法应"内外"并重

期待很久的《中华人民共和国环境保护税法（征求意见稿）》，终于同民众见面了。这显然意味着，《环境保护税》立法与"费改税"工作确实迈出了关键性一步。令人忧虑的是，如何才能获得一部优良完备的《环保税法》，从而肩负起"环保"的历史重任，尽快还蓝天白云于民众，还安宁安全于民众。固然，大面积污染的存在与蔓延，是多因素构成的。坦率地说，就是有了一部完善优良的《环保税法》，也未必能一夜之间带给民众一片蓝天与安全。但毕竟，一部完备优良的《环保税法》，是遏制污染的锋利刀剑！

毋庸讳言，"内外"并重应是催生《环保税法》应持的基本态度与指导思想。重"内"意味着，对《环保税法》（意见稿）各个条文的内容，要进行全面深刻细致的推敲，同时在立法技术要素方面，应反复斟酌，听取各方利益相关者的意见。对此，从6月10日《意见稿》公布以来国务院法制办、财政部、国家税务总局、环境保护部等社会团体通过各种形式，紧锣密鼓地举办多层次的座谈会、研讨会看，相关立法机构无疑是"高度重视"，完全可以预见，因此收集的专业性、建设性的《环保税法》立法修改的意见肯定很多，诸如环保税立法的目的与宗旨、征管权限与程序的设定、征税的范围与对象、计税依据等，不足为虑。

问题或在于，仅仅基于立法机关与政府相关部门之"内部"

意见的《环保税法》立法，完全可能因为信息不对称等原因，存在诸多缺陷与硬伤，从而可能背离《环保税》立法的初衷，无法担当目前"环保"形势严峻的重任，尽快增进全社会和每个国民的健康福祉总量。毋庸置疑，唯有"内外"并重，方可避免因为立法信息不对称导致的缺憾，催生中国第一部优良完备的《环保税法》，实现《环保税》立法的良善动机，有效遏制当下大气污染、水污染、固体废物污染、建筑施工噪声污染、工业噪声污染等无法命名的环境污染问题，尽快增进全社会和每个国民健康福祉总量的终极目的。

具体说，重"外"意味着，《环保税法》立法必须认真进行以下五个方面的考量：

第一，谁在主导《环保税法》的立法。毋庸讳言，谁在主导《环保税法》的立法活动，谁的环保税意志就可能被更多地体现和反映，主导《环保税法》立法的国民人数越多，增进健康福祉总量的人数也就越多。增进国民健康福祉总量人数越多的《环保税法》，越是完备和优良；增进国民健康福祉总量的人数越少，这种《环保税法》就越不完备，越落后。

第二，根据谁的意志进行《环保税法》立法。根据谁的意志所从事的《环保税法》立法，因此而成的《环保税法》，便会更多体现和反映谁的环保税意志。无疑，唯有根据全体或绝大多数国民的环保意志进行的《环保税法》立法，最可能有助于全社会和每个国民福祉总量的增进。这是因为，人类社会之所以建立国家和政府，创建各种制度，包括税制、《环保税法》，其具体目的可能各种各样，但最终目的，无不是为了增进全社会和每个国民的福祉总量。事实上，是否增进全社会和每个国民的福祉总量之大小多少，也就成为判定一个《环保税法》立法及其本身优劣的终极标准。

第三，谁去完成《环保税法》的实际执行。《环保税法》显然不是用来看的，目的在于通过征收环保税，加大污染企业的经营成本，倒逼其转行转产，或者退出市场，或者通过技术升级，减少污染，从而遏制污染，提高整体环保水平，增进全社会和每个国民的健康福祉总量。毋庸置疑，《环保税法》的完备与优良与否，直接关系其立法宗旨的实现程度。换言之，优良完备的《环保税法》，多能最六限度地兼顾执法现实境遇的复杂性、实践领域的可行性，以及未来时空的不确定性。具体说，执法主体权责界限的公正性、明确性与清晰性，执法程序条款的科学性、客观性与系统性等，都直接关系着《环保税法》的实际效果。而《环保税法》（意见稿）中语焉不详的——关于税务机关与环保部门的"双主体"规定，理论上讲，或有助于《环保税法》的执行，但基于现实环境，执行中很可能人为制造出制度性的推诿与扯皮现象，必须给予充分的重视。因此，关于征管、稽查等事项的权限、程序等核心问题，必须认真对待。一句话，《环保税法》的立法、执法、司法主体责任，必须清楚明白地规定和表述。

第四，谁云监督《环保税法》的执行。众所周知，任何"法"，当然包括《环保税法》，如果得不到坚决贯彻和执行，不过是一纸空文。因此，有无"闭环式"的《环保税法》监督与制衡机制，也就成为《环保税法》立法不得不考虑的重要的外部因素。或者借助和发挥现有法律监督制衡机制的职能，或者本着节俭、效率原则，创设新的专门的监督与制衡机制。就是说，《环保税法》要确实发挥其应有的职能，必须明确监督的主体、对象、范围、权限等，否则，便会形同虚设，浪费立法资源，贻误提升国家总体性环保水平的历史性机遇，难逃当年宴席税、屠宰税的宿命。

第五，如果违反《环保税法》，谁制裁，谁问责。《环保税法》是指治污与排污行为"应该且必须"如何的权力性规范。因此，环保不遵从的行为主体，既可能是排污者，也可能是治污者——环保税的征收机关（税务与环保部门）。因此，要保证必要的《环保税法》遵从行为，一方面必须有问责的条款与机制，另一方面，也必须明确"问责"和制裁的主体与权限。直言之，问责与制裁主体、权限的虚置或模糊，必然会导致《环保税法》有法不依现象的大面积存在。毋庸讳言，《意见稿》同样在此着墨偏少，语焉不详。

总之，《环保税法》立法必须"内外"并重，充分听取社会各界的意见。既要重视内在具体条文的推敲与立法技术要素的斟酌，更要重视上述五个外部要素的优化。前者虽然重要，但后者更为重要，也是制约转型中国法治建设的主要"瓶颈"。可以说，我们社会"有法不依"现象的长期存在，大都与后者有直接或间接的关系。法定不过是法治的基本要求，立法的民意基础与公正性才是根本所在。

（《财会信报》2015-07-08）

遗产税为何嘘声一片

近期，因为有媒体传言说中央财经大学税务学院副院长刘桓在一次讲座上透露——遗产税征收将被写入十八届三中全会文件——而使"遗产税"成为舆论关注的热词，并迅速蹿红，引发了关于遗产税该不该征，以及如何征收的观点交锋与舆论攻防。虽然几日后刘桓先生就在国务院参事室网站上公开声明，从未就"遗产税写入十八届三中全会"接受过采访。但是，开征遗产税留给社会的追问与疑惑显然还在继续，并未因为刘桓先生的声明而退出社会各界热切关注的视野，争论还在通过新老媒体的发声在继续发酵和推波助澜。

遗产税反对者依然在搜集有利于自己理论的理由和论据，赞成者也毫不示弱，同样在寻求赞成的根据与理由。然而，尽管反对者的理性或非理性的声音都很大，几乎淹没、遮蔽了赞成者的争辩，但冷静地看，双方的理论与理由，都存在致命的立论缺憾，显得力不从心、底气不足。大有自说自话，甚至"鸡对鸭讲"的尴尬与纠结。笔者以为，这种场面的形成，主要是因为：

首先，不论是遗产税的反对者还是支持者，双方都混淆了一个核心问题，即把遗产税该不该征的问题等同于能不能征，或者如何征、怎样征的问题。

事实上，遗产税该不该征的问题，无疑是一个税收道德问题。"应该征"意味着遗产税符合税收道德价值和原则，征纳两利。终极来说，"应该征"论者一再告诉社会的核心观点是，开征遗产税有助于增进全社会和每个国民的福祉总量。在一般情况下，遗产税征收"不应伤害一人地"有助于增进全社会和每个国民的福祉总量。唯有在征纳冲突、不可两全的情况下，至少要做到可以增进绝大多数人的福祉总量，并对受伤害者给予足够的补偿。

具体说，如果开征遗产税符合人道自由的最高原则以及公正平等的根本原则就应该征，因为这种遗产税是符合税收道德原则的。或者说，如果一国的遗产税开征符合人道自由的最高原则，是符合纳税人税收意志的，是有助于增进全社会和每个国民福祉总量的，那这种遗产税就应该开征。相反，如果一国的遗产税开征不符合人道自由的最高原则，是非人道非自由的，是违背纳税人税收意志的，是无助于增进全社会和每个国民福祉总量的，那这种遗产税就是恶税，自然应该拒绝和反对。

同样，如果一国的遗产税开征符合公正平等的根本原则，有助于征纳税人之间权利与义务的平等交换，有助于促进代际公正和平等，有助于增进代际之间的福祉总量，这种遗产税自然应该征收。相反，如果一国的遗产税开征违背了公正平等的根本原则，无助于征纳税人之间权利与义务的平等交换，无助于促进代际公正和平等，无助于增进代际的福祉总量，这种遗产税就是恶税，就不应该征收。

毋庸讳言，只有在这个前提下，才能够谈论遗产税如何开征、怎样开征等技术性问题。而且，技术性要素的欠缺与不完善，以及客观环境、发展阶段、征管技术手段等论据，都不应作为应该不应该征收遗产税的理由和根据，仅仅只能作为能不能顺利实现征收的理由和根据。试想，如果遗产税本身的合意性就存在问题，民意基础就不坚实，税权监督不到位，税权滥用现象存在，"取之于民"的不能很好地"用之于民",用之于民之所需，既不符合人道自由的最高原则，又不符合公正平等的根本原则，自然也就无法增进全社会和每个国民福祉总量，无助于征纳税人之间权利与义务的平等交换，无助于促进代际公正和平等，无助于增进代际的福祉总量。因此，不但其本身是不符合税收道德原则的，而且其开征就如同实施打劫。

显而易见，关于遗产税该不该的争论，本应在这个层面展开和进行。"该不该"的问题与"能不能"的问题，完全是两个层面的问题，在此千万不可混淆。一方面，支持者不能用"能不能"的论据和理由为自己辩护。另一方面，反对者也不能用"能不能"的论据和理由为自己辩护。而且，双方都不应用"该不该"开征遗产税的论据和理由为"能不能"开征的观点辩护。

特别是在转型社会逢增税必反、逢减税必喜的社会心理背景下，更应该区分"该不该"与"能不能"的问题。不然，就可能误导民众，引发负面的舆论，自觉不自觉地扮演阻滞中国社会文明转型自然进程的糊涂角色。无疑，不管是反对开征一种新税种，还是支持开征一种新税种，这种公共理性是每一个言说者都必须守候和坚守的。

其次，理论上讲，遗产税虽然具备调节代际权利与义务分配不公的功能，有助于遏制贫富悬殊的社会不公问题。但就贫富悬殊形成的根本原因而言，就是开征了遗产税，遗产税未必能发挥调节代际权利与义务分配不公的作用，发挥遏制贫富悬殊的作用。

遗产税要真正发挥调节代际权利与义务分配不公的作用，有助于解决或遏制贫富悬殊的问题，税权的优化和民意基础的广泛才是真正的问题所在。最后，遗产税设计和开征的代际公正道德根据意味着，其指向就是富人。问题在于，国家凭什么要向富人征税，而不是向穷人征税？如果这个问题不解决，便不会让富人心服口服，心甘情愿。难道勤劳致富有错，难道死亡就是开征遗产税的理由？其实，开征遗产税的道义理由，无非公正，主要是为了解决代际的不公问题，化解代际权利与义务分配不公的问题。

固然，一个人财富的积累，有其个人智力、机遇、努力等因素的作用，而且，这些因素很可能在致富过程中所占比重还不小。但同样不可忽视的是，任何人的富裕及其成功，显然都离不开社会共同体这个巨大资源。如果离开这个资源，任何人的富裕与成功，都可能成为无源之水，无本之木。而这个巨大资源，无疑是每一个社会成员从一生下来都不可选择地缔结的。而且，每个人不论出身如何，将来富贵如何，为了这个共同体的缔结所做的贡献却是完全相同的。关键在于，富人、成功者的富贵，都是因为借助了这个属于每个国民的共同体——巨大资源。因此，他的富贵显然是比那些贫穷者、失败者更多地借用了这个属于每个国民的共同体——巨大资源。因此，他的收入中显然包含着对那些贫穷者、失败者的剥夺，或者说其中本来就有那些贫穷者、失败者的贡献。因此，本应拿出一部分来回报这个共同体及其贫穷者、失败者。各种税，包括遗产税，无疑都是一种回报的方式。

道理更在于，遗产税作为一种回报共同体的方式，主要是为了调节代际权利与义务分配的不公问题。如前所述，一个人一生的富与贵，显然是因为，他既可能过多地借用了上代人存留的公共资源，也可能过多地借用了当代人共同缔结的共同体资源。而且，由于制度的不完善，他很可能也过多地占用了下一代的资源。因此，一旦他离开这个世界，就应该将他过多借用这些资源积累的财富中的一部分通过遗产税其他方式返还给这个社会，不能单独留给他的后人。如果单独留给他的后人，显然是不公正的。不仅会扩大当代的贫富差距，也可能加剧代际的不公正。理论上，也可能摧毁人类共同体的基础。

由此可见，遗产税尽管在调节代际不公中的作用有限，但也不失为一种手段。而且，这是有道义基础的。

当然，遗产税之所以嘘声一片，更在于它可能带给相关纳税人的"税痛"。这或许是引发社会各界拒绝遗产税的普遍心理，也是此次面对遗产税开征传言嘘声一片的心理动因。道理在于，就"税"是国民财富的一种损失而言，它是一种恶。但这种恶，却显然是一种"必要的恶"。如果没有了这种"必要的恶"，基本的社会秩序就可能不复存在。而且，就"税"是国民与国家之间就公共产品交换价款缔结和履行契约的活动而言，缴纳遗产税也是国民为了交换到国家提供的公共产品。因此，如果纳税人对公共产品的性价比不满意的话，遗产税纳税人完全有理由拒绝纳税。

事实上，遗产税之所以嘘声一片，表面看是因为开征遗产税可能给相关纳税人带来的"税痛"，但根本说来却是因为，当下如果开征遗产税，很可能缺乏足够的道义支持，背离税收治理的最高、根本以及终极原则，无助于增进全社会和每个国民的福祉总量，难以很好地履行调解代际权利与义务不公问题的职责，并有助于化解当代国民之间存在的贫富悬殊问题。因此，遗产税应该慎行。

（《凤凰博客》2013-10-22）

推进税改亟待公共理性

有一个幽灵，昼夜回荡在中国税改的上空。它正在使一些人继续窃喜偷乐的美梦，也使另一些人依然沉湎在点击率的超速增长以及为民请命的虚幻满足之中。这个幽灵，就是忽视利害权衡，背离税收治理增进全社会和每个纳税人利益总量终极目的，逢"减税"必赞，逢"增税"必反的税改集体无意识。

固然，逢"减税"必赞，逢"增税"必反，确实拥有不容置疑的道义上的绝对性。然而，谁又会否认，在理论与现实之间，毕竟横亘着一条鸿沟，要一下子跨越这个天堑，需要时间，需要勇气，更需要足够的公共理性。约翰·罗尔斯说：公共理性——"它是公民的理性，是那些共享平等公民身份的人的理性。他们的理性目标是公共善，此乃政治正义观念对社会之基本制度结构的要求所在，也是这些制度所服务的目标和目的所在。"它"在三个方面是公共的：作为自身的理性，它是公共的理性；它的目标是公共的善和根本性的正义；它的本性和内容是公共的，这一点由社会之政治正义观念表达的理想和原则所给定"①。这就是我们呼唤的公共理性精神，"公共善"的内涵。既要遵从终极的价值原则，也要注意现实的权变与策略。既要仰望星空，胸怀理想，在征纳

---

① 〔美〕约翰·罗尔斯著，万俊人译：《政治自由主义》，译林出版社 2006年版，第六讲 公共理性的理念。

税人之间利益尚未发生根本性冲突、可以两全的情境下，坚决高举"帕累托最优原则"的大旗，"不伤一人地增进所有人的利益"，追求完美的选择；也要在征纳税人之间利益发生根本性冲突、不可以两全的情境下，自觉奉行"最大多数人的最大利益原则"，两利相权取其大，两害相权取其小。特别是在冲突情境中，一定要面对现实，精心计较。

"减税式"税改的陷阱

当税改被一波又一波的"减税"之声淹没，当税改等同于一次又一次的税制枝节性要素的优化，我们是否应该反问一声，"减税"之后怎么办？修修补补之后怎么办？难道还要一次又一次地重复，一次又一次地知足常乐，一次又一次地与优良税制擦肩而过，一次又一次地背离税改增进全社会和每个纳税人利益总量的终极目的吗？

面对"减税式"税改，我们只需问一声，难道减税就是税改的终极目的吗？减税之后还是减税吗？就会让自己打一个寒战！就会明白"减税式"税改价值导向本身的局限性，就会清醒"减税式"税改的陷阱究竟有多大多深！

然而，不论支撑"减税式"税改的理由和说辞多么圆满和充足，在现实面前，"减税式"税改导向，最终会减少所有纳税人的利益总量。

减税的对词是"增税"，因此，逢"增"必反，逻辑上是自洽的。特别是在税权合意性问题尚未得到实质性解决的国度里，就更应如此。自然，减税也就占据绝对的道义优势。可以不问前提地大声呼吁减税，大道上这是站得住脚的。也不失为一种影响现实、推动税改的策略。而且，具体到当下中国语境，逢"减"必赞，逢"增"必反，呼吁者也不会遭遇任何质疑和风险。这只要看看支持减税，反对增税的事实论据，就足以叫人振振有词。

税改的现实目标选择

在税权合意性问题尚未得到彻底解决之前，一切有助于每个纳税人或大多数纳税人利益总量增进的税改举措，不论大小，都应该得到支持和认同，不应否认其价值，不应放弃哪怕是枝节性的优化努力。

而且，即使在这样一个几乎不可改变的现实前提下，在明确知道正在推动的税改不可能明显增进每个纳税人利益总量的时候，也应该通过公共理性来寻求每一次推荐税改的现实策略与目标，遵循"最大多数人的最大利益原则"。

具体说，当减税不得不作为一个税改选择或策略时，也存在一个如何选择的价值大小的计较问题，即投入与效率的权衡问题。也就是说，在减税理念下，也有一个多与少、大与小、快与慢、轻与重、远与近、理想与现实等的价值权衡与选择策略问题。就整体税负而言，我们应该致力于政府整体税收收入总量的减少，而不是税负的"谁负"，致力于政府政体税收收入增长速度的减慢，而不是其他枝节性要素的优化；应该致力于近期与远期、现实与目标理想的协调，而不是为了眼前利益牺牲长远利益，为了现实目标，牺牲理想目标。以个税改革为例，就不能仅仅为了减少一些人的税负（提高个人所得扣除额），大幅度缩小作为直接税的个税纳税人的规模。因为，直接税天然的税痛感，有助于纳税人权利意识的培养．有助于政府税款的合理有效使用，有助于增进全社会和每个纳税人利益总量终极目的的实现。坦率地说，任何改革，都需要一个负责任的推动者群体。假如为了缓解一些人的利益诉求压力而一昧通过提高扣除额来息事宁人，本身就是一种非理性的税改选择．就是一种"先利后害型"的税改，一种缺乏公共理性的税改。

税改期待的公共理性警示我们，每一次税改目标的选择，都不是在"完善项"与"不完善项"之间抉择。这样的选择，就是智商再低的天盲者也会做出。考验税改是否拥有大智慧的标准在于，谁会在两个"不完善项"之间，选择一个相对优良的选择项，谁会在两害相权时取其小，谁会在两利相权时取其大？

无论是从现实，还是从长远，或者从操作性看，中国税改无疑应该以建立"直接税为主，间接税为辅"的税制格局为基本目标。这不仅有助于增进全社会和每个纳税人的利益总量，也会为中国税制的现代化转型以及中国社会的现代化转型培育必要的公民品德，塑造一大批支持现代化社会构建的公共精神。或者说，如果要在减税理念下继续推动中国税改，就应该将着力点和突破口放在这里，而不是在其他细节问题上继续耗费精力和能量。也只有在这一现实理性的税改目标下，其他技术性要素的优化才可能效率最大。事实上，在既定现实条件下，推进税改的智慧与理性在于：如何平衡政府与纳税人之间的利益关系？

税改的理想目标选择

真正优良的税改，当是最能增进全社会和每个纳税人利益总量的税改。同样，最优良的税制，也是最能增进全社会和每个纳税人利益总量的税制。

因此，长远看，优良税改的理想目标，也就是理性目标应该是：建立最能增进全社会和每个纳税人利益总量的税制。

要实现这个理想税制目标，可能需要很多时间，甚至几代人的努力，要走很多弯路，但这个终极的优良的理想的目标不能忽视，不能没有，也不能模糊，不能没有共识。尽管"大智不共识，共识不大智"，但我们应该努力争取更多的大智与共识。如果没有这个大智和共识，中国税改之路还会在羊肠小道上继续跋涉，在崎岖山路上依然打转。

在"以人为本"的治国理念下，最能增进全社会和每个纳税人利益总量的税改目标，最低就是要建立以纳税人主导的税制。只有纳税人主导的税改和税制，才可能最接近每个纳税人利益总量的终极目的。就是要确保纳税人生存与发展基本权利的实现，征税不能伤及纳税人的基本生活。但这不够，要向更优良理性的目标进发，简言之，就是要用制度确立纳税人在税制中的主体地位，把增进每个纳税人的利益总量当作一切税制的出发点和归宿点。具体说，一是要遵行法治的原则。二是在税法面前要人人平等，既不能在纳税人之间厚此薄彼，也不能在征纳税人之间厚此薄彼。特别是要注意征纳税人之间权利与义务的平等交换。三是税法要有限度，不能伤及纳税人的基本自由。一个税制的自由应该大到不至于影响社会基本的税收秩序。就数量而言，减税或征税不能影响政府的基本运转，不能伤及纳税人的基本生存。

税收本是一种"必要的恶"。因为，不论怎样，都意味着纳税人个人财富的减少。悖论在于，如果每个纳税人都不愿付出一点财富损失的代价的话，每个纳税人就可能失去更多的利益。所以，正如人类选择税收是一种公共善一样，推进税改也亟待公共理性。

理想目标要固执，但在抵达理想税改目标的过程中，应该时刻注意公共理性的权衡得失。非理性的呼吁和参与，很可能事与愿违。就是为民请命，也应该思考一下为哪些民，多少民，并计算一下因此可能带来的利害得失如何。

总之，减税之后怎么办，这确实是一大问题。难道减税之后还是减税，以至于不交一分钱的税才是税改的终极目标吗？要终结减税式税改，爬出减税式税改的陷阱，唯愿公共理性的介入与激励。

（《凤凰博客》2011-05-24）

看紧政府钱袋子

曾经两度成立起草小组，历经三届人大，四次启动审议程序，熬过了 20 年漫漫修改之路才通过的《中华人民共和国预算法》，终于从 2015 年 1 月 1 日起开始施行。

事实上，在政府提供的所有公共产品中，制约、防范公共权力，特别是财税权力滥用的防腐、反腐制度及其长效机制，乃是其中最重要的公共产品之一。由此可见，一部相对优良的新《预算法》之施行，看似是对政府及其官员具体预算支出行为的规范，但根本说来，则是通过建立对政府及其官员具体预算支出行为的正向激励与反向"问责"机制，为全社会提供高质量的防腐反腐类公共产品。

众所周知，腐败是指公共权力滥用的行为，意味着政府及其官员手中公共权力的失控与任性。无疑，财税权力是最重要、最容易被滥用的权力，也是对国民权利伤害最直接的权力。因此，随着一部相对完善的《预算法》的施行，其过程本身就是在构建长效的防腐、反腐机制，是对每个国民权利提供更有效的制度性保护。

或许正因如此，中央纪委原副书记刘锡荣才多次强调，在与防治和预防腐败有关的法律法规中，《预算法》及其修订尤其重要。同时指出："管好政府的钱袋子，很多案件都没有啦。"而且一再主张："要铲除腐败产生温床,《预算法》出来后,一大意义就是铲除了腐败温床。"道理就在于,《预算法》是关于国家最重要公共资金支出行为的"应该且必须"如何的权力性规范,也即是关于政府及其官员最重要公共权力——公共资金支出行为——'应该且必须"如何的权力性规范。直言之,"钱袋子"既是一个国家存在的基石,也是反映一个国家治理现代化水平的晴雨表。"钱袋子"的文明程度,代表了一个国家的文明程度。

因此,伴随新《预算法》的施行,有理由相信,假以时日,倘若建立起有效的防腐、反腐长效机制的话,公共权力滥用问题会得到制度性的监督与制衡。

理论上讲,新《预算法》在"全口径预算管理、地方政府举借债务、预算公开,以及人大对预算的监督审查"等方面的明显突破,都将有助于防止政府及其官员手中公共权力的滥用与腐败,特别是财税权力的滥用与腐败。因为,"全口径预算管理"意味着,政府的所有收入都将纳入"预算",政府所有的支出行为都必须按《预算法》的规定进行。"预算公开"意味着,这是公权力接受监督的最有效方式。

其实,若以 2014 年为例,中国政府的全口径财政收入显然已超过 20 万亿元。试想,如果不以新《预算法》作为法律基础,进而推动预算制度改革,建立防腐、反腐长效机制,有效遏制公共权力的滥用与腐败,促进中国现代化的如期转型,中国梦何日才能实现?

（《华商报》2015-01-05）

成品油消费税率上调为何非议声四起

元月 12 日下午，财政部发布《通知》称，自 13 日起将上调汽油、石脑油、溶剂油和润滑油的消费税单位税额，即由此前刚上调的 1.4 元 / 升，提高到 1.52 元 / 升。同时将柴油、航空煤油和燃料油的消费税单位税额，也由 1.1 元 / 升，提高到 1.2 元 / 升，但对航空煤油继续暂缓征收。

特别值得一提的是，财政部短短两个月内，连续三次上调成品油消费税的税率，还是在 2014 年 7 月以来国内成品油价格已出现罕见"十一连跌"的市场大背景下推出的。

毋庸讳言，第三次上调成品油消费税率《通知》发布之后，社会各界的非议之声、异议之语、质疑之问，以及嘲讽言辞、谩骂秽语等，很快汇成了滔滔舆情热点。其实，这次成品油消费税税率上调引发的舆论关注度，并不比几年前个人所得税免征额提高引发的舆论关注度低多少，甚至有过之而无不及。事实上，本次的反对、异议与非议之声，远胜于当年。

那么，成品油消费税率上调非议之声四起的原因究竟在哪里呢？笔者以为：

第一，因为任何税收都会带来纳税者的痛感。直言之，税收的本性意味着纳税者可支配收入的减少。因此，基于人性的自利本能，任何税收如果没有外在强制的话，纳税者大都不会自觉自愿地缴纳，存有搭便车的心理。因此，别说是成品油消费税税率上调，就是任何其他税种要上调税率，纳税者都是十分在意，会有切身痛感的。更何况，目前中国成品油的税负实在不低，比美、日等发达国家还高，"税痛"本来很大，见涨便会喊痛。以 92# 汽油为例，按每公斤 6.05 元零售价计算，增值税 0.88 元；消费税 1.52 元；城建税 0.168 元；教育费附加 0.072 元；地方教育费附加 0.048 元；企业所得税按 7% 利润率计 0.1059 元；总税合计 2.7939 元，已经占到价格的 46.18%。而且，一般情况下，税负越高，纳税者的"税痛"越大。

差别或在于：由于税种不同，可能引发的纳税者"税痛"在强度大小、久暂、快慢等方面存在差异。比如，直接税的"税痛"敏感度就明显大于间接税。因为直接税纳税人能明明白白知道自己缴了多少税，但间接税纳税人由于存在税负的转嫁问题，纳税人不一定清楚自己究竟缴了多少税。

当然，作为间接税的消费税，也因税率的高低、征收方式的差异，以及征收环节的不同等因素，形成不同的"税痛"效应，做出不同的反应：支持或者拒绝。

第二，因为这次成品油消费税税率上调的理由与根据不充分，方式与时机值得商榷。

这次调增成品油消费税税率，明面上的理由是为了减少大气污染物的排放，为了支持治理环境污染、应对气候变化，促进节约能源，鼓励新能源发展。但真正讲来，或许为了缓解由于经济下行所带来的财政收入下降压力。

就成品油消费税税率上调的具体方式而言，短短两个月内就连续三次调增，显然违背了民众的正常心理承受力。

而且就这次成品油消费税税率上调的时机选择而言，也值得推敲与反思。试想，被经济下行走势、通货膨胀，以及生活开支刚性化等诸多不顺心因素压抑了一年，正处于"节日综合症"郁闷期间的国民，能对政府连续上调成品油消费税税率的作为满心地欢迎称快吗？

第三，由于这次成品油消费税税率上调所消减之利益对象的特殊性。毋庸置疑，成品油消费者这一群体具有自己相对稳定和突出的特点，比如，这一群体中的成员，大多经济状况比较好，温饱问题已经解决，而且平均文化程度比较高，社交圈子也广泛，特别是由于互联网、通讯技术的迅猛发展，这一群体的信息沟通比较充分，权利意识相应比较强等。因此，这一群体一旦感受到自己的基本权利被无视或伤害，就会在第一时间发出有痛感的声音与呼吁，并迅速传递相关的信息与观点，寻求与自己有共同感受的同道。

因此，基于上述分析，此次政府连续三次上调成品油消费税税率，如果没有出现非议之声四起的现象，反倒有些不合逻辑。这岂不是在提醒我们，在新的历史境遇下，政府的一切增税行为，都必须慎之又慎，都要尽可能综合考虑方方面面的利弊因素，特别是要认真倾听来自纳税人的声音。事实上，发达国家现代化转型的历史教训也一再告诫我们，转型时期任何不当的税收决策，都可能引发系统性的社会风险，必须理性导引，反复论证，如履薄冰。

（《凯迪评论》2015-01-15）

"降息"之后能否"降税""减费"

从 2012 年 7 月央行降息以来,直至今年的 11 月 21 日晚,央行才意外地宣布了一次"降息"。即从 2014 年 11 月 22 日起,央行将下调金融机构人民币贷款和存款基准利率。即,金融机构一年期贷款基准利率下调 0.4 个百分点至 5.60%;一年期存款基准利率下调 0.25 个百分点至 2.75%。同时,结合推进利率市场化改革,也将金融机构存款利率浮动区间的上限由存款基准利率的 1.1 倍调整为 1.2 倍。

坦率地说,在当前经济下行压力仍然较大、企业资金需求紧缺的特定境遇下,央行的此次降息举措,无疑有助于缓解经济下行趋势与企业资金需求的压力。常识在于,降息仅仅是刺激、促进经济发展的重要工具之一。因此,市场主体关于"降息"之后"降税""减费"的声音再一次高涨,呼吁国家继续出台"降税""减费"的举措,以便全面遏制经济下行的趋势,实现中国经济的可持续发展,真正进入新常态。

众所周知,税收是国民与国家之间就公共产品交换价款缔结、履行契约的活动。税收的多少,与政府可提供的公共产品性价比直接相关。一般而言,减税意味着政府可支配资金的减少,公共产品供应的减少;增税则意味着政府可支配资金的增多,公共产品供应的增多。问题在于,由于税负的高低、税收的增减不是税

45

制的根本要素，税收的增减便与公共产品的性价比高低，并不构成绝对的正相关关系。即是说，由于税权监督机制未形成"闭环"等原因，很可能政府征税虽然很多，但却并未给国民提供高性价比的公共产品。或者说，政府提供的公共产品并不是国民真正需要的。直言之，很可能虽然"取之于民"不少，但却"用之于民"不足，或者未必"用之于民"之所需。

因此，"降税"或"减费"，既需要有空间，可以"降"或"减"，也需要精确化、具体化的策略与艺术，比如降低哪些群体、哪些行业、哪些区域的税收等？降多少？如何降？而且，"降税"或"减费"的终极目的要清晰明确，有助于增进全社会和每个国民的福祉总量。

就"降税"而言，政府为了支持经济发展，不论是"营改增"，还是针对小微企业、个别行业的税收优惠政策，以及税制改革的一些具体策略等，客观地讲，还是做了一些努力，只不过所用的术语是"结构性减税"而已。所谓"结构性减税"，即是有增有减，总体税负稳定的"减税"。以针对小微企业的税收政策优惠为例，先是把起征点从月收入 5000 元提高到 2 万元，接着还会把起征点提高到月收入 3 万元。而且，尽管"营改增"以后个别行业的税负增加了，但总体而言，大部分"营改增"企业的税负还是降低了。"减费"也一样，清理了一大批行政规费项目。

问题或在于，政府的这些"降税""减费"政策的幅度与效用，距离民间的真正需求与期待还有相当大的距离。质言之，不论是从实际的"降税""减费"的空间，还是从"降税""减费"的民间需求看，"降税""减费"的官民共识还需要继续寻找。因此，"降税""减费"也在考验着朝野的智慧与胆略。

就"降税""减费"的现实而言，当前企业的税费负担依然很重，必须降下来。显然，这不仅仅是一个可降空间的大小问题，更是一个"应该且必须"的税收治理根本问题。如果税费负担长期沉重，势必会挫伤企业可持续发展的首创精神与热忱。事实上，如果综合考虑税收、政府性基金、各项收费和社保金等项目后，2013年的数据显示，当前企业的宏观宽口径税负已经高达40%左右，明显超过了经合组织（OECD）国家的平均水平。而且，据周天勇教授推算，2014年中国的宏观宽口径税负还在提高，至少高于40%。

但就社会公正渴求的"降税""减费"而言，"降税""减费"更是一种"应该且必须"的道德选择。比如，针对一些长期承受不公正税收政策待遇的特定群体，像现行个税中忽视低收入家庭负担的不公问题，以及多少年来一直未改革的针对知识者稿费收入800元的免征额（800元以上的20%，打七折后按14%征收所得税）问题，还有不同行业、不同区域之间的税负不公问题等，都需要通过"降税""减费"来逐步接近公正，实现不同纳税者之间税负的公平负担。

当然，就国家整体发展战略而言，要实现新常态的经济发展目标，最应该降低的应是间接税，比如增值税、消费税等。这是因为，这些税收已经占到政府全部收入的65%～70%左右，一旦降低，经济社会效应将是巨大的。而且，由于间接税的降低，直接税的提高，有助于公民权利意识的提高，增强国民对政府税权使用过程的监督，提高用税的效率，增进每个国民的福祉总量。因此，长远看，间接税税负与比重的降低，其社会功德更大。

最后必须强调的是，"降税""减费"固然是"应该且必须"的，但就现实的复杂性、实践的操作性，以及未来的不确定性而言，"降税""减费"也要讲究方法和艺术。或者说，"降税""减费"的时机选择、额度大小、对象等因素的确定，一定要注重分寸和"度"。就是说，"降税""减费"的同时，还需要从税制完善、社会公正等目标出发，开征一些新税，诸如针对环境污染开征"环境税"，针对代际不公问题开征"遗产税"等。而且，不论是"降税""减费"，还是开征新税，都必须走法治的路子，依法增减，依法治税。

（《凯迪评论》2014-12-03）

深圳盘出"上千亿"的财税警示

据有关媒体报道，深圳首次打开了土地和国资两本账，结果，一次性"盘"出了"上千亿"的财政存量资金。因此，引发新一轮的财税舆论热点，应是自然的逻辑。

理性地看，深圳市盘出"上千亿的财政存量资金"的新闻，着实叫人喜忧参半。喜的是，几十年来一直被视为财政秘密的土地和国资"两本账"终于见光了，这显然有助于社会对公共资金的监督，提高公共资金的使用效率，增进民众的福祉总量；忧的是，深圳市怎么能一次性地"盘"出这么多的财政存量资金？进而言之，处于改革开放前沿的深圳市尚且如此，难道全国那么多的城市和地方就能成为例外吗？问题在于，如果不是例外，就全国而言，这汇总的财政存量资金规模该有多大？特别是，这个财政黑洞所遮蔽和掩盖的财政危机与风险该如何评估？如何防范？而且，转型中国如何才能有效破解这一"困局"，化解因此而带来的系统性社会风险？一言以蔽之，"上千亿"的财税警示是什么？专家学者的价值提醒与告诫是什么？

据悉，深圳市这一千多亿资金"主要来自按照国务院要求'清理盘活'的财政存量资金及部分重大预算项目的调整"。如前所问，深层次的问题或在于，全国其他地方政府，在国家"清理盘活"的大局指挥棒下，就不存在类似深圳的问题，盘不出巨大的财政存量资金吗？如果存在，规模和问题究竟有多大？主要特征是什么？原因是什么？关键是，像这样的财政治理一般性问题，无疑源于财税基本制度与机制安排方面存在的缺陷。因此，从高层管理角度看，究竟应该如何通过制度性创新与建构，才能从总体上解决这一问题？毋庸讳言，如果一个问题反复出现、大面积出现，一定是基础性制度与机制出现了重大缺陷，或者严重背离了时代要求。或者说，如果深圳问题是一个普遍性问题，高层应该怎样认识和全面彻底地解决这个问题？

事实上，一下子多出的巨量"财政存量资金"，也是在直接提醒我们——该如何有效遏制其规模继续扩大？然后才是科学地安排，高效率地使用，从而发挥其应有的作用，最大限度地增进全社会和每个国民的福祉总量。对此，多年来致力于推动政府预算公开的NGO"政府预算观察"创始人吴君亮先生显然忧心忡忡，他认为："上千亿"财政存量资金的查处，以及中期政府预算调整之大，已经不能简单看成"小金库"的问题。直言之，这是一个涉及国家层面财政系统性风险发现与评估，以及如何防范的大问题。其中折射出的财税内外管理矛盾与冲突问题，也必须给予高度关注。

笔者陋见以为，要从根本上化解这一带有普遍性、根本性的财税治理问题，第一，必须通过尽快建立民众利益表达机制来解决。因为，唯有大多数民众真正需要的公共产品，才是政府公共资金最应投入的地方。为此，必须改变以往公共资金预算安排政府及其官员偏好导向的观念，真正实现"以人为本"治国理念的制度性"嵌入"。也唯有如此，才能增强公共资金使用的针对性与目的性，即民众的合意性。唯有如此，才能既取之于民，用之于民，更能"用之于民"之所需。事实上，没有民众对公共产品与服务"合意性"的最终评价权，也就不会从根本上提升公共产品的性价比。"合意性"是公共产品供给的前提，也是人道自由平等财税体制的思想前提，更是财税权力合意性的根据。坦率地说，最终建立纳税人主导的财税体制，才是解决公共产品与服务"合意性"问题的最高目标。

第二，必须通过财税法治的途径来实现。毋庸置疑，预算法治是保证公共资金使用效率的主要手段和工具。值得庆幸的是，经过全社会多年努力修订的《预算法》已于 2014 年 8 月 31 日通过，并从 2015 年 1 月 1 日起施行。换句话说，至少目前中国公共资金的支出与使用，已经有"法"可依。当然，这并不是说，财税法治就等于财税"法定"。事实上，财税"法定"仅是财税法治的基本要求。根本说来，财税法治既要"法定"，更要体现绝大多数国民的财税意志。具体说，在公共资金收支等诸多重大活动事宜方面，即征多少税，用多少税，向谁征税，向谁用税等重大财税事务方面，都应该且必须尊重大多数国民和纳税人的意志，避免"为民做主式"财税治理惯性的继续。而重中之重在于：财税法，也就是公共资金收支法，即国家重大公共资金收支活动应该且必须如何的权力性规范，必须是公正的。具体而言，国民与国家之间的财税权利与义务分配是公正的，基本权利与义务分配做到了完全平等，非基本权利与义务分配做到了比例平等。

第三，必须建立"闭环式"的财税权力监督与制衡机制。常识是，"绝对权力导致绝对腐败"，权力如果没有有效的监督机制，注定会导致寻租和腐败。监督机制越是优良有效，权力腐败与寻租的机会便会越小，权力对被管理者的伤害也会越小。反之，监督机制越是落后低效，权力腐败与寻租的机会便会越大，对被管理者的伤害也会越大。同理，"闭环式"的财税权力监督与制衡机制，也即内外、软硬、上下、德法等"闭环式"的财税权力监督与制衡机制越优良、越健全、越完善，则财税权力的寻租与腐败机会就越小，国民所受的伤害也就越小，反之亦然。因此，必须自觉尽快地建立"闭环式"的财税权力监督与制衡机制。当然，基于特定时代与国情的实际，注意现阶段纪律检查系统对公共资金收支权力的监督与制衡，至少可以作为一个权宜性的力量可供选择。

同时，来自政府之外的社会财税监督力量，特别是国民权利意识的普遍性提升等，也不可忽视或无视。健康财税治理体系的建立和优化，需要各个财税主体的共同努力。

总之，"上千亿"的财税警示与告诫在于，处于转型核心领域的财税转型，牵一发而动全身，必须把握根本与核心，把理想与现实充分结合起来，把战略与策略充分结合起来。既要积极推进，也要掌握好节奏与分寸。财税改革也是一门艺术，需要原则与灵活的共同驾驭。

（《凯迪评论》2015-12-05）

税收优惠政策如何变成纳税人实惠

　　面对当前的经济形势，我国政府在遏制经济下滑、改善新供给形成和扩张的动力不足，促进经济尽快向上反弹复苏等方面，已经出台了很多应对性的税收优惠等政策与措施。比如针对小微企业的一系列税收优惠政策，还有以"营改增"为代表的结构性减税措施等。这些政策与措施，也取得了一些成效。比如截至 2014 年底，中央对小微企业的减免税款，就达 612 亿元；而"营改增"带来的减税，合计已有 1918 亿元。只是相对于 2014 年 23.67 万亿的政府收入，这些减税举措显然远远不够，继续减税的空间仍然很大。

　　这些税收优惠等政策与措施，为中国经济的复苏与向上反弹奠定了一定的前提与基础，其功不可抹杀。问题在于，就这些已经出台税收优惠等政策与措施的实际效果而言，也就是如何成为纳税人最大的"实惠"而言，无疑还有很长的路需要跋涉，也有很多的障碍与阻滞需要跨越。

　　毋庸讳言，所有税收优惠政策的出台与实施，都意味着政府收入的减少，意味着政府当下公共资金可支配权力的消减。就纳税人而言，则会因为税收优惠政策方面存在的先天性信息不对称问题，也难以真正享受到税收优惠政策的"实惠"。或者因为他们不知道政府出台了哪些税收优惠政策，或者因为他们不知道这些税收优惠政策与自己的实际关系有多大，实际效用有多大等。事实上，即使纳税人知道政府出台了哪些税收优惠政策，也存在一个能不能、值不值得享受这个税收优惠政策的问题。这是因为，如果一个纳税人享受一项税收优惠政策所需付出的成本远远超过了其心理界限与承受力的话，任何理性的纳税人，都不会主动享受这些税收优惠政策的。

常识就在于，每一个纳税人的逐利行为，都是要计较、要算账的。如果一项税收优惠政策要实实在在成为纳税人的"实惠"，其实施的成本就不能太高。一方面，征税成本不能太高，也即税收优惠政策的实施成本同样不能太高。另一方面，纳税人享受税收优惠政策的成本也不能太高。比如，按照税收优惠政策本应享受 10 万元的税收优惠，如果要享受到这一税收优惠所需付出的成本，诸如金钱、时间、机会等成本远远大于这个数字或纳税人心理界限的话，任何理性的纳税人，都不会主动享受这一税收优惠政策的。

毋庸讳言，税收优惠政策实施成本的无谓增加，既有税收制度滞后的一面，也有税务机关及其人员观念落后、能力较低、办事效率不高等方方面面的原因。自然也存在一个落实税收优惠政策所涉的相关政府部门之间相互协作与配合效率的问题。比如，如果一项税收优惠政策设定了一个优惠的前提条件——需要政府其他部门认定资格或审批的话，那这个政府相关部门的办事效率，同样会影响一项税收优惠政策的实际效用与效率。

但根本说来，税收优惠政策本身的优劣，比如税收优惠政策的合意性问题，即是不是大多数纳税人所真正期待的税收优惠？比如，遵从以人为本治国原则，允许增值税人工工资全额抵扣等问题？以及税收优惠政策本身的公正平等性问题，即征纳税人之间权利与义务、纳税人之间权利与义务的分配是否符合公正平等原则的问题？或者说，征纳税人之间基本权利与义务、纳税人之间基本权利与义务的分配是否符合完全平等原则的问题？征纳税人之间非基本权利与义务、纳税人之间非基本权利与义务的分配是否符合比例平等原则的问题？等。

当然，最终则要看这些税收优惠政策，是否有助于增进全社会和每个国民的福祉总量？凡是有助于增进全社会和每个国民的福祉总量的税收优惠政策，就是最容易变成纳税人"实惠"的税收优惠政策，它是最具实施原动力的税收优惠政策。

（《深圳特区报》2015-11-24）

全面开征房产税？悠着点来！

近日，澎湃新闻报道："作为未来的新增税种，房地产税将由现行的房产税和城镇土地使用税合并而成。房地产税将由各地地方税务局征管，全部税收收入将划归地方，成为地方税源的重要补充。"且"针对高端房，很多人不需要缴"。

对此，坊间乐观之声不少，似乎房地产税的税负、"税痛"与自己关系不大，可以高枕无忧，乐享其成，甚至还有一点幸灾乐祸的幽暗之心难以掩饰！其实，哪怕只是针对少数人的征税，所有纳税人都逃不了干系。因为征税的权力，属于每一个国民。无视少数人征税权的征税，也等于无视所有人。

当然，客观地讲，这个关于房地产税的消息，与之前公布的改革方案相比，确实有不少值得肯定的地方，比如针对多套房、高端房进行调节（符合比例平等原则与完全平等原则），考虑到了对房地产行业经济的影响（跳出了纯粹经济因素考虑的局限），以及"未来房地产税将由地方税务局征管，全部收入归地方，成为地方税源的重要补充"等。

但即使如此，鉴于社会主义初级阶段中国政治、经济、文化等特殊性，房地产税的全面开征，笔者陋见以为，仍需悠着点来！

针对多套房、高端房的征税，房地产税开征存在的先天性缺陷依然存在。即征税的"合意性"与民意的"广泛性"的矛盾。

所以，房地产税既应该且必须"法定"，经过人大权力机构的同意，而且其内容也应该符合公正平等的原则。简言之，仅有这种形式上的"合法"与法定是远远不够的。

不过，马克思十分赞同征收直接税，认为如果要在直接税与间接税之间进行选择的话，他宁愿选择直接税。他说："如果需要在两种征税制度间进行选择，我们则建议完全废除间接税而普遍代之以直接税。"但是，在转型社会，直接税也是一把"双刃剑"，在激活纳税人权利意识的同时，也容易引发征纳税人之间的冲突。因此，如果引导措置不当、不力的话，便会引发大面积的系统误差，这同样会背离税收增进全社会和每个国民福祉总量的终极目的。

进而言之，房地产税纳税人由于群体的特殊性，社会资源广泛性，社会动员力、影响力大，社会行为的示范效应明显等属性，如果因为房地产税的开征刺激了这个群体，出现了"不可控"现象的话，至少应该有成熟的预案来防范。而且，房地产税法执法过程的复杂性与难度，执法多与纳税人面对面接触等特点，也都容易引发征纳税人之间的直接冲突与对抗。

所以，如果我们站在高处、想在深处、看在远处的话，房地产税的全面征收更应该悠着点来。即使必须全面开征，也应有一个逐渐培育的过程，不可操之过急。除了上面论述的几个点外，如果经济总体疲软、地方政府可支配资金严重不足，就更应思考如何防范地方政府房地产税立法权的扩张与滥用等问题。

（《凯迪评论》2015-12-07）

第二辑　税鉴：税收与国运兴衰

税改借鉴莫戴"有色眼镜"

他山之石，可以攻玉。但这是有条件和前提的判断，条件与前提变化了，"他山之石"，未必就能"攻玉"。

试想，如果所选择的"他山之石"不如"我山之石"坚硬，或者品质优劣，何谈"攻玉"。而且，"桔生淮南则为桔，生于淮北则为枳"，水土不服，也是常有的事。更何况，人为的偏好与偏执，以及囿于自我利益至上的非理性选择所致的南辕北辙。

税制改革与优化，何尝不也是这个道理。税制改革无疑应该向发达国家学习，借鉴其先进的税制改革经验，汲取其教训，发挥其应有的后发优势，助益本国本民族税制的优化，最大限度地增进全社会和每个纳税人的利益总量。

问题是，仅仅满足于枝节和技术层面的学习与借鉴，或者戴着有色眼镜的选择性借鉴，不但无助于税制改革终极目的之实现，相反，完全有可能违背税改的初衷。

反思我们在借鉴国外税改经验名义下实施和启动的一批又一批的出国调研与考察，审视一下我们动辄洋洋数万言的借鉴类调研报告与建议，且不说为此耗费了多少纳税人的财富，仅仅看看那些只见树木，不见森林，只顾结题领课题费，不做终极追问，不顾未来整体影响的选择性借鉴性报告与建议，就可预知和发现当前中国税改面临的隐忧与灾难了。

一个明显的隐忧在于，几乎所有的税改借鉴报告以及其他研究报告，其出发点无不是围绕税收"聚财"功能的强化，无不是为了增加政府实际可支配的收入，无不是仅仅着眼于技术性、枝节性层面问题的探索，总是跳不出税种、税率、税负等数量方面问题的计较与考量，很少探讨税制的终极目的问题，很少关注税制价值的根本问题。或者说，不愿探讨税制优劣的终极标准问题，不愿正视税制的价值客体问题，即征纳税人行为关系事实如何的根本问题。具体说，无视税制的终极目的问题，税制本身的优劣与合意性问题，特别是"税权"的合意性、征纳税人之间地位的主次与公正等问题。究其因，也许是一些专家学者出于自利本性或世故，也许是因为现行税收科研机制的诱导。但无论怎样，如果在价值立场与追求方面存在系统性缺陷的话，其一切税改研究与建议，都极可能犯方向性的错误，由此出发的一切借鉴性税改研究，也就难以摆脱选择性借鉴的宿命。

选择本无可厚非，关键是为何选择？为谁选择？而且，为什么选择此而不选择彼？以及谁来选择？等，如果在这些问题上还没有达成共识的话，可以断言，一切选择都是有问题的选择。税制改革的借鉴选择，同样是存在这么一个问题。如果选择是为了强化税收的"聚财"功能，是为了不断增加政府的可支配收入，结果就如我们所担心的，重复征税、过度征税、频繁征税等，将成为政府自然和心安理得的选择。而这种选择性建议影响下的税改借鉴，一定是选择性借鉴，是背离税改和税制终极目的的选择性借鉴，是背离税制增进全社会和每个纳税人终极目的的选择性借鉴。而这种税改，无疑不会具有可持续发展潜力和动力的。

同样，如果问题涉及为谁选择和谁来主导税制改革的选择问题，也十分重要和关键。因为，"为谁选择"涉及税制的优劣，"谁来选择"涉及税制本身的性质，即是否合法的问题。假如选择的主体是征税人，大多就会做出尽可能增加政府可支配收入的选择，其税改借鉴研究，也就会以此作为选择和取舍的标准。相反，如果选择的主体是纳税人，大多会做出尽可能少缴税的选择，税改借鉴研究，也就会以此作为选择和取舍的标准。这样，似乎不论由纳税人选择，还是征税人选择，都可能出现问题，即偏好自己的利益而不顾及对方的利益。显然，这仅仅解决了税制选择的主体问题，并不能解决税制本身的优良问题，只能解决税制改革或研究选择的自由问题。但是，自由选择未必是最优的选择。只有弄清楚了"为谁选择"和根据什么选择的问题，才可能做出科学优良的选择。这是因为，"谁来选择"的问题仅仅是一个自由的问题，仅仅关乎税制选择的合法与否，并不必然会导致选择优良的税制和税改。因为税制的优良与否，并不必然取决于"谁来选择"。"谁来选择"只是科学选择的必要条件，不是充要条件。税制的优良与否：一方面取决于一个社会人们对税制终极目的的认识是否客观正确，另一方面取决于对征纳税人行为事实如何认识的正确与否？而且，虽然个体纳税人的选择可能是完全自利的，但长时间、总体地看，所有纳税人的选择则可能是"己他两利"的。只有"己他两利"的选择，最终才可能符合每一个纳税人的利益。

毋庸讳言，如果未来中国税改不能很好地解决上述根本问题，仍然热衷于为政府可支配收入的增长而进行选择性借鉴的话，如果我们的税改调研与建议，仍然志在进一步强化税收的"聚财"功能的话，"他山之石"注定是不可能"攻玉"的，仅仅满足于税种与税负增减的新一轮税改也不会顺利进行和成功，也难于实现税制改革和优化的终极目的，增进全社会和每个纳税人的利益总量的。

（《宁夏日报》2010-05-20）

税收在国运兴衰中的权重

毋庸讳言，税收在国运兴衰中的重要性问题，一直以来，即被税收学界以外的研究者严重忽视。对此，美国税史专家查尔斯·亚当斯早就指出："我们今天历史学、政治学、哲学和伦理学领域的学者几乎不研究税收问题。但是在十八世纪，学者们将税收作为这些学科以及其他相关学科的基础问题予以研究。"或许其中的原因十分复杂，但一个不容置疑的因素在于：人们对税收在国运兴衰中权重的认识显然不足。或者说，就是少数关注税收在国运兴衰中之重要影响问题的研究者，其思考与努力，也大多止于对"税率"高低、"税负"轻重与国家治乱兴衰之间关系的认识。事实上，最应该关注的应是税制优劣与国家治乱兴衰之间的关系问题。

"税负"轻重与治乱兴衰之有条件的正相关性

"税负"轻重与治乱兴衰之正相关性之所以是有条件的，原是因为，只有在既定政体基础前提下的税制，纳税人的"税负"越重，这种税制对纳税人财富的剥夺就越多，税制就相对恶劣，越会消减每个国民的福祉总量。相反，纳税人的"税负"越轻，这种税制对纳税人财富的剥夺就越少，税制就相对优良，就越会增进每个国民的福祉总量。而且，也只有在既定政体基础前提下的同类税制，才可能根据税率的高低、税负的轻重，判定一组税制的相对优劣。或者说，如果税制的政体基础不同，则无法通过税率的高低、税负的轻重去断定一组税制的相对优劣。同理，唯有在既定政体基础前提下的同类税制，纳税人的"税负"越重的社会，其国运就堪忧，发展动力将会萎缩，社会治理乱象就越多，就越趋于衰弱。相反，纳税人的"税负"越轻，其国运便越昌盛，发展动力便会越充足，其治理状况就相对较好，越有助于经济社会文化的繁荣。

关于"税负"轻重与治乱兴衰这一有条件的相关性之规律性，古今中外的税收发展史都可予以佐证。可以说，一部中外税收发展史，就其同类政体基础的税制而言，其实就是一部官民之间关于税负轻重、税率高低的博弈史。税率越高、税负越重，国运便越衰弱；税率越低、税负越轻，国运便越兴旺；以中国国运兴衰史而言，秦二世而亡，隋二世而亡，以致历朝历代的周期性兴衰更迭，无不与税负的轻重、税率的高低呈现一种基本合拍的"规律性"之正相关性。

秦亡于重税无疑。据《汉书·食货志》称："（秦）田租口赋，盐铁之利，二十倍于古。"又据《七国考·秦食货》引《咸阳大事记》曰："秦赋户口，百姓贺死而吊生。故秦谣曰：'渭水不洗口赋起。'"再据《汉书·刑法志》记载，在秦统一后的十几年间，就开始无限度地动用民力，横征暴敛，既建骊山墓，又修长城，还要百姓承担戍五岭等劳役，其结果，致使全国百姓"丁男披甲，丁女转输"，"男子力耕不足粮饷，女子纺织不足衣服"。"贫民常衣牛马之衣，而食犬彘之食"。而且，因其法格外严酷，一人犯法，亲戚、邻居便会连坐；稍有不满，便会血腥镇压。据南朝梁时文学家任昉在《述异记》中记载，早在秦王政二十八年的时候，就已经出现了"阿房阿房，亡始皇"这样的童谣。

隋二世而亡，与前朝一样，初时赋役较轻，但不久便开始横征暴敛。史载，隋初，"人庶殷繁，帑藏充实"，"计天下储积，得供五六十年"。"隋炀帝即位，是时户口益多，府库盈溢，乃除妇人及奴婢部曲之课，男子以二十二成丁"。但在隋炀帝即位的第二年就开始修建洛阳城，以尚书令杨素为营作大监，每月的役丁，就有二百余万。由于"易使促迫，僵仆而死的十分之四，每月车载死丁，东至城皋，北至河阳相望于道"。同时开运河，"发河南诸郡男女百余万"。第三年五月就"发河北十余万郡丁男凿太行山，达于并州，一通驰道"。而且，随后一直横征暴敛不止。而隋朝赋役之害，役制最甚。既超时延期，又课及妇女，再者徭役苛重。长城之役，"死者太半"；修船之役，"官吏督役，船工昼夜立于水中，不得休息，自腰以下全都生蛆，死者十之三四"。同时，"每急徭卒赋，有所征求，长吏必先赋买之，然后宣下，乃贵卖与人，旦暮之日，价盈数倍，裒刻征敛，取办一时，强者聚而为盗，弱者自卖为奴婢"。隋同样亡于重税！

再比如晋，还是亡于重税，因为赋役繁重，横征暴敛。据左丘明在《左传》'晋灵公不君"一文记载，晋灵公暴虐不君，"厚敛以雕墙"。即是说，晋灵公不像君主，因为他没有遵从王道，爱民且轻徭薄赋，而是通过大量征收赋税，加重老百姓的赋税来满足他的奢侈生活，竟然用金子来装饰宫墙。

事实上，古往今来以税负轻重论兴亡的智者不少，其中以孙武最突出。甚至可以说，正是孙武开辟了以税负轻重，论国家存亡兴衰，判定敌方势力大小变化之先河。而且，他就是根据敌方境内征税税率的高低、老百姓税负的轻重，准确预言了六家世卿灭亡的先后顺序。在他看来，赋税轻则百姓高兴，百姓高兴则上下能同心，上下同心国家就能兴旺繁荣。反之，如果赋税重则百姓不高兴，百姓不高兴则上下就不能同心，上下不能同心国家就不会兴旺繁荣。而后来晋国的形势发展，正如孙武所料，范氏、中行氏先亡，实力最强的智氏也在韩、魏、赵三家联手打击下灭亡。最后三家分晋，成长为战国七雄。

其实，中国国运兴衰如此，外国同样如此。罗马帝国的衰亡是因为沉重的税收负担，埃及同样，荷兰也没有逃脱这种宿命。曾经在埃及，因为地方苏丹试图增加 5% 的税收，还引发了一次大规模的纳税人叛乱。而且，英法美等国的现代化转型，无不是从财税开始。毋庸讳言，一部西方文明史，同样是一部征纳税人之间就"税负""税率"轻重高低不断博弈的历史，都呈现出一种不是因为轻税兴旺，就是因为重税导致纳税人暴动而日渐衰亡的景象。对此，查尔斯·亚当斯在《善与恶——税收在文明进程中的影响》一书中尽有详细的记述。

税制优劣与治乱兴衰之无条件的正相关性

优良税制与恶劣税制之间的"税负"轻重、"税率"高低之间之所以不具有可比性，原是因为，就是"税负"轻重、"税率"高低相同，但优劣税制的现实功能与作用也是不同的。或者说，就是"税负"轻重、"税率"高低相同，优良税制更可能增进全社会和每个国民的福祉总量，而恶劣税制则会消减全社会和每个国民的福祉总量。

因此，税收与国运兴衰之间的正相关关系，准确地说，只能是优良税制总是与国家的繁荣兴旺、国民的幸福安康呈现一种正相关关系。相反，恶劣税制总是与国家的贫穷衰亡、国民的不幸苦难呈现一种正相关关系。简而言之，"税负"轻重、"税率"高低，因为不是判定税制优劣的根本标准而不能以此独断一种税制的优劣及其与国家治乱兴衰的关系。

比如，一个专制的税制，其税负、税率既可能很低，也可能很高，但是，归根结底，都不可能长久地增进一个国家全体国民的福祉总量。中国社会几千年的王朝兴亡史，就是最好的例证。以明亡为例，和历代开国皇帝一样，鉴于前朝横征暴敛、民变四起的深刻教训，明初朱元璋便采取了一系列减免百姓税赋、救助贫困灾户，进而缓和阶级矛盾的重要措施，并一再告诫各州县官员："天下初定，百姓财力俱困，譬如初飞之鸟，不可拔其羽，新植之木，不可摇其根。要在安养生息之。"洪武十八年（1385年），朱元璋就对侍臣讲："保国之道，藏富于民，民富则亲，民贫则离。民之贫富，国家休戚系焉。"

因为在朱元璋看来，要行仁政，就得减少百姓的赋税。而且，要求各级官吏节约财政支出，减少浪费。他曾对刘基等官员讲："以朕观之，而息民之力。不节用则民财竭，不省役则民力困。"不仅如此，他还和马皇后带头节俭，经常忆苦思甜。甚至为了节省朝廷费用，及时提出"内臣但备使令，毋多人"。并要求军人边打仗，边生产，实行军屯。还通过招募鼓励流民屯田，由官府提供耕牛、种子、农具等支持，减轻百姓负担。

问题在于，仅就上述具体的赋税措施而言，真可谓"以民为本"的治税典范了。然而坦率地说，朱元璋所做一切都不是为了全体老百姓的福祉利益，不过是为了朱姓一家江山的千秋万代而已！他不仅再一次恢复并完善了前朝非人、全权的专制制度，而且，总是以为"民"的名义，既滥杀官吏，滥杀士人，也滥杀无辜百姓，包括所谓的减免赋税、救助鳏寡孤独的措施，其出发点和动机无不是为了他朱姓一家之江山计较。换句话说，朱元璋所谓的仁政，所谓的以民为"本"，不过是其愚民术的另一个版本而已。就其本质而言，他和历代专制帝王一样，都不过是以民为"资本"而已。

与此相反，一个自由公正的优良税制，其税负、税率虽然也可能很低，也可能很高，但最终却可能长久地增进一个国家每一个国民或者大多数国民的福祉总量。这是因为，不论朱元璋制定了多少减免税、救助鳏寡孤独的赋税财政措施，甚至个人生活多么节俭，但与其建立起来的，彻底剥夺了全体国民基本权利的、非人道不自由、极端不公正不平等的专制制度之害相比，那些具体的惠民措施与个人品质，不过小善而已。固然，这与历史上那些奢靡铺张，完全不顾百姓死活的残暴帝王相比，其小善也不应完全否认。道理就在于，赋税负担的轻重、税率的高低，毕竟不是赋税管理的根本问题，赋税统治的根本在于：谁才是这种赋税制的真正主人。即是说，国家收多少税，如何收税，在哪里征税，包括如何用税等重大赋税权力，该由谁来掌握，体现谁的意志？

优良税制能增进一个国家大多数或者全体国民的福祉总量。道理在于，这种税制的税负、税率，不论轻重高低，体现的都是大多数或者全体国民的税收意志。或者说，这种税制可能提供的公共产品之合意性会比较高，就是因为，这种税制的责任主体明确，人道自由原则实现了制度性的"嵌入"，而且公正平等，容易实现"取之于民，用之于民"的赋税治理具体目标，有助于实现税收的终极目的——增进全社会和每个国民的福祉总量。这一点，北欧诸国，比如瑞典、芬兰、丹麦、挪威、冰岛等国的高税

负、高福利事实就最能说明问题。据报道，瑞典整体税负 50%，
为欧洲最高。据 2009 年的福布斯公布的全球税务负担指数，瑞
典位列全球第四。而一份欧洲纳税人协会的报告，甚至把瑞典评
为"世界上税收最高的国家"。但是，瑞典社会的文明程度有目
共睹。芬兰的税负不也不轻，高达 29.8%。丹麦的税负同样不轻，
工资税最高可至 60% 以上，另外还有 25% 的消费税，以及礼物
税、房产税、收入税等。同样，这些国家的繁荣与进步令世人所
羡慕。

相对而言，美国的税负却比较轻，据白宫管理及预算办公室
（Office of Management and Budget）的数据，最近一次联邦税率低
于此水平的年份是 1950 年。战后美国的平均联邦税率为 18.5%，
而在罗纳德·里根执政期间平均为 18.2%。从最广泛的税率意义上
来说，当前的美国税率处在非同寻常的低水平，并且已经持续了
较长一段时间：在 2009 年和 2010 年美国联邦收入占 GDP 的比例
均只达到 14.9%。同样，我们不能说美国社会衰亡了。

当下税制的理性省察与忧思

综上所述，要准确把握税负轻重、税率高低与国运兴衰之间
呈现的带有规律性的相关性，只有在同类性质税制下的比较才具
有现实的意义。就是说，仅仅从税负轻重、税率高低既不足以对
一个国家税制的优劣做出准确的判定，也不足以据此断定一个国
家命运的兴衰。因为，税负不是决定税制优劣的根本要素。

毋庸置疑，优良税制是促进国运畅旺的必要条件，是一个社
会的繁荣与进步的必要条件，也是每一个国民创造性潜能发挥、
自我实现的必要条件。无疑，我们对当下税制优劣的省察与评定，

也就隐含着对未来中国现代化命运的关切与期许。

以税负轻重言之，关于当下中国税负轻重之争，肯定还会继续，但也存在一些基本的共识。以小口径税负统计数据看，与发达国家比较，或许中国税负并不是最重。以 2012 年为例，全国财政收入 117210 亿元，占 2012 年 519322 亿 GDP 的 21.32%。问题是，如果再加上政府性基金、国有企业收入、社会保障的 86493.9 亿元（政府新增债务最新数据缺——笔者注），以及土地出让金的 26900 亿元的话，仅这四项合计就有 113393.9 亿之巨。也就是说，从宽口径税负统计数字看，2012 年中国政府"取之于民"的总收入大约为 230603.9 亿，占 2012 年 GDP 的 44.40%。这个数字，显然太大了，远远超过了发达国家的税负。而且，谁又能说政府的非税收入，不是纳税者的生存与生活负担呢？！

这岂不意味着，当下税制在增进全社会和每个国民福祉总量，促进经济社会文化整体繁荣方面，还存在许多薄弱环节。而且更在于，这些薄弱环节属于严重的内生性缺陷，可能催生税收治理的系统性误差，全面组织全社会的繁荣与进步。

这些严重的内生性缺陷主要表现在：

第一，税制创建及改革的终极目的模糊，缺乏科学的核心价值观导引。

第二，由于没有通过制度确立纳税人在税收治理中的主体地位，税权的合意性问题也就长期被有意无意地悬置。因此，在此税权主导下的征纳税人之间权利与义务的分配，也就不可能公正平等。

一言以蔽之，"国家的繁荣与衰落经常有税收因素，这一点我们在整个历史中可以经常看到"。而且，"税收是人民的一股强大的动力，超过了政府，无论我们是否承认或者是否认识到"。就是说，税收在国运兴衰中的权重问题绝对不可小觑。税负轻重固然与国运兴衰关系密切，但更为重要的是，税制优劣直接关涉着国运的兴衰。

（《中欧经济评论》2014［4］）

分税制的辨析

　　分税制改革启动于 1994 年 1 月 1 日，至此，中国财税治理体系开始了一个新格局。今年是 20 周年，经过这么多年的不断完善与改进，可以说，其聚财绩效与新问题开始相伴而出。因此，肯定与赞美之声不绝于耳，批评与否定之声也日渐高升。深究其因，原来是双方所依据的评价标准各异。

　　毋庸讳言，分税制改革的原初动力，就是因为"两个比重"偏低。一个是中央财政总支出占 GDP 的比例偏低，分税制前的这一比重仅有 20% 多一点，而且还呈继续下降的趋势。而发达国家的这一比重达通常达到了 40% 左右。另一个是中央财政支出占总支出的比重偏低，只有 31.6%，而且这一比重也在逐年下降。而发达国家的这一比重，平均都达到了 60% 以上。就是一些转轨国家的这一比重，平均也达到了 60%。因此，分税制的设计与改革，直接的，也最为紧迫的目的与动力，就是如何提高"两个比重"。实践证明，提高"两个比重"的改革目标很快就实现了，而且，"两个比重"明显上升。

　　问题在于，人类创建税制，实施分税制的终极目的，就是为了不断提高"两个比重"，强化中央的宏观经济调控能力，或者无限度地提升中央在政治、经济、文化活动中的影响力吗？

　　关于税制或分税制的终极目的究竟是什么？有人认为是为了

74

国家聚财；有人认为是为了调节经济；有人认为是为了调节社会财富分配的不公，也有人认为是为了老百姓的福利等。其实，这些都不是人类社会创建税制、进行税制改革的共同的、普遍的、客观的、绝对的目的，不是税制或分税制改革的终极目的，只不过都是具体目的和理由而已。人类社会创建税制或进行分税制的终极目的，只能是为了增进全社会和每个国民的福祉总量。在这里，每个国民就是指所有国民，并不是一部分国民，更不是个别国民。因此，"每个国民"也就与"全社会"是一个可以完全替代的概念，即每个国民的福祉总量，就意味着所有国民的福祉总量。而且，增进全社会和每个国民的福祉总量，就是要满足全社会和每个国民生存与发展的需求；全社会和每个国民生存与发展的需求，也就是全社会和每个国民生存与发展的基本需求，是任何社会和每个国民生存与发展都需要满足的需求，是人类普遍的基本需求，属于人权需求。

而且，常识还告诉我们，一个税制或分税制的优劣，就其操作性而言，不可能只有一个终极标准，还有一个最高标准，即人道自由的标准。这一标准意味着，谁才是一个税收治理活动的真正主导者？或者说，分税制是由谁实际主导的？即是说，分税制的优劣，还要看它是否能够体现它对残疾人和社会弱势群体的税收关怀与优惠，看它是否能够关注每一个征纳税人基本权利的实现程度。同时，更要看它是否有助于促进每一个纳税人的"自我实现""自我选择""自我完善"，即自我潜能的实现。具体说，还要看它是否符合法治的、平等的、限度的原则。而且，是否拥有广泛坚实的民意基础，拥有有效的否决性监督矫正机制。同时，也要看它是否有助于将非人类存在物与人类的福祉紧密联系在一起，有助于人与非人类存在物之间的和谐共生。

特别需要强调的是，评价分税制的优劣，还有一个根本标准，即公正平等的标准。就是说，还要看它是否有助于征纳税人之间利益的平等利害相交换，即征纳税人之间权利与义务的平等的利害相交换，以及纳税人之间权利与义务的平等的利害相交换，征税人之间权利与义务的平等的利害相交换，包括不同管理级次征税人之间权利与义务之平等的利害相交换。或者说，能否把完全平等原则与比例平等原则贯穿分税制设计与改革的始终，而且是否坚持"完全平等原则"优先于"比例平等原则"。

简而言之，只有全部符合上述标准的税制或分税制才是真正优良的、善的，有价值，值得追求的。否则，则是不值得继续追求的，需要进行改革的。

问题或在于，若以上述标准对分税制进行反省与评估的话，分税制的历史功德虽然不应否认，但其发展到今天所显露的问题也不少，主要存在于三个主要方面：第一，分税制改革显然混淆了社会创建税制或分税制的终极标准与最高、根本、具体标准的本质区别，特别是具体标准与终极标准的本质区别。这一方面意味着，分税制改革是以解决"两个比重偏低"与"维护中央权威"的具体目的为主要目标的。因此，衡量分税制及其改革的成败得失，很容易以这两个目标作为终极或最高或根本标准，进而得出相应的成与败、得与失、利与弊的结论。

毋庸置疑，伴随这两个"聚财式"税改目标的实现，中央和地方的事权与财权错位问题也越来越严重，地方政府的财政收入拮据问题日渐凸显，以至于直接和间接地催生了土地财政、地方债危机、产能过剩等新的问题，致使分税制改革越来越背离了税制改革的终极目的，并未有效增进全体国民福祉总量的持续性提高。最明显的结果是，贫富悬殊问题越来越大，区域分配问题、城乡收入差距等问题越来越严重。而且，每个国民生存与发展所急切需要的公共产品并未及时足额提供，更没有提供高质量的公共产品与服务。

第二，分税制改革有意无意地忽视了它真正的主体——全体国民或纳税人。直言之，1994年的分税制是官员主导完成的，是中央政府的官员与省一级政府官员之间，经过艰苦的博弈和谈判制定并启动的。因此，其民意基础的广泛性、坚实性与合意性，难免存在程序性的缺陷，难以真正反映和体现大多数纳税者的税收意志与财政意愿。

具体而言，分税制所确定的征税原则、指导思想，诸如征多少税，向谁征税，在哪个环节征税，税率是多少，以及如何"分税"，如何用税等重大问题的最终决策权，没有经过人民代表大会最高权力机关的同意，哪怕是形式上的同意，仅仅是以国务院《条例》的形式发布，并一口气实施了20年，而且至今仍然在实行中。岂不知，最先实行的生产性增值税，本身就存在诸多不公正的缺陷。同时由于增值税的间接税特性，极易麻痹纳税者的权利意识，钝化纳税者的税痛感，使得纳税者处于"植物人"状态，对政府的税权运用过程、方式与实际效果漠不关心，丧失基本的社会监督意识与自觉。同样，在此大背景下的分税制，其法治程度也大受制约、位阶较低。众所周知，分税制是以《条例》形式施行的。这意味着，由于分税制的民意基础不坚实，实质性的税权监督否决机制缺位，仅仅具有上级否决机制以及滞后的历时性否决机制，缺乏社会性的与同时性的否决机制，客观上也就很难以及时矫正分税制存在的先天性不足等问题，只能放任其先天性缺陷的不断扩大。

第三，分税制改革无疑仅仅注意到了央、地之间，以及纳税人之间权利与义务的公正分配问题，但却严重忽视了省级政府与市、县、乡地方政府之间，以及征纳税人之间权利与义务的公正分配问题。坦率地说，发轫于"两个比重偏低"以及"维护中央权威"的分税制，就是认为原来央、地之间的权利与义务分配不公，地方政府拿得太多，中央政府拿得太少，因此要通过分税制改革，改变这种"不公正"的局面。与此同时，为了保证能源源不断地能从纳税人那里收到更多的税款，自然也关注税负的"谁负"等公正问题，不至于因为纳税人之间的税负不公问题，增加税收执法的成本与效率，带来无法把握和预知的风险。

　　而征纳税人之间权利与义务分配不公的问题更为严重，主要表现在：一方面，政府"取之于民"过多，违背了征纳税人之间权利与义务分配的公正原则。就窄口径税负而言，中国税负或许并不高，2013 年我国公共财政收入占 GDP 的 22.70%[①]。但是，如果再加上政府性基金收入、社会保险费收入，以及交通计生城管等没有纳入政府基金的收入，中国大口径的宏观税负已经达到 38.35%。事实上，中国 20 年里的税收增长了 30 多倍，年均增长 19.5%，远高于 GDP 的增速[②]。可想而知，如果再加上政府的其他收入，这个比重肯定会更高。

　　另一方面，政府"取之于民"的财富，事实上，有一些也没有真正"用之于民之所需"。众所周知，政府提供的公共产品，也存在一个结构的组合与层次问题，有可以满足物质层次需求的，比如生理、安全类的，也有满足社会层次需求的，比如自由、尊严、爱等，还有满足高级层次需求的，比如认知、审美等。因此，

---

　　① 　韩晓琴:《结构性减税背景下的税制改革》,《西部学刊》, 2014 年第 5 期。
　　② 　到底什么样的人真正需要补贴［EB/OL］.http: //news.sohu.com/s2012/dianji-911.

也就应该结构合理合意，不仅要关注低层次的需求，比如生存类、民生类，更应提供社会需求类以及高级的认知与审美需求类。遗憾的是，当下中国的预算支出，至今仍然逃不出"民生"价值导向的桎梏，以为"民生"是唯一的预算支出目的。岂不知，当下中国国民最紧迫的不仅仅是这些，更是需要比较高级或高级的社会类与精神类的公共产品供给。

如此看，分税制改革依然任重道远，但分税制的未来方向与目标的抉择，却是一个亟待明确和解决的大问题。增进全社会和每个国民福祉总量应尽快成为分税制改革的终极目标，人道自由应成为最高目标，公正平等应成为根本目标。而且，一旦最高、根本、具体标准与终极标准发生冲突，就应该无条件地遵从和服从终极标准。

《乡约》的税收解读

    《乡约》是由乡民百姓自愿约定缔结的行为准则，其倡导者的目的就是为了以此调整邻里乡党之间的人际利害关系，诸如修身、立业、齐家、交游，以及过往迎送、婚丧嫁娶等行为。其最初的推行主要依靠的是舆论和教育等非权力的力量。具体而言，旨在使乡民百姓和睦相处、患难相济，礼让和节俭，可概括为"德业相劝""过失相规""礼俗相交""患难相恤"四句话，以及宾仪、吉仪、嘉仪、凶仪 23 种礼仪守则。

    中国历史上最早的《乡约》，出现于宋代熙宁年间（1068—1077），由北宋学者吕大钧著，并由同其兄大忠、大防，其弟大临一起，率先在今陕西蓝田县的家乡倡导推行。毋庸讳言，《吕氏乡约》所推崇的核心价值观是封建宗法思想与儒家的伦理纲常，其目的是为了用儒家礼教"化民成俗"，维护封建皇权制度。它通常由 1 个或几个自然村乡民自愿组成，设"约正"1～2 人，由同约人"众推正直不阿者为之"，负责"主公道、决是非、息讼争、定赏罚"。而且，《乡约》的执行带有一定的强制性，对违犯《乡约》的行为有明确的处罚规定，要按"犯义之过""犯约之过""不修之过"分别处罚 100～500 文钱不等，对屡罚、屡犯者，则会通过公议除名。通常，全体同约人会按规定，每月"聚"一次，每季"会"一次，借此对同约人中有明显善与恶的行为，进行当众议赏、议罚，并记录在案。而聚、会所需酒菜的费用，由受赏或受罚的当事人承担。

《吕氏乡约》的影响深远，此后，王守仁就在南昌讲学时仿《吕氏乡约》，制定推行了《南赣乡约》。后世，也有不少地方仿行《乡约》的。而且，《乡约》也传至韩国、日本等地，产生了不可忽视的影响。要言之，《乡约》之举，是在封建皇权专制体制的特定时期，在生产力发展水平相对低下的阶段，由中国传统士大夫，基于悯生、济世情怀而创建的民间自救、自保、自治机制，从而客观上顺应和尊重了民间自治的本能诉求，拥有比较坚实的人性基础。因此，便与正统的皇权统治体制一起，自觉不自觉地承担起了封建社会基层乡民百姓公共生活的调理职责。其中既包含乡民百姓之间人际利害关系的调节职能，同时也包括百姓与官府之间捐税征纳关系的调节职能，但其根本在于自治，在于对乡民百姓人格尊严的在意与认可。必须指明的是，原初的《乡约》，重在保护乡人百姓的利益，主要是凭借舆论、教育等非权力力量来发挥作用。当官府与百姓之间的捐税行为发生冲突时，重在发挥其协调斡旋的作用，维护乡民百姓的利益，并不直接承担官府的赋役征派等职责，最多只是劝喻乡民百姓基于个人利益的计较，依法按时缴纳皇粮国税，偶尔才扮演征纳税冲突的调停人角色。因此，在这种自治思想的主导下，由于《乡约》经过了乡民百姓的直接和间接同意，民意基础比较广泛和牢固，《乡约》的遵从度就高。在基层社会公共事务管理活动中，也就容易发挥持续性重要作用。

遗憾的是，伴随《乡约》制度的官方介入与渗透，尽管一方面扩大了乡约的影响力，提高了官府的行政绩效，但另一方面，也由于其自治、主导权的逐渐丧失，越来越走向"异化"的穷途末路，甚至沦落为与官府和胥吏欺压乡民百姓的工具与帮凶。据史书记载，清代新疆各地如"有大兴作徭役"，总乡约便会"分檄各长，皆咄嗟立办。故官厅有事，仍须赖土著之乡约以宣达号召"。更有甚者，官府征派赋役或办理其他地方公事，"非用乡约，则呼应不灵"。而且，许多重要、紧迫或与公益事业有关的政务，州县官往往会绕开吏役，依靠乡约办理。比如乾隆中期，甘肃靖远县遭遇大旱，邑令倡捐，煮赈，"然不敢委之胥吏，恐有侵渔之弊"，而择绅士与"本城乡约黄绣、路登任等共襄厥事"。就连山西巡抚曾国铨，欲令各州县禁种罂粟，也担心"若专以此责之州县，既恐一州一县之大，牧令难以遍查，且虑值此荒岁，蠹役奸胥因缘扰累"，因而"令民间宗族房亲、乡约里社自相钤制，庶免衙门书差需索舞弊"。这足以说明《乡约》制度与官府的相互渗透程度。问题在于，《乡约》向官府的靠近与投奔，肯定是有代价的。

其实，《乡约》制度的异化就是这种选择的"最大代价"。深究其因，是因为伴随官府权力的渗透，《乡约》制度中的约长、里正们会逐渐被收买，成为与官府、胥吏勾结一起盘剥乡人百姓的谋利之徒。乾隆初年，大学士鄂尔泰就曾指出：编查保甲时，吏胥"需索多端……重则入室搜查，生端挟诈；轻则册费、路费，坐索无休。至敛钱之乡保人等就中分肥，皆势所不免"。而且，到了清代，乡约串通吏役勒索民众，也成为州县地丁钱粮和额外课派征收中的常见现象。据《左宗棠文集》记载：在北五省及关内外各州县，"丁役取其一，而承差头人、乡约、里正又倍之。层累既多，中饱无厌"。据《辛卯侍行记》记载：新疆"汉官不知缠回之语言文字，非假手乡约不可。乡约鱼肉其下，归咎于官。官之来源不澄，大半穷贪，方倚乡约为利薮"。而新疆拜城金矿向金夫征收黄金时，"吏胥、乡约扶同舞弊，率以包谷作为砝码，任意高下，漫无定准，有一倍而收至二三倍者"。而清末的东北安东县，"乡保交通胥吏，因缘为奸，刀俎村氓，遇事苛派"。因此，东三省总督徐世昌层指出：乡约权力膨胀，导致"黠悍无赖之徒，遂把持地面，与官分治"。更甚者，"乡约乃分东省数百年政治之席，直接临民，置地方官于间接地位，为乡约之傀儡"。甚至，清代北方乡约与官府的矛盾，已经发展为双方的公开对抗。比如，"直隶获鹿县西关白源充当乡约，仗势欺人，私抽牙税，又公然顶撞知县"等。

事实上，从宋代《乡约》制度首开之际到明朝前期，乡约的主要职责在帮民、助民，重在维护乡里的公共秩序，并无直接的催粮派差之责，但据专家考证，到明中期以后，乡约才开始具有劝民交粮、纳银的规定。比如，王守仁的《南赣乡约》就规定："寄庄人户，多于纳粮当差之时躲回原籍，往往负累同甲，今后约长等劝令及期完纳应承，如蹈前弊，告，惩治，削去寄庄。"吕坤也认为："若行乡约，只用约中自纳，妙不可言。"史载，清末直隶有12个府、7个直隶州和3个直隶厅，其中有10个府、2个直隶州和1个直隶厅有关于乡约负责催科的记载。比如，顺天府宝坻县的乡约有"承催租粮，办理差务"之责；在承德府丰宁县，有"派办车马、夫草等项，因牌民多寡不齐，牌头零星凑钱，交乡约雇备交官"的记载。嘉庆七年（1802），该县一次就"用车二百五十辆，均系各牌头、乡约在乡雇车送县"。但根本说来，清代北方的里甲催科之向乡约催科转变，主要通过官府推动的赋役制度改革与乡约、里正们自发地向里甲职能的渗透共同完成的。

因此，当我们研究《乡约》制度的历史与现实价值之时，一定要客观理性。既不能爱屋及乌，美言其"利"，也不能罔顾事实，无视其"弊"。《乡约》里自治的财税智慧固然应该汲取，但《乡约》的财税异化更应警惕。直言之，没有了自治的源头活水，再好的《乡约》与制度，都会失去基本、持续的发展动力。

（《大连国税》2015［6］）

石碑上的税魂

　　癸巳年仲秋，幸逢母校校友会成立大会之际，得与大学同窗、同室舍友、睡在我上铺的兄弟，如今已是很有实力的企业家——夏军一行，穿秦岭，越群峰，赴汉中，奔安康，拜谒师友，感悟岁月之沧桑，生命之短暂。

　　期间特有缘，得与现在安康市地方志工作的蔡晓林老师夫妇相识，并获"安康文化研究"资料一套。最为欣喜的是，竟然获赠一本 1998 年陕西人民出版社出版的《安康碑版钩沉》（以下简称《钩沉》）的珍贵资料，书中收录了 23 篇赋税碑文资料。又恰逢十一长假，便立即研读，也就有了以下关于"石碑上的税魂"的文字。

税收与文明

　　税作为国民与国家之间就公共产品交换价款缔结及履行契约的活动，古已有之，中外概莫能免。而且，透过"税"，便可管窥一个国家一个时代社会治理的文明程度与水平。自然，透过《钩沉》中 21 篇赋税碑文，也可触摸到那时税收治理的文明程度与水平。

　　研读《钩沉》赋税碑文，给笔者影响最深的是，从最早的（1828 年）《黄豆客商出厘捐修关帝庙碑》，到最晚的（1901 年）《永免枪税碑》，传递给我们最多的信息是——从清道光八年至光

85

绪二十七年间，地方自治的权力很大，大到县一级主官，可以在遵照大清税法的原则下，急民之所急，因时因地动员社会其他力量，探索减免平弱者税费负担的新路子。而且，对那些勇于为平弱者担负"税负"与"费负"的仁义之士，能及时给予官方、士绅、百姓的共同肯定与拥戴，并勒石表彰，立碑树传，从而延缓官民以及征纳税人之间的冲突。这或许是清王朝虽摇摇欲坠经年，却能苟延残喘多年的重要原因之一。

现存宁陕县皇冠乡兴隆村的《捐猪酒税公本碑》记述如下：由于当时"捐资仅足予乡保身工，而不足以应境地差费"，用现在的话说，就是捐资仅够满足日常开支，无钱支付"差费"等。所以，就有义和德、汪正武、黄永升、张振长等董事重捐，买了马俊魁的大湾地土一契，郑大顺地土一契，用每年收的租来为乡亲交猪税、酒税等项杂税杂费，既能解政府之难，又能减轻百姓的杂税负担。"于是乎则境内诸人永无年年需索之类，后事乡保全无事事派收之劳，此又首事者之善美举也。是安得不勒之碑而使之不替哉？"

而现存于平利县清太乡王山村之《集资公应诸税条规碑》则这样记述，由于当时"其供亿虽无多而历费实不少也"的现状，即收的税不多，但支出的款项却不少的现实，直至"每一款出，官责于乡保则差役催提有费；乡保派于各户则牌甲催收有费，而不消者浮派肥私，有所不免，故于岁中扰人苦"。因此便有"迨乎！土君子所为目击者心伤而无如之者何也"的呼吁！幸有"孔锐卿茂才，有志筹款公应诸费，以所长祖师会钱四十串捐作公费，复资而益之"。随后，又有邑乡耆张君立发，慷慨捐地，"胡君安泰，复倡捐重资，众绅粮咸乐捐助"响应，并置田买地，以海龙王庙为办公场所，推举首事经理，用"所入租款以支应一切杂税"。因此，"自今以往，户完国课外一无需索，斯固乡里后风俗之盛事也"。此碑同时还告诉我们，民间要做善事，不仅要会做善事，而且也要善于管理善款。

相似内容的涉税碑，还有现存于白河县凉水乡的《经理猪税公本钱碑》。而且，石碑所载之税项，都是经过相关部门或百姓代表协商议定。此碑告诉我们，要把"振贫救荒之钱移作猪税之项，并将竹木草纸一切杂税免尽，每年在猪税项下抽钱一串交礼房缴案，免滋扰累贫民"。立碑的目的、所定之事项，具体措施，都写得清清楚楚，就是为了避免"扰累贫民"。而现存于白河县西沟乡刘家院的《免猪税扰累告示碑》，同样是为了权变利民，"猪税一项，各保乡正，傻秋后经公奏集公本生息，免再派及穷民，以省扰累，一律出示晓谕在案"。而且，"以后应纳竹木草纸一切杂税，准每年在猪税息钱下提钱一串，由首人按两季交礼房"。如果有人违反此规，则"准即指名喊控以查拿"，绝不徇私。而现存于白河县西沟乡桃源村的《捐公本纳畜税碑》，对此也有记载："我尹公设法免征，捐公本之息而完纳。"这类涉税石碑还有：白河县裴家乡陈家庄的《豁免畜税碑》、白河县桃源乡后坡村的《钱作义义捐畜税碑》、白河县顺水象关帝庙的《余书堂独捐畜税碑》等。

从这些涉税石碑的记述可见，晚清一时，官民在税费重压下，并不是无所作为，其中官民互动，发挥民间自救的经验，实在值得今天借鉴。毋庸讳言，观察官员在原则与权变之间的公共情怀与生存智慧，也可管窥晚清之际民间自治的空间大小、态度与具体方法。

士君子情怀守护税收底线

清王朝的税权合法性显然无从谈起，属于皇权专制，国家的最高税权属于皇帝一人，理论上可以不受限制地一人独掌。但这并不必然意味着，清王朝财税权力在运用过程中可能存在的伤害相对弱小，比如当皇权专制的力量由于技术落后的原因而无法极致性地发挥之时，虽可被一些无良官员无限滥用施害，同时也可能因为良知官员的士君子情怀与个人操守而为民造福。

从《钩沉》诸碑记载的涉税资料中，无疑也让我们见证了这样的好官员，他们能急民之所急，想民之所想，想方设法减轻百姓的赋税负担以及杂费负担。或许这样的官员，在封建皇权的制度背景下凤毛麟角，但毕竟投射出了一点人性的光辉文明，属于人类税收文明中难得的精神财富，必须给予褒奖和呵护。

这些官员的共同特征有二：一是重视发挥民间士绅阶层在底层社会救助与治理中的作用，应势利导地推动和鼓励，诸如上述诸多减轻百姓负担的救助义举。二是注意通过建章立制，对滥用赋税权力之吏恶劣行为的监督与惩戒。

比如，现存于汉阴县双坪乡磨坝铺小学院内的《支应差务章程碑》，记载的就是当时汉阴县主官，会同耆老、乡约、粮户等14人，针对"近年差务纷纭，间有上宪船只过往，民间支应纤夫，一切差务在所难免"。但是，"查该铺向未设有公局，凡应用夫差必须就近资籍民办。惟该处铺分不一，彼此混杂，易生争端"的弊端而制定之规范支应差务行为的章程，用以直接规范差务，协调关系，避免争斗。而现存于白河县大双乡秧田村黄沙沟的《裁免屑小差务碑》，记述的则是县衙会同各方代表，通过捐修途径解决屑小差务之痛的事件。而现嵌于汉阴县天地乡离尘寺庙中的《宽免离尘寺差费碑》，则是为了杜绝"游僧野道"任意"索取差费""挂单骚扰"的弊端。

而现存于白河县歌风乡新定村的《减免草税碑》，记述的则是时任白河县令的李宪，根据百姓诉求，爱民为本，改革了"草税"旧制，并勒石告知后来人，"本县从此将征草之事永远革除，庶使吾民得以苏息。唯遇军需紧急之时，尔百姓却要照旧支应，若本初并无军需，则无须支应也"。同样，现存于紫阳县宦姑乡政府前的《大南上牌酒税碑》，记述的则是官方如何惩戒差役滥权欺压百姓之事。这是因为，由于年岁荒欠，"以致差役自行浪收，并不遵照旧章，加倍重索。稍不满意，辄以违禁大题蒙蔽禀案，诬累乡愚，几酿巨祸。噫！此弊实蠹役为之，而仁宪莫之知也"。因此，就立碑遏制差役的这些恶行。同样，这个碑文内容，也是当时紫阳县主官会同地绅粮保约、监生、耆宾、约正、客头、仓正、良户等代表集体商议，"以垦立旧规，禀呈唐前宪"。并通过乐捐之资，购置土地，"一并交给税差交官，永免逐年苛索之累"。

同类税碑，还有现存于白河县税务局的《会办全陕厘税总局告示碑》，立碑目的就是为了严厉打击钱铺奸商，通过厘卡收钱必须兑银而故意刁难，盘剥税民的行为。碑文记载如下："而钱铺奸商，因厘卡收钱必须兑银，亦遂籍青钱为名，任意多索。遇商贩买银厘，其居奇尤甚。价值之间，又从而乐捐之，违法累商，莫此为甚。此等情弊，想所在皆然。除通饬各卡书役及钱商人等一体知悉，此后抽受厘钱及兑换银两，无论钱之为青铜、为红铜，但系官版制钱，并非私铸钱，即应一律照收，不得故意勒掯换银。价值亦应按照时估，公平交易，不得抬价居奇。"而且严令："自示之后，倘敢仍蹈前辙，一经查出或被告发，定即从严惩办，决不宽贷。"同时，也对商贩提出了要求："至该商贩人等，完纳厘钱及以钱兑换银两，一应遵例，制钱不得掺和私铸，致于查究。"

而紫阳县地处汉江区域，诈索客货与船只的现象也就难免发生。而现存于紫阳县文管会的《禁埠役诈索客货船只碑》对此就有记载:"本道核阅,沿江埠役诈索客货船只钱文,大为商贩之害。"因此,"除檄饬兴安府严提著名蠹役,认真究办,概予斥革,出示谕禁,并移陕安镇确查营员有无私设埠役,克诈情事"。而且,"一体认真禁止外,合行出示晓谕,为此示仰沿江厅县、码头、行商、船户人等知悉,自示之后,务须遵守旧章办理,如再有埠役、差船行人等,格外诈索客货船只钱文,扰害行旅情弊,准该船户指名禀官。一经上控,定行按名提讯,从重惩办"。可见当时赋役廉政措施之严格。

涉税石碑的启示

今秋之感伤多矣,今秋之获大焉!幸有诸多涉税石碑相伴,可一扫寂寥之气,感谢夏军,感谢蔡晓林及吴老师一家。税道苍黄,吾将继续上下求索。古人之智慧不可无视,域外之精神岂敢拒绝,要走进文明税收的境地,前路尚远,且荆棘丛生,只需以"求仁得仁"之信念自励。

吾观安康地区此组清代涉税石碑,启示有三:

第一,赋税治理,地方之积极性不可忽视和遏制。特别是在地域宽广,现实复杂,又处转型之际的地方治理中,基层政府及其官员的积极性与主动性千万不容忽视,应该在地方税设计以及地方官员的财税权力及其职能范围方面,多些信任与放手,在遵从大原则、加强财税权力监督制衡的前提下,充分发挥地方政府及其官员的主观能动性。

第二,赋税治理更不可忽视民间的智慧和力量。清一代的赋税治理,之所以官民之间的冲突相对较少,一个不容忽视的原因在于,遇到征纳矛盾,官民互动的空间存在,而且由于士绅阶层的存在，底层百姓的苦难可及时传递给基层官员，并通过协商化解。坦率地说，在制度设计上，当时的税制也为此留有可操作的余地。如前所述，至少制度允许，可以通过民间的救助途径，减轻百姓的赋税与杂役、杂税的负担。

第三，赋税之痛，税吏滥用赋税权力是古今中外共同原因之一。因此，赋税治理之要重在监督和制衡税吏日常性之权力滥用，唯此方可减少财税权力对百姓权益的直接伤害，增进百姓的福祉总量。

当然，仅凭这些涉税碑文，远不可宏观清王朝赋税治理的全貌。毕竟，清一代的赋税统治，其本质属于皇权专制，国家的最高财税权力非皇帝一人莫属。就是有一些制衡规章，也不过内部规劝而已。因此，根本说来，其赋税制是不人道非自由，也是无公正无平等可言的。但其在具体征管技术方面的举措与经验，也应该记取。

事实上，上述启示，都是任何文明税收治理不可或缺的要素，它是税之魂灵，也是税之骨血。而且，寄托于石碑之上的税魂，虽然有些沧桑，有些冰冷，有些模糊，也有些残缺，但最为可贵的是：尚有一些棱角，还有一些重量，也有一些岁月的真诚与睿智。因此，与"石碑上的税魂"对视、对话和神交，或许我们心里更踏实，至少不必太过担心它会习惯性、不负责任地说谎。

（《陕西国税》2014［7］）

注：李启良，李厚之，张会鉴，杨克.搜索整理校注：《安康碑版钩沉》，陕西人民出版社，1998年。

那些免税碑，那些衰朽的背影

仲夏出差，折道杭州，道听有免税碑，遂录入手机备忘。待回家搜索，原来免税碑不止杭州存有清乾隆、康熙年间的免税碑、道光年间的免税碑，至少还有湖北省宜昌市长阳土家族自治县都镇湾清代道光年间的免税碑，北京门头沟的免税碑——"永远免夫交界碑"，南京明孝陵的康熙免税碑，山东聊城市的"今日无税"免税碑，安徽宝林寺的免税碑，以及山西大显通寺的免税碑和乾隆年间山东济宁的《油丝烟免税碑》等。

研读这些免税碑资料发现，仅就这些免税碑所列的免税对象、内容和刻立原因看，原来各有千秋，甚是感慨，竟然使笔者浮想联翩，思绪万千。

那些免税碑

杭州碑林现存的清康熙年间免税碑，碑文说，杭州府辖区共有100多艘鱼花船，以此为生者，有数千家之多。过去，每船纳税3两5钱或3两6钱不等，造成民不聊生，现予免除，并立碑以示久远。这无疑是康乾时期朝廷减税富民理财思想的政策使然，是为了体现康熙帝的仁政和民本思想而立，是针对特定纳税群体的减免。目前在杭州市余杭区塘栖镇水北街高耸的清代乾隆帝的免税御碑，从碑文看，则是为了高度肯定东南各省对国家财政所作的贡献，是对浙江省历年税收没有积欠的赞赏与褒奖，乾隆帝决定蠲免浙江省当年地丁钱粮总额30万两白银。这是对浙江省的奖励性直接减免，是因为乾隆帝的赏赐而立。

而立于清道光年间的西溪周家村免税碑，碑上刻有"奉旨、蠲粮义地、道光七年冬季长春集司事立"等字。蠲是免去的意思，粮是钱粮税收，义地指公共用地。大意是，这里有块公共用地，这里的老百姓可以免缴捐税。这块免税碑是奉旨立，是对局部地区、特定对象的减免。但据考证，发现此碑之处，正是当年皇帝赐封的"慈月庵"遗址所在地，与当地百姓"孤身阿奶送皇粮"的民间传说有关。如果这样，就可能意味着道光皇帝是有感于"孤身阿奶送皇粮"的忠心，为了鼓励当地百姓踊跃缴纳皇粮国税而立，是一种鼓励性的减免。

湖北省宜昌市长阳土家族自治县都镇湾的清代道光年间"昭示永免"免税碑，经初步考证，也是清道光年间朝廷免除当地百姓赋税的告示。此碑刻高1.62米，宽0.72米，厚0.12米，碑文共10行，每行37个字。碑文大意是朝廷为了体恤民情，主动免除了当地百姓的赋税，应属因为道光皇帝的财税政策而减免。

在几块免税碑中，"大清乾隆四十二年"（公元1777年）立于北京门头沟的免税碑——"永远免夫交界碑"，应该最完善，也因为北京市地税局的抢救，其史料价值挖掘得比较多。事实上，同样的免税碑，当时有三块，一块立于牛角岭，一块立于峰口鞍，一块立于当时的宛平署。目前保存完好的古碑，存在原地的仅牛角岭一块。"永远免夫亭"坐落于牛角岭关城附近，这里曾经是川流不息的京西古道和元、明、清三朝拱卫京师的军事要隘。碑文记载，自古以来，北京西山乡村"石厚田薄，里人走窑度日。一应夫差，家中每叹糊口之艰。距京遥远，往返不堪征途之苦"。此碑的刻立，不应忘记当年王平口巡检司官员阮公之功。雍正八年（1730年），因为阮公将乡民疾苦呈报县官，县官上奏朝廷允准和雍正帝的恩准，才免除了这里的夫役。因故，王平、齐家、石港三司38个山村的"夫役"得以全部豁免。其减免税对象是处于社会底层，又地处偏远地区的弱势群体。"永远免夫交界碑"体现的是清代康乾时期"盛世滋丁，永不加赋"政策延续的产物。

南京明孝陵的康熙免税碑是2003年出土的，一直保存在中山陵园管理局文物处，但迄今从未公开过。该碑目前存于下马坊遗址公园西北侧，青石质，高2.2米、宽近1米，通体镌文，碑额上尚可清楚地看到篆刻的"奉旨蠲免三则碑"字样。碑文主要记载，清顺治十三年（1656年），政府规定原明孝陵守陵军丁要纳银两用于地方漕运造船，但实际上原孝陵卫的守军"各户故绝过多，册内有名无人，钱粮有征无纳"，致使地方官吏无从落实有关款项，至康熙年间，地方粮道长官、江宁府上元县长官等向清廷提出，希望蠲免原明代孝陵守军军户的钱粮，后经核查属实，清政府同意蠲免，并希望地方官吏遵照执行，差役下乡，不得侵扰，如敢违背此旨，当予重处。为保证政府法令为公众知晓，"永远遵奉施行"，地方官员特地勒碑刻石予以公示。可见此碑虽属赋税告示，但却透着几分朝廷的无奈，也体现了地方官员的主动努力。

山东聊城的康熙"今日无税"免税碑，据史料记载，是康熙四十二年（1703年）康熙皇帝南巡时，因为刑部侍郎任克溥奏请康熙帝恩准所立。免税碑高约4米，碑顶双龙雕镂，中有"圣旨"两字，碑中央题有"聊城临清等五处禁止添设关卡"的大字。据传此碑因仅书"今日无税，明日有税"又不著日月，而使东昌府所属邻封县镇均受惠，一时间，商家云集，舟樯如林，异常繁荣昌盛。但其碑的刻立，却是因为清代第一榜状元——傅以渐是聊城人，曾当过康熙的老师。是傅以渐借故康熙帝南巡的机会，为故乡争得的免税恩赐。

安徽宝林寺的康熙免税碑的刻立，则是因为康熙帝的父皇顺治，自进关坐北京后，无心称帝，一心修佛，所以经常到处微服私访名山大川，名胜古刹。一次到宝林寺，不幸染病，方丈予以收留，并精心调治护理康复。康熙登基后，为感念宝林寺对父王的救护之恩，颁诏镇平知县张琮，免除宝林寺产业区域内的一切劳役，此碑现存于宝林寺大殿东山墙内侧。寺院免税碑，除此之外，还有立于山西大显通寺的免税碑与免粮碑，因资料缺乏，此文略去。

立于乾隆年间的山东济宁《油丝烟免税碑》，则详细记述了济宁的油丝烟与南烟抗衡、奏请免征加工税，并获官府批准的事实。此碑的刻立，是因为当年烟商的共同呼吁。奏请中，曾经有 24 家烟店的签名。正是因为这一减免政策，就是到了清代晚期，济宁的烟草加工业仍然兴旺不衰。

那些衰朽的背影

从上述免税碑的立刻原因看，或是皇帝出于仁政的统治思想，为了体现减轻民负，发展生产的仁心，或是为了严厉约束政府开支；或是为了鼓励老百姓积极缴纳皇粮国税；或是为了报恩；或是为了促进行业的发展等，不一而足。但是，不论这些免税碑的刻立的背景及其皇帝和朝廷的真正动机如何，对广大老百姓而言，减免税总比加重赋税日子要好过些，其价值值得肯定。而且，乾隆皇帝"天地只此生财之数，不在上，即在下，与其多聚左藏，无宁使茅檐蔀屋自为流通"的财税统治思想也有可取之处，其历史价值和意义也不应抹杀。

因为康乾时期，为了开疆拓土，频繁用兵，仅乾隆时期的两次征伐弹丸之地金川，就耗费了国库7000余万两白银。但因为奉行了减税政策，竟然聚敛了更多的赋税。康熙在位62年间，蠲免天下钱粮共计545次，折合白银高达1.5亿两，相当于当时国家每年2000万至3000万两财政收入的57倍。乾隆的赋税减免更多，总额为2.5亿两，按当时国家每年的财政收入5000万两计算，减免额为5年的财政收入。据研究资料显示，仅康雍乾三朝的蠲免赋税及赈灾百姓，就高达4.2亿两白银。

但是，理性告诉我们，不能因此而忽视皇权专制赋税制极端不人道、不公正、不自由的残酷本性。根本来说，这个税制体现的是皇权专制一家一姓的赋税意志。尽管历代皇帝都把仁政爱民挂在口头，遵行儒家所谓的"民本论"，主张轻税节用的财税政策，不时颁布减免税的圣旨，刻立免税碑，但骨子里，皇帝的一切行为的出发点，无不是为了皇家一家一姓的江山和利益。爱民在皇帝那里，和爱马是为了用马是一样的道理。所谓的"以民为本"，不过是以民为本钱，以民为资本而已，从来都不会是以民为根本，以老百姓的利益得失为出发点和归宿。这点，可从朱元璋在养蜂老人那里得到的赋税启示得到印证。养蜂人的聪明在于，冬季蜂蜜无花可采时就不取蜜或少取蜜，春夏蜜蜂有花可采时就想办法多采。因为只有这样，才能保证年年有蜜卖，不至于饿死。朱元璋由此大悟，对老百姓也不能苛求过多，否则，轻则会激起民乱，重则会危及朱家江山。毋庸讳言，在朱元璋眼里，老百姓和蜜蜂是在一个层次的。其实，历代皇权专制赋税制无不是以民为本钱的。所谓"普天之下莫非王土，率土之滨莫非王臣"是耶！

　　从免税碑的刻立原因可知，免税权是掌控在皇帝一人之手的。而且，只要皇帝愿意，他可以随时给任何地区、任何群体、任何行业，以任何原因免税。他可以为了报恩而动用免税权，也可以碍于老师的情面动用免税权，也会因为一时兴起动用免税权。当然，也不能否认其基于政策要求的理性赋税减免作为。因为在皇帝眼里，普天之下莫非王土，国家是他的，国家内的一切都是属于他的。物是他家的，地是他家的，老百姓也是他家的私有财产，因此，皇帝可以任意处置。这无疑剥夺了全体社会成员的赋税权，是一种极端不公正、不人道的赋税制。如此观之，免税碑的价值也就十分有限和弱小了。它仅仅意味着，曾经在某年某月，某位皇帝对某某地方的某某群体，因某某原因减免了某某税而已。就现代文明税收治理思想而言，免税碑仅具有一些赋税考古价值而已，只能从抽象的角度继承它的减免税思想。

　　这样，当我们遥望那些或淹没于荒草荆棘之中，或供奉于高堂庙舍的免税碑，从它们模糊的字迹、剥落的笔画，我们追寻的，只能是一个没落王朝腐朽的背影。它的背影，只是一再提醒我们，要面向未来，要勇于追赶文明的税收足迹。皇帝的免税碑再多，都不过是为了皇家一家一姓的利益。当下中国，既需要税负的减轻，需要对弱势群体的关切，更需要免税权的回归，需要还税权于纳税人，需要对赋税增进全社会和每个纳税人利益总量终极目的的真心敬畏。

　　那些免税碑，那些衰朽的背影……

（《税收与经济》2011 [1]）

税眼再读《过秦论》

少时读贾谊的《过秦论》，懵懵懂懂，更多被其古韵与节奏吸引。几十载春秋世事人情之后再读《过秦论》，却是别有一番感悟在心头。特别是当笔者从赋税角度再读时，更觉贾谊的睿智与深刻，以及认知上的盲点与缺憾。

秦不过二世，在贾谊看来，就是因为"废先王之道，焚百家之言，以愚黔首；隳名城，杀豪杰，收天下之兵，聚之咸阳，销锋镝，铸以为金人十二，以弱天下之民"。一言以蔽之，就是因为"以六合为家，崤函为宫"。就是说，秦二世而亡，根本原因在于秦王朝继续和加强了大禹所创建的"家天下"专制制度。用今天的话说，就是因为秦王朝把国家治理的最高权力集于一家一姓，剥夺了全国人民的基本权利，以全国人民为其一家一姓的奴隶，因此，秦王朝建立的制度是一种绝对的非人道、不公正的专制制度，"普天之下，莫非王土；率土之滨，莫非王臣"，在这种制度下，一定是"天下之事无大小，皆决于上。丞相诸大臣皆受成事，倚办于上"。事实上，秦始皇权力无限，不论臣民黔首，其生杀之权皆被独掌。而这种极端的专制思想，在李斯那里表述得最为明白："名主圣王之所以能久处尊位，长执重势，而独擅天下之利者，非有异道也，能独断而审督责，必深罚，故天下不敢犯也。"

由此可见，苛政之暴虐非人及其荒淫无耻，本是其制度的先天性基因使然，中外古今，概莫能外。因此，在赋税征收中的与民争利、横征暴敛，也是其统治的自然逻辑。而一旦百姓忍无可忍，在不同的"死"之选项之间重新做出抉择与赌博，新一轮血腥的改朝换代绞杀便会再次启动，直至旧王朝的覆灭，新王朝的建立。

秦王朝横征暴敛的结果众所周知，二世而亡。以赋税衡量之，秦王朝从其通过暴虐手段统一奴役六国及其百姓开始，就已开启了其速亡的命运之钮。据《汉书·食货志》称："（秦）田租口赋，盐铁之利，二十倍于古。"又据《七国考·秦食货》引《咸阳大事记》曰："秦赋户口，百姓贺死而吊生。故秦谣曰：'渭水不洗口赋起。'"事实上，据《汉书·刑法志》记载，在秦统一后的十几年间，无限度地动用民力，横征暴敛，既建骊山墓，又修长城，还要百姓承担戍五岭等劳役，其结果，致使全国百姓"丁男披甲，丁女转输"，"男子力耕不足粮饷，女子纺织不足衣服"，"贫民常衣牛马之衣，而食犬彘之食"。而且，因其法格外严酷，一人犯法，亲戚、邻居便会连坐；稍有不满，便会血腥镇压。因此，终将民怨载道，民心丧失，短命而亡。其实，据南朝梁时文学家任昉在《述异记》中记载，早在秦王政二十八年的时候，就已经出现了"阿房阿房，亡始皇"这样的童谣。坦率地说，这是秦王朝及一切专制王朝衰亡的必然宿命。

用贾谊的话说，秦王朝二世而亡，关键因为它"仁义不施"，也就是说它建立了缺乏仁义的专制制度。因为"以六合为家，崤函为宫"的王朝，一定是"仁义不施"的王朝。仁义者，人道公正而已。

（《深圳特区报》2013-07-01）

晋灵公重税招祸别议

史称，晋灵公，姓姬，名夷皋，是晋襄公之子。公元前620年即位，其年幼之时便好声色。长大之后宠任屠岸贾，而且，不行君道，荒淫无道，以重税来满足其奢侈的生活，致使民不聊生，最终招来杀身之祸。

晋灵公之暴虐，左丘明在《左传》"晋灵公不君"一文有详载，而且，这是左丘明的一篇春秋笔法较明显的文章。左丘明关于"晋灵公不君"之首要论据便是"厚敛以雕墙"。即是说，晋灵公不像个君主，是因为他没有遵从王道，爱民且轻徭薄赋，而是通过大量征收赋税，加重老百姓的赋税来满足他的奢侈生活。而晋灵公的生活究竟奢侈到什么程度呢？左丘明说"雕墙"即用金子来装饰宫墙，以此足见晋灵公奢靡生活之状况。

在左丘明看来，如果说晋灵公"厚敛以雕墙"还仅仅限于个人物质生活，尚不足以支持其"不君"立论的话，接着的论据则直抵晋灵公的残暴品质。第一，他"从台上弹人，而观其辟丸也"。第二，"宰夫胹熊蹯不熟，杀之，寘诸畚，使妇人载以过朝"。就是说，晋灵公竟然在高台上用弹弓射行人，观看他们躲避弹丸的样子。而厨师因为没有把熊掌炖烂，他就把厨师杀了。最惨无人道的是，他竟然还把已死的厨师放在筐里，让宫女们用车载，经过朝廷。其残暴、恐怖，以及嗜杀成性的品性昭然若揭。同时，晋灵公还听不进去大臣们的屡屡谏言。由此，左丘明得出结论认为：晋灵公早已不像一个君主，是一个该杀的暴君。不杀不足以明天理！而且，正如孟子所言："闻诛一夫纣矣，未闻弑君也！"即杀暴君是"诛一夫纣矣"，不算"弑君"。

晋灵公的结局。《左传》"其言简而要，其事详而博"。左丘明一句"乙丑，赵穿攻灵公于桃园"，就为晋灵公重税、残暴招致杀身之祸的报应画上了一个痛快的句号。

问题在于，《左传》"晋灵公不君"将"重税"列为晋灵公"不君"的首位论据，究其根本，在笔者看来，原是因为透过赋税之轻重，不仅可以判断一个国家与国民之间关系的正常与否，而且可以透视一个社会的文明程度，更可以观察一个国君的品行善恶。毋庸讳言，在传统社会里，在"家国一体"的专制政体构架里，国君的品性实际上就等于赋税的性质。国君如果能爱民而轻徭薄赋，百姓的赋税就可能轻一点，可以苟延残喘；国君如果横征暴敛，百姓便会哀鸿遍野，水深火热。甚至可以说，在传统中国社会里，国君个人的喜怒哀乐，都关系着百姓的生死存亡。

需要特别指出的是，在传统专制社会里，如果"不君"意味着不像一个君主，而像个君主则意味着——只有君主独掌国家最高权力，包括赋税权力，而且是不受限制地独掌和运用国家最高权力，包括赋税权力——才像个君主，那么，这样的制度，包括赋税制度，岂不等于所有的老百姓都不拥有国家最高权力，包括赋税权力，岂不意味着，这样的制度以及赋税制度，在本质上都是剥夺了所有老百姓自由权利的，是极端不人道的。自然，缺乏人道自由的赋税制度，也就是不公正不平等的赋税制度。

如此而言，所谓的"君"与"不君"，也不过是指君主是行"王道"，按仁爱道德原则统治国家，还是行"霸道"，可以为了君主的权力而不择手段，背离仁爱的道德原则。换句话说，晋灵公的"不君"，不过是专制暴虐统治体系的内在逻辑而已。而所谓的"君"，像个君主，也不过是为了一家一姓的江山万年长，因为利己而遵从仁爱道德原则统治国家的"君主"。固然，相对而言，"王道"好于"霸道"，百姓尚有一点喘息的机会。或许，就个别君主之个人品行而言，可能仁厚一些，能给百姓一些自由。但是，这与其继承或固守的非人道无自由、不公正少平等、不把百姓当人看的专制制度之恶，以及赋税制度之劣相比，显然小巫见大巫。具体说，因君主宅心仁厚而给予百姓的小善，若与其构建的残暴专制制度之恶相比，确实可以忽略不计。更何况，这样宅心仁厚的君主大多百年难遇，更别说这种专制制度对暴君的刻意美化、粉饰以及欺骗了。

如此观之，晋灵公的厚敛与重税，以及奢靡生活，本就是晋国专制制度及其赋税制度的逻辑使然。根本来说，其恶在于其皇权专制体制的非人道、不自由，以及不公正、少平等之本性。只要是一个人，比如君主，是独掌且不受制约地运用国家最高权力，不论是晋灵公、秦灵公，还是哪家哪姓的君主，古今中外，厚敛与重税，或者奢靡浪费，概莫能外。而且，最后都是将沉重的负担留给百姓，由本就可怜的百姓埋单。兴，百姓苦；亡，百姓苦。几千年来，中国社会只能在兴亡历史的周期律中摸黑打转，万劫难复。

因此，与其说晋灵公是重税招祸，是因为个人品行的暴虐招祸，倒不如说是因为晋灵公承继的专制制度之恶为其招祸。尽管一切专制者的个人品行也是其招祸不可忽略的原因，但晋灵公招祸的根本原因却在于晋国制度先天性之专制基因。历史的告诫是：一切背离人道自由大道者必亡，一切无视公正平等根本者必亡。

（《深圳特区报》2013-11-26）

隋二世而亡的根本原因

世人皆知秦二世而亡，岂不知，隋也是"二世"而亡。秦二世十五年而亡，隋二世三十七年而亡。对秦二世而亡，早有贾谊之《过秦论》总结得失；但对隋二世而亡的原因，至今所论，多归于隋炀帝杨广个人品行之荒淫暴戾，好大喜功，以及统治缺乏有节奏、有层次的目标设定。

史称，604年杨广即位后，随着其权力地位的逐渐巩固，愈到后来愈是疯狂无度，一意孤行。既沉湎于个人无限膨胀的"千秋功业"与身后之名的虚幻目标，又自信于前朝父辈财富积累的雄厚，以及或将用之不竭的误判，不适时宜地开启了以民为"资本"的盛世美梦。其结果不过是隋亦二世而亡。可叹的是，隋之兴亡转换，也不过三十七载而已！问题是，隋速亡的根本原因究竟在哪里？

事实上，隋炀帝夺位不久，便按捺不住做一个一代有为帝王的原欲冲动，很快放弃了其父隋文帝低调的治世方略。踌躇满志地发动了三次外征高丽，拓疆开土的重大事项。同时，开始了大兴土木，营建洛阳城，修筑长城，开掘运河，修筑驰道等重大工程。结果导致国库日渐拮据，苛捐杂税越来越重。而繁重的徭役，更是把成千上万的老百姓逼到了生不如死的地步。

据史载，隋初，"人庶殷繁，帑藏充实"，"计天下储积，得供

103

五六十年"。"隋炀帝即位，是时户口益多，府库盈溢，乃除妇人及奴婢部曲之课，男子以二十二成丁。"即将男子成丁年龄推迟到二十二岁。问题在于，就在隋炀帝即位的第二年就开始修建洛阳城，以尚书令杨素为营作大监，每月的役丁有二百余万。由于"易使促迫，僵仆而死的十分之四，每月车载死丁，东至城皋，北至河阳相望于道。"同时开运河，"发河南诸郡男女百余万"。第三年五月就"发河北十余万郡丁男凿太行山，达于并州，一通驰道"。608 年春即开永济渠，秋七月又发 20 万丁男筑长城；609 年"自西京诸县及西北诸郡，皆转输塞外，每岁巨亿万计，经突险远及遇寇钞，人畜死亡不达者，郡县皆征破其家"。610 年再"敕穿江南河，自京口至余杭，八百余里"。611 年攻打高丽，山东"增置军府，扫地为兵"，致使"百姓困穷，财力俱竭"。612 年又集兵"凡一百一十三万三千八百人，号二百万，其馈运者倍之"。而隋朝赋役之害，役制最甚。一是超时延期，二是课及妇女，三是徭役苛重。长城之役，"死者太半"；修船之役，"官吏督役，船工昼夜立于水中，不得休息，自腰以下全都生蛆，死者十之三四"。而且"每急徭卒赋，有所征求，长吏必先赋买之，然后宣下，乃贵卖与人，旦暮之日，价盈数倍，衰刻征敛，取办一时，强者聚而为盗，弱者自卖为奴婢。"

可以说，表面看，隋之速亡，尽可归于隋炀帝杨广个人品行的荒淫暴戾、好大喜功，以及他的统治缺乏节奏和层次性目标设定。然而，以笔者陋见，隋之速亡，杨广个人品行之恶劣，不过是加剧隋朝君主专制速亡的重要因素。也就是说，如果遇到个人品行相对较好的皇帝，其灭亡的速度可能会慢一些。不是二世而亡，而是三四世、五六世、七八世而亡。然而，就君主专制的非人本性而言，隋之灭亡也一定是自然的。因为一切非人道不自由，而且缺乏基本公正平等性的制度，因其背离了社会治理的大道原则，灭亡仅仅是一个迟早和快慢的问题。

质言之，由于隋一代赋役制度与专制皇权制度的同构性，最高赋役权是掌握在隋炀帝一人手中的，而且几乎是不受任何限制的。因此，基于权力的自私性、贪婪性及其破坏性，绝对权力的必然逻辑，一定是倾向于剥夺所有人的利益，从而使其利益最大化。由此可见，几千年来，中国社会之所以总是在历史的存亡周期律里打转，就是因为国家最高权力的监督问题一直没有很好地解决。因为，一些看似层层设防的监督机制，大都因为缺乏对最高权力的监督未形成实质性"闭环"，以及选择性监督现象的大量存在，不是低效，就是无效。

可见，隋二世而亡的根本原因在于，隋朝继承了专制非人的君主制。隋炀帝荒淫暴戾、好大喜功的个人品行，不过是加剧隋朝速亡的重要因素而已。而财税统治失序，也不过是隋朝速亡的表象原因。

（《凤凰博客》2014-01-23）

王安石变法为何失败

王安石变法从熙宁二年（1069 年）开始，至元丰八年（1085 年）神宗驾崩之后渐止。新法内容主要包括三方面：一是理财，包括均输法、青苗法、农田水利法、免役法、市易法、方田均税法；二是整军，主要包括保甲法、保马法、军器监法、置将法等；三是育材，主要包括更定贡举法、太学三舍法等。

关于王安石变法短寿的原因，近千年来不知耗费了多少智者的心血，但得出的结论至今莫衷一是，甚至大相径庭。笔者以为，王安石变法短寿，固然与其个人性格及具体的策略艺术有关，但根本说来在于，变法背离和挑战了一切变法的终极目的，既无视人道自由的最高原则，也违背了公正平等的根本原则，最终必然会因为消减每个国民，包括官吏和百姓的利益总量而流产或短寿。

首先，王安石变法的出发点和动机存在问题，是为了加强和巩固赵氏王朝的统治，为了增进赵氏一家一姓的利益，不是为了增进全社会和每个官民的利益。因此，所变之法，不论形式上多么精致完美，也不论宣扬得多么天花乱坠，就本质而言，它是背离人类社会创建法之终极目的，无助于增进官民共同利益的。坦率地说，其变法在根本方向和出发点上就犯了大错。自然因此，这样的变法，最初虽会赢得一些官民的赞誉和拥护，但最终都会因为变法价值立场和导向的错误而渐失民心，直至短命。毋庸讳

106

言，王安石变法的终极目的或指导思想是从宋室利益集团的特殊财政危机与社会危机出发，才将"聚财"和"富国强兵"作为变法最高目标的。早在1058年的知常州任上，他就曾上《万言书》指出时弊的要害在于"患在不知法度""患在治财无道耳"，认为"一部周礼，理财居其半"，认为"自古治世，未尝以不足为天下之公患也。患在治财无其道耳。故虽俭约而民不富，虽忧勤而国不强"，并提出了"因天下之力，以生天下之财，取天下之财，以供天下之费"的治政理财原则，同时认定："凡治财赋者，则目为聚敛"。然而，"聚财""强兵"虽重要，但却不是变法的终极目的，一旦"聚财"过度，与官民利益发生冲突，就会失去民意的基础。

实际上，这也是熙宁、元祐时反对王安石变法一派质疑其新法的主要根据。作为反变法代表司马光就认为，这些财富"不取诸民，将焉取之"？范纯仁也在向神宗的"上疏"中说：虽然也有人承认王安石的理财思想是兴利之道，但却是"剥民兴利"之策。甚至从南宋至晚清，绝大多数史家和思想家也都支持这一观点，丘濬就在批评青苗法时说："尚其以义为利，而毋专利以殆害哉。"

其次，王安石变法所遵循的是一条违背人类社会人道自由治理之道的原则。或者说，变法没有遵从人道自由原则，是把非人道、不自由当成了变法的指导原则。毋庸置疑，王安石变法是以认可皇权专制政体的合意性为逻辑前提的。因此，就变法的本质而言，不过是皇权专制内部利益关系的一种重新调整而已。事实上，王安石的变法，根本谈不上是一次结构性、系统性的社会改革，也不是对皇权专制政体本身的一次结构性变革，更不是确认"民权"为主导地位的一次改革。所以，变法注定是以赵氏一姓一家的自由与利益为前提。逻辑上，也根本不可能把老百姓当人看，也不会把官吏当人看，并以增进每个官民的利益总量为根本。而且，岂止王安石变法如此，中国历朝历代的每一次变法，又何尝不是如此！当变法的终极目的被确立为"聚财"和"富国强兵"后，事实上已经背离了人道的最低原则。变法最后的结果，不过是背离人道最低原则的一种自然逻辑而已。直言之，历代变法，无不是以国有化为名义的皇权全面掠夺，无不是一个不断减少民间经济主体自由与活力，不断束缚民间财富创造主体自由，全面剥夺民间生产、生活资料的过程。正如黄仁宇先生所言，中国政治"决不愿私人财富扩充至不易控制的地步，为王朝的安全之累"。这是因为，自由是专制天然的劲敌和掘墓人。

最后，变法违背了公正平等的根本原则。既然变法可以无视人道自由原则，自然也就违背了公正平等的根本原则。马克思说："人权的一部分是政治权利，只有同别人一起才能行使的权利。这种权利的内容就是参加这个共同体，而且是参加政治共同体，参加国家。这些权利属于政治自由的范畴。"显然，专制性的变法既然违背了政治自由原则，也就必然违背人权原则和政治平等原则。因为在专制社会里，国家最高权力完全掌握在专制者一个人手里，每个老百姓的经济平等以及机会平等权利能否实现，完全取决于皇帝一个人的意志。所有老百姓，包括依附于皇家的官僚集团，拥有的最高权力几乎等于零。因此，不论王安石变法的个人动机如何高尚，如何敬业和努力，而且，新法在形式上无论多么完善等，都会因为皇权专制政体本身违背公正和人权的大道原则而难以实现其预期的变法目的，至多只能达成一些具体的短期目标，比如聚财，缓和局部阶级冲突与矛盾等。无论如何，广大老百姓是不可能成为变法的最终受益者的，反而会成为被一些官吏借着变法名义更加严酷剥削的对象。

　　质言之，皇权专制对官民人权和平等权利的蔑视，一方面体现在皇帝几乎拥有一切权力，不仅垄断着全社会的物质财富和精神财富，而且包括每个老百姓的身家性命。因此，皇帝及其官僚集团，便会享有和行使全部的特权，只对老百姓承担极少的义务。退一步讲，就是承担了一些义务，也更多是从皇家利益最大化考虑的，是一种从"流寇"到"坐寇"式的利害计较。另一方面，就广大老百姓而言，则毫无权利可享，只是供养皇家及其官僚集团奢侈消费的会说话的奴隶，只是皇帝争霸野心的人肉工具。因此，一切围绕皇权的稳定与千秋万代这一中心展开的变法，官民都不会发自内心地拥护和支持。

　　历史的悲哀或在于，两千多年来出现在中华大地上的一切变法，不论是政治的、经济的，还是社会的……为何鲜有成功者？笔者以为，无不在于专制政体本身的极端恶劣性，在于专制本身无法遏制的腐败基因，在于专制政体本身的不自由不人道、不公正不平等以及蔑视人权。具体说，就在于这些变法背离了社会治理——增进全社会和每个国民利益总量这个终极目的，无视人道自由的最高原则，违背了公正平等的根本原则。因此，一切看似为民谋利的变法，无不是戴着专制的镣铐在自我折磨和自慰，其命运也就大同小异，其结果也就成为新一轮加剧官吏扰民、害民恶行的制度性借口，都不过"兴，百姓苦；亡，百姓苦"而已。

　　一言以蔽之，一切试图挑战或逃避人类社会治理大道的变法，都无法摆脱短寿的宿命，这是千百年来累累白骨换来的最大教训与警示。"前车之鉴，后事之师"，诚者斯言！

（《深圳特区报》2013-08-20）

西夏王朝兴衰的捐税根由

　　曾经两次走进宁夏，在萧瑟的寒风中，追溯过西夏王陵昔日的盛况与奢华，感受一个王朝兴衰演绎的轨迹与脉动，企图借助赋税的工具，探寻西夏王朝兴衰的捐税根由。不可否认，西夏王朝也曾有过自我履新的捐税变法冲动，但最终还是无法逃避一切专制者必然灭亡的宿命。事实上，西夏王朝由兴而衰的过程，几乎与其捐税非人的政治统治方式，有着完全合拍的节奏与呼应。

　　西夏捐税制的产生与发展，与其政治、经济、文化体制紧密相连。和当时的中原王朝一样，西夏实行的也是专制皇权制，皇帝拥有统治的全部权力。而且同样不受任何外部力量与制度限制。其捐税制创建的终极目的，也绝不是为了老百姓的利益，只能是为了西夏皇帝一家一姓的私利。因此，皇帝不容置疑地独掌着国家捐税课征与支出的最高权力，几乎不受任何外在的实质性的监督与制约。

　　具体而言，西夏专制捐税制的基本特征如下：

　　第一，西夏专制捐税制是一种极端不公正的捐税制。在西夏，皇帝虽然拥有一切课税与支出的权力与权利，但却可以不承担相应的义务；对广大老百姓而言，则被剥夺了一切课税与支出的权力与利益，只有捐税的义务。因此，整个西夏社会从其创建之日起，就已经陷入了一种极不公正的贫富分化状态之中，时刻酝酿着新一轮的社会危机与冲突。史载，其时西夏"国多世禄之家，悉以奢侈相高"。又比如，与邻近的宋朝比，赋役就相当繁重。据《宋史·党项传》记载，宋太平兴国七年（982年），银州（治所在今陕西米脂县西北）羌部拓跋遇向宋朝边吏诉说："凡军兴之物，悉取国人。而所获不偿所费"。结果，夏宋经过几年的战争，西夏终因"死亡创痕者相半，人困于点集，财力不给，国中为'十不如'之谣以怨之"。自然，其捐税的使用也完全依赖于皇帝及其官僚集团的愿望与偏好，充满主观任意性。

第二，西夏专制捐税制完全是一种充满人治色彩的捐税制。在这种专制捐税体制下，捐税义务的承担者是被当作会说话的工具的老百姓。就是有形式上的捐税法，体现的也只是皇帝及其利益集团的意志而已。而所谓的《律令》，极力保护和争取的也只是皇帝和党项宗族的利益。比如捐税，《律令》规定："各租户家主由管事者从就近结合，十户遣一小甲，五小甲遣一小监等胜任人，二小监遣一农迁溜，当于附近下臣、官吏、独诱、正军、辅主之胜任、空闲者中遣之。"还规定："租户家主有种种地租慵草，催促中不速纳而住滞时，当捕种地者及门下人，依高低断以杖罪，当令速纳。"由此可知，家主占有大片土地，领有众多"租户"。当然，家主作为皇帝的基层利益代表者，也分享着皇权专制的一杯残汤剩羹。而"租户"就是广大老百姓，是任人鱼肉和宰割的对象。

第三，西夏专制捐税制是一种极端非人道的捐税制。虽然为牧主放牧的牧人、为农主耕作的农人都有自己的畜产或小片土地，境遇比"隶臣""隶妾"好些，但他们的人身仍被牧农主部分地占有。《律令》规定："对农人妻处罚：卖其女与弟媳"。这意味着，租种官地的农人及其所有眷属，都受农田司所遣农监和农主的管辖。事实上，西夏法律虽然允许买卖官、私奴仆或相当于奴仆身份的人，但却不允许买卖有官人和庶人的妻、媳、未嫁女。而这种非人道也体现在捐税的横征暴敛及其徭役的任意征用方面。西夏境内的农民，十五岁为丁，二丁就要抽正军一人为统治阶级服军役、垦田。而且按规定，在服军役时，必须自备弓箭、盔甲等武器装备，而所配的马、骆驼作战死亡，还得由自己赔偿。至于平时向朝廷和地主缴纳各种租税，更不能少一分一厘。而晋王察哥，在大德元年（1135 年）为了广建府第，向党项族和汉族人民横征暴敛，使"蕃汉苦之"，其苛刻的程度连濮王仁忠也对他提出弹劾。

第四，西夏专制捐税制是一种毫无节制的捐税制。西夏皇帝通常根据自己的需要与愿望，几乎可以不受任何制约地课征捐税，或者非理性地支出。因此，铺张浪费，贪污腐败，苛捐杂税，穷兵黩武，就成为所有专制体制和捐税制与生俱来的先天性癌症基因，随时都可以发作。比如西夏王陵的建造，就是专制赋税制铺张浪费、不顾民生最有力的佐证。而穷兵黩武则是一切专制者最为青睐的政绩工程。史载西夏自 1032 年元昊建国至 1227 年末主灭亡，在 190 年的时间里，先后同它的几个主要邻国——宋、辽、金、蒙均发生过大小不等的战争。另外，也同吐蕃唃厮啰多次兵戎相见。西夏自景宗元昊立国到崇宗乾顺同宋高宗缔结和约，历时 91 年（1038—1128 年），双方和平共处仅 26 年，其余 65 年时间均处于交战状态。而代价是，不仅无端消耗了西夏老百姓的生产、生活资料，而且将一批批精壮的百姓送上了生命的屠宰场。

至于苛捐杂税，更是一切专制捐税制始终无法剔除的痼疾。西夏虽然以农业税收为主体税，但实际中远不止农业税一项，皇帝及其地方官员出于私利而任意开征追加的辅助捐税很多。史料记载，西夏赋税中除纳粮食地租外，还服劳役和缴纳草等。

（《税收与经济》2009〔6〕）

张居正的捐税焦虑

张居正作为明朝中后期的政治家、改革家，曾在万历皇帝当政时任内阁首辅，辅佐万历朱翊钧开创了"万历新政"。10年中，张居正为朱家天下可谓呕心沥血，鞠躬尽瘁，先后实行了一系列的改革措施。在财政上，他清丈田地，推行了"一条鞭法"，总括赋、役，皆以银缴，致使"太仓粟可支十年，周寺积金至四百余万"。军事上也励精图治，先后任用戚继光、李成梁等名将镇北边，用凌云翼、殷正茂等平定西南叛乱。在吏治方面则实行综核名实，采取"考成法"考核各级官吏，一时之间，"虽万里外，朝下而夕奉行"，明王朝政体为之肃然。

就个人命运而言，张居正五十八岁卒死之前，就已被授予太傅、太师，是明代唯一生前被赠上柱国，谥文忠（后均被褫夺）的大臣。悲哀的是，由于他功高盖主，为万历所忌，一挨去世，即被抄家，直至明熹宗天启二年才为其恢复名誉。可怜的是，他伴君如伴虎的十载，一直为大明江山的两大祸患所焦虑，即所谓的"东患在属夷，西患在板升。"而"板升"之患，即张居正的最大捐税焦虑。

令张首辅百思不得其解的是，大明江山万里，或许并不缺少"板升"弹丸之地的几斗碎银，几捆柴草，几石粟米。问题在于，长期的人才、技术、税源流失，既有损大明的利益实惠，也有辱大明的形象。而且，作为顺民的百姓，其品行为何如此善变，为了一点蝇头小利，就背弃大明天子——皇帝朱翊钧，甘愿背井离乡，投奔茹毛饮血的蛮野之族。

答案就在于，"板升"虽是一个地名，即今天内蒙古自治区呼和浩特之蒙汉百姓聚居的地方。蒙语 baixing 为汉语百姓之音译，有城、屋、堡子之意。但据史载，明嘉靖时期，蒙古俺答汗就统率土默特部驻牧于丰州滩（板升）。因为此地税负较低，明北方的边民，以及内地的百姓，就因不堪大明王朝的横征暴敛，逃亡于此地，并逐渐形成了蒙汉百姓聚居的"板升"。

明王朝的横征暴敛究竟到了什么程度？史载，"万历中年，户部岁入本（本色，指实物，笔者注）折（折色，指折收的银子，笔者注）钱粮，总一千四百六十一万有奇，其折色入内库者六百余万，入太仓库者三百六十八万有奇"。就是说，国家征收的田赋，竟有 2/3 流入了宫廷的内库。为此，内阁首辅申时行不禁惊呼："太仓之蓄有限，近日之费无穷……入少出多，势必难继。"

与此同时，明神宗的挥霍无度，再加上官吏的横征暴敛，以及水、旱、蝗灾连年不断，民怨沸腾。特别是矿监税使肆无忌惮的压榨，已经把百姓逼到了绝境。正如时人所说："矿不必穴，而税不必商；民间丘陇阡陌，皆矿也，官吏农工，皆入税之人也。"而且，据内阁大学士赵志皋的揭发，矿监税使搜刮所得，"进上者什之一二，暗入私囊者什之八九"。因此，万历二十七年（1599年）四月，就在山东临清爆发了反对明王朝横征暴敛的抗税风潮，矛头指向税使马堂。万历二十九年（1601年），江南也爆发了一次明朝末年最有声势、组织最严密的反矿监税使斗争。

孔子曰："苛政猛于虎"。在明王朝长期无度的苛求与压榨下，对百姓而言，为了减轻"税痛"，为了生存，用腿表达自己的捐税意愿，逃亡，无疑是成本最低的选择。而逃亡定居"板升"的汉人，其成分也就比较复杂，有发配戍边的囚徒刑犯，也有大量逃难的农民。且对明王朝的好感不多，不是恨之入骨，就是心怀不满。毋庸讳言，在此民情土壤下，白莲教等反对明王朝的秘密组织与边官将士也会积极活动和聚集。因此，在中原地区先进的农业、手工业、建筑等技术逐渐传播，促进板升地区经济、文化事业发展的同时，反对明王朝统治的力量也会逐渐积聚。

可想而知，面对此种欣欣向荣的景象，大明首辅张居正自然寝食难安。这些大量涌入"板升"之地的百姓，不仅带走了人才、技术和资金，而且会长期挤压大明江山存续的物质基础——税源。更为要命的是，各种反对、脱离明王朝统治的力量在悄然加剧。而这些聚集在"板升"的大量无视大明王朝威权的汉族精英们，已经成为板升地区的实际主导者，并做了俺答汗的管家或谋主。比如丘富、赵全、李自馨、周元等，不仅有规模不小的部众、牛羊与资财，而且已经成为可以驱使"板升夷人，众至十万"，能够"耕田输粟"的大小头目。

当然，事情的发展，并未像张居正想象的那么严重。因为有一个偶然的事件，即俺答汗的一次"乱伦"闹剧（即大汗强夺已经许婚的外孙女三娘子为妻，并迫使爱孙把汗那吉让出自己已经纳聘的未婚妻代三娘子出嫁，因此把汗那吉激怒，愤而南下投明），完全改变了"板升"发展的轨迹与命运。因为俺答汗事后追悔莫及，宁肯以求取"封贡"而换回孙子，才使"封贡"赢得了汉蒙之间从隆庆四年（1570年）至崇祯五年（1632年）的几十年和平。既使"明塞息五十年之烽燧"，也使人民捐税负担因此大幅度减轻，"税痛"消减。据史料记载："东起延、永，西抵嘉峪七镇，数千里军民乐业，不用兵戈，岁省费什七。"

张居正的捐税焦虑告诉我们，捐税轻重与优劣，直接关系国民的品行善恶。在好的优良的捐税体制下，国民的总体品德水平就高。相反，在坏的恶劣的捐税体制下，国民的总体品德水平就低。捐税体制优劣，直接关乎一国国民的总体品德水平高低。

（《深圳特区报》2015-05-12）

朱元璋的以民为"资本"赋税观

　　和历代开国皇帝一样，鉴于前朝横征暴敛、民变四起的深刻教训，朱元璋也采取了一系列减免百姓税赋、救助贫困灾户，进而缓和阶级矛盾的重要措施。

　　明王朝建立之初，他就说："善政在于养民，养民在于宽赋。"并告诫各州县官员："天下初定，百姓财力俱困，譬如初飞之鸟，不可拔其羽，新植之木，不可摇其根。要在安养生息之。"洪武十八年（1385年）便就对侍臣讲："保国之道，藏富于民，民富则亲，民贫则离。民之贫富，国家休戚系焉。"而且认为："为君者，欲求事天，必先恤民。恤民者，事天之实也。"因此，他"一从朴素，饮食衣服皆有常供，唯恐过奢，伤害民财"。

　　在朱元璋看来，要行仁政，就得减少百姓的赋税。为此，官吏就应该节约财政支出，减少浪费。他对刘基等讲："以朕观之，而息民之力。不节用则民财竭，不省役则民力困。"因此，"不施实惠，而概言宽仁，亦无益耳"。而且，他和马皇后带头节俭，经常忆苦思甜："今贵为天子，富有天下，未尝一日忘怀。"为了节省朝廷费用，他提出："内臣但备使令，毋多人。"并要求军人边打仗边生产，实行军屯。同时还通过招募鼓励流民屯田，由官府提供耕牛、种子、农具等支持，减轻百姓负担。而且，据《明史·食货志》记载，洪武年间，贫困户和老年人的口粮也由政府提供，还设园安葬死去的贫民。"初，太祖设养济院收无告者，月给粮。设漏泽园葬贫民。天下府州县立义冢。又设养老之政，民年老八十以上者赐爵。复下诏优恤遭难兵民。"

同时，朱元璋也特别重视免税和赈灾。"凡四方水旱辄免税。"就是丰收之年，也选择土地贫瘠、产量低的地方和贫困户给予免税。而对受灾的地方，不仅免税，"且贷以米，甚者赐米布若钞"，即对受灾的赐送米、布、现钞。为了保证救灾效果，对官员救灾不力者会给予严厉处罚。对官府不及时上报、赈者，"许耆民申诉"，对相关的官员，则"处以极刑"。而且明示，凡遇灾年，户部应先开仓赈济，后奏报。据史载，朱元璋"在位三十余年，赐予布钞数百万，米百余万（石），所蠲租税无数。"正因如此，史书对朱元璋赈灾救民的称颂也较多。事实上，朱元璋的这一规定，一直沿用至明后期，"灾荒疏至，必赐蠲赈，不敢违祖之制也。"而且，为了防止管理贪污赋税，朱元璋制定并执行极其严酷的刑罚政策。洪武末年，驸马都尉欧阳伦（安庆公主的丈夫）擅做私茶生意，也被他以"有法必行，无信不立"的名义赐死。

毋庸讳言，仅朱元璋的上述赋税措施而言，表面看，真可谓"以民为本"的治税典范了。然而，朱元璋所做一切真的是以所有老百姓为"根本"，是为了全体老百姓的福祉利益吗？要回答这个问题，或许应该先听听朱元璋从养蜂人那里获得赋税治理启示的故事。话说朱元璋一日微服私访，碰到一个养蜂的老人（这个老人与他同年同月同日生）。朱元璋问老人养了多少蜂？一年到头割几次蜜？日子过得怎么样？养蜂老人回答说，他养了十三箱蜂（这恰好与朱元璋管辖的中国十三布政司吻合）。养蜂老人又说，春夏花多，蜂酿蜜容易；秋后花少，酿蜜就不易。他心地仁和，不像那些狠心的养蜂户，总是把蜜割尽，而他只割十分之三的蜜，留七成给蜜蜂吃。所以卖蜜换吃穿，量入付出，还算平平安安，度过了五十年。而那些狠心的养蜂户，每年都会有许多蜜蜂被饿死。所以，他们的生活都不如自己。朱元璋因此暗想，他有蜂，我有民，我必须让民有余，才有人缴纳赋税。应该用养蜂老人的心肠和办法来养民，否则，一旦民穷，便会国亡。百姓与蜜蜂一样，同是生命；治国与养蜂一样，理也相同。由此可见，朱元璋的赋税统治观，绝不是以民为"根本"，不过是以民为"资本"而已，他治民，不过如养蜂老人养蜂一个道理，都是为了自己一家人过上好日子而已，是为了他们朱姓江山的万年长而已，其出发点都是为了自家的利益，不是为了蜜蜂的利益，也不是为了百姓的利益。

事实上，为了朱姓江山的万代，朱元璋再一次恢复并完善了前朝非人、全权的专制制度。为此，他总是以为"民"的名义，既滥杀官吏，滥杀士人，也滥杀无辜百姓，包括所谓的减免赋税、救助鳏寡孤独的措施，其出发点和动机无不是为了他朱姓一家之江山。尽管他伪善地声称要实行仁政，要以民为"本"，其实，他是以全面剥夺所有国人的基本尊严与权利为代价的。遗憾的是，有人竟然看不到朱姓专制制度的残酷性与虚伪性，竟然为朱元璋所谓的减免赋税、救助鳏寡孤独的措施，以及滥杀贪污管理的做法极尽赞美之语。岂不知，他连为自己看家护院的官吏都可以任意杀戮，万千蝼蚁般生活的百姓，在朱元璋的眼里又值几文？又岂能成为他统治的"根本"？可以肯定的是，一定不会像养蜂人对待蜜蜂那样，至少还心存一份感恩。如果看看朱元璋防范百姓造反的《大明会典》，便可略知其一贯的虚伪性与残酷性了。《会典》规定："凡军民人等往来，但出百里即验文引，如无文引，必擒拿送官。仍许诸人首告，得实者赏，纵容者同罪。"换句话说，朱元璋所谓的仁政，所谓的以民为"本"，不过是其愚民术的另一个版本而已。就其本质而言，他和历代专制帝王一样，都不过是以民为"资本"而已。如此观之，朱元璋那些所谓的减税免税措施，均衡赋税负担的措施，包括他个人的一些节俭行为等，无不服从于朱家一姓永远统治的利益而已，无不是为了朱家江山的千秋万代。因此，如果看不透这点而失去底线地为其专制张目，甚至大唱赞歌，如果不是自欺，一定是居心叵测，为了欺人。

一言以蔽之，不论朱元璋制定了多少减免税、救助鳏寡孤独的赋税财政措施，甚至个人生活多么节俭，这与他建立起来的，彻底剥夺了全体国民基本权利的、非人道不自由、极端不公正不平等的专制制度之害相比，那些措施与个人品质不过小善而已，显然不足挂齿。固然，与历史上那些奢靡铺张，完全不顾百姓死活的帝王相比，其小善也不应完全否认。但是，赋税负担的高低，毕竟不是赋税管理的根本问题，赋税统治的根本问题在于：谁才是赋税制的真正主人，即是说，收多少税，如何收税，包括如何用税等重大赋税权力，该由谁来掌握，体现谁的意志。如果这些赋税权力掌握在朱姓皇帝一人手里，而且不受百姓实质性的监督与制衡，赋税重了或轻了，严格说来，对老百姓而言，都不过是专制帝王手中的"资本"而已，活得怎样，都得符合、体现专制帝王的意志。

这就是朱元璋以民为"资本"赋税观的本质所在，也是朱家王朝最终难逃覆灭命运的根本所在。在人性的力量、文明的洪流面前，不论武功文采多么超群的帝王将相，最终都得认输，都得缴械。

罗塞塔石碑的税收警示

　　作为埃及文明的重要象征，以及所有时代埃及考古学最重要发现的罗塞塔石碑，至今依然流落在伦敦大英博物馆的埃及厅。它是一座高约 114.4 公分、宽 72.3 公分、厚 27.9 公分，略呈长方形但缺了许多边角的黑色平面石碑，重约 762 公斤，表面上刻有涂上白漆的文字。一向寂寞如初的石碑，虽然早已褪去了昔日的繁华与荣耀，但如今仍然日日向一批又一批的参观者——诉说古埃及的历历往事。其中，也包含血色的税收故事与悲伤。

　　罗塞塔石碑镌刻于公元前 200 年，时在伊比法尼的托勒密五世统治时期，直到 1400 年之后才出土。早在 1799 年 7 月 15 日，随着拿破仑占领埃及（1798 年—1801 年），法军上尉皮耶 - 佛罕索瓦·札维耶·布夏贺在尼罗河三角洲上一个称为罗塞塔的港口城镇郊外发现石碑。在 1801 年拿破仑大军被英军打败投降撤退时，并未依约缴出石碑，而是将它藏在一艘小船上准备偷渡回法国，但途中被英军捕获。事后经双方协商，法方保留了之前的研究成果与石碑拓印，英方则获得了石碑的实际拥有权。这就是如今伦敦大英博物馆罗塞塔石碑的来历。

　　罗塞塔石碑上的碑文由三种文字写成：顶部是象形文字，中部是古埃及通俗文字，底部则是希腊文。而碑文上记载的关键信息是——少年国王托勒密五世对当时大规模税收起义做出的堪称税收治理经典的反应。

穿越历史，回到托勒密五世时的埃及，那时的埃及，早已被内战折磨得几近崩溃。因此，当埃及士兵在东方取得军事胜利回国之际，发起救灵于倒悬的起义就成为他们的共识。因为凯旋的士兵们认为：埃及已经被沉重的税收负担压垮了，要恢复少年国王托勒密五世时期的秩序与辉煌，必须进行起义和革命。因为托勒密五世时曾经发布过一个十分重要的《和平宣言》，化解了一次大规模的税收危机。其中最重要的条款就是——普遍性地减免税收，降低国民的税收负担，减轻国民的税痛。具体条款有：从监狱释放欠缴税款的人以及因拒绝缴税而造反的人；免除国民的纳税义务；邀请逃亡者回国并归还被没收的财产；免除神庙及其农作物和葡萄园的纳税义务等。这个宣言无疑具有重大的历史价值和意义，被后世誉为"给饱受战乱的民族带来和平的勇敢举措。"当然，"这也是政府对于造反者和僧侣的部分妥协"。

毋庸讳言，罗塞塔石碑的树立，直接得益于僧侣，僧侣是罗塞塔石碑诞生的直接动因。简而言之，因为僧侣是《和平宣言》的最大受益者。对他们而言，"是一条致富之路"。而且，自从埃及在公元前 700 年左右被亚述人占领，后被波斯人奴役，最后被希腊人征服以来，神庙一直丧失了它们的免税特权。而《宣言》似乎给了它们"一个光明和繁荣的前景"。但如果要具体落实这些权利，仍然存在一个不可逾越的障碍，那就是——如何防范国王征税官很可能的违法乱纪及其横征暴敛。这就需要一个物化的能看得见的永久的物件，以便时时提醒和警示国王的征税机关及其征税官，告诉他们："神庙圣地，闲人免进！"以期警示和防止有野心的征税官进入神庙。

问题或在于，托勒密五世是出于无限的仁爱而主动减免国民税收的吗？对此，当代税法学家理查德·查尔斯告诫我们："统治者是不会出于善良而减轻税收负担的。权宜之计和贪婪造就了高税负，通常，它需要一个迫在眉睫的巨大灾难才能减轻高税负。"如此观之，罗塞塔石碑记录的《和平宣言》，一定是因为一个极端"不和平"的现实财税危机所迫。比如，欠税可能已经累积到无法追回或者令国民无法忍受的程度，或者劳动力已经大量流失，无人种田，无人劳动，致使田园荒芜，商业凋敝，经济衰退。又比如公共设施已经毁损到无法满足最低的公共生活的地步，比如大坝严重失修，洪水泛滥几乎威胁到整个国家。还有，大量从监狱释放囚犯，也可能是因为监狱早已人满为患。或者，国民大面积逃亡是为了逃避因为拒绝纳税而致的惩罚等。这一切乱象的存在，无不意味着国家统治的全面危机。因此，在万般无奈的境遇下，统治者才不得不选择了这一几乎"孤注一掷"的下策，寄希望于因此而结束沉重税负所导致的经济社会之系统性混乱。

简而言之，罗塞塔石碑的税收警示在于：

首先，沉重的税收负担会扼杀整个社会创获财富的原初动力，并直接扭曲经济、社会生活，进而摧毁公共生活的基础，打乱共同生活的秩序。

其次，面对大规模的税收风险和危机，统治者应该学会妥协和协商，特别是"当愤怒的纳税人发出强烈的抗议时，政府应当发出抚慰宣言。"而且，政府及时使用税收豁免，应是制止国内骚乱的一种经常性药方，特别是在遏制因为税收而致乱的大规模税收冲突事件时，应是最先考虑的应对策略。

同时也告诫我们，不受约束和监督的征税权，是一切腐败和危机的总根源。事实上，罗塞塔石碑正是僧侣们为了遏制征税权的滥用，保护他们的税收权利而建立的。因为，正如伟大的俄罗斯学者罗斯托夫采夫经过一生研究得出的结论所言：正是"埃及征税官员持续和有增无减的横征暴敛导致了全国性的激励衰退"。当然，也因此才有了不得不应对最危险的"不和平"危机的《和平宣言》。

总之，税鉴不远，存亡之道在于我们能否从历史的经验与教训中获得有益的税收价值启示和智慧，少犯或不犯方向性的错误，能够始终敬畏和皈依税收治理的大道文明，发挥税收在文明转型中的积极影响，不断增进全社会和每个国民的福祉总量。

（《深圳特区报》2013-11-05）

大革命何以因为税收引起

最近以来，托克维尔被冷落了多年的著作《旧制度与大革命》，突然在中国火了起来，一时洛阳纸贵，上海大学文学院历史系教授朱学勤曾对此书有过精彩的评论，他认为"税务官是比蒸汽机可怕千倍的革命家"。

税务官何以成为"比蒸汽机可怕千倍的革命家"？其实说的是税务官有时成为导致革命十分关键的因素。这是朱学勤先生一个归纳性的结论，他是通过对引发英国、美国、法国以及俄国革命原因的分析后得出上述判断的。确实，这四个国家的革命，除俄国革命是间接地因为第一次世界大战造成混乱，导致财税危机外，英、美、法三国的革命，确实全因"税"而起，都是因为王权要加税，而且未经民意机关同意，或者税务部门坚决执行恶劣税法所引起，结果无疑都引发了革命，让社会付出了血的代价，摧毁了历代辛辛苦苦，好不容易积累起来的物质与精神财富，进而终断了历史发展的自然进程。

事实上，革命的机器一旦开动，即将伤害的是谁，伤害到什么程度，是谁也无法预言、不可阻挡的。比如，被誉为现代"化学之父"的法国化学家安托万-洛朗·拉瓦锡，就因为曾经当过包税官而被激进派送上了断头台。尽管他曾申辩说："我和政治毫无关系，当税官所获得的钱，我都用在了科学实验上。"但早已被革

126

命之火烧昏了头的革命激进派，谁会听得进去他的申辩呢！拉瓦锡被砍头时，才刚刚51岁，成为科学史上的一大悲剧。正像法国科学家拉格朗日所感叹的："一瞬间就砍下了拉瓦锡的头颅，可是一百年也产生不出像他那样的头脑！"这就是为什么一切理性社会，总是尽量避免大规模流血革命的原因所在。

其实，革命产生的根本原因是什么，为何税务部门及其税务官或将成为最危险的革命家？而且是比蒸汽机危险一千倍的革命家？

原因或在于，通过"税"——这种国民与国家之间就公共产品供给交换价款缔结、履行契约的活动，人们可以看清一个社会文明的位阶，认清一个社会统治者的真正面目，也看清自己在这个国家中的实际地位与价值、尊严与权利。其中，税务机关及其税务官便是直接的中介与载体，是征纳矛盾与冲突可能爆发的焦点。而且，在恶劣的税法中，如果税务机关及其税务官不执行的话，其对国民和纳税人的伤害仅仅是抽象的，唯有税务机关及其税务官的执法，才可能使得伤害成为现实。而司法的公正与否，又在执法之后，因此，虽然税收立法、执法、司法环节都可能引发征纳税人之间的冲突，但唯有执法环节冲突的可能性最大。

一般说来，当国民、纳税人在为生存发愁的时候，或可忍受在自由、尊严等权利方面的丧失。然而，一旦他们在生存方面的问题得以缓解，权利、尊严等层面的需求就会逐渐苏醒，便就渴望给予及时的满足。问题在于，恰恰在这个时候，正是近现代大规模革命爆发概率最大的时机。对此，托克维尔在《旧制度与大革命》一书中就有精辟的论述，他说：革命的发生并非总是因为人们的处境越来越坏，最经常的情况是，一向毫无怨言仿佛若无其事地忍受着最难以忍受的法律的人民，一旦法律的压力减轻，他们就将它猛力抛弃。对于一个"坏政府"来说，最危险的时刻通常就是它开始改革的时刻。而且，正如柏克所言，因为"人在权利上所受的伤害之深，与在钱袋上受到的伤害之大，是可以同样之甚的。"

其实，岂止"英、法、美、俄"四国的革命，都直接或间接地因"税"而起，其他国家的革命与动荡，也都或直接或间接地与"税"有关。而中国几千年的王朝更迭、民变扩散，哪一次又不是因"税"而起，陷入历史性的"周期循环"呢？！恰恰是因为暴政苛政下的"恶税"，一次又一次将民众逼上了揭竿而起的绝路。毋庸讳言，每一个王朝的初年，明智的统治者大多鉴于前朝的教训，尚能有限地体恤民生。但是，随着前朝教训的日渐远去，此后的统治者，基本上无不再次陷入前朝末代的循环怪圈之中，继续无度地与民争利，横征暴敛，陷民于水深火热之中。正如诗僧王梵志所言："向前十道税，背后铁锤锤"，自然，这些无道的王朝，最终都难逃被民众推翻的命运。而更多的境况则是，正如王安石所言，"赋敛中原困，干戈四海愁"，让整个国家一次次陷入崩溃的边缘。但循环的结果，对百姓而言，不过如张养浩在《山坡羊·潼关怀古》中感叹的"兴，百姓苦；亡，百姓苦"而已。

悲哀的是，一代又一代的税吏、税官，不是为虎作伥，就是助纣为虐，总是甘于乐于"平庸之恶"，主动成为一个又一个末世王朝暴政恶政的牺牲品。事实上，这些税吏、税官，在把自己塑造成最危险的革命者的同时，也成了历朝历代暴政恶政的牺牲品。明万历年间太学生钦叔阳在《税官瑶》中，对此就有真实的记载："四月水杀麦，五月水杀禾，茫茫阡陌殚为河，杀麦杀禾犹自可，更有税官来杀我。""千人奋挺起，万人夹道看，斩尔木，揭尔竿，随我来，杀税官。"或许，按通常的认识，这些税吏、税官何罪之有啊？！他们不过是王权的雇佣者而已。但在末世的魅影里，普泛的民众，最关心的只是距离他们最近的伤害者是谁，在哪里！只是为了"安得岁丰输赋早，免教俗吏横催租"，过几天安稳日子而已。

从清末的民变来看，哪一次不是与"税"紧密相连呢？1909—1911年的广西群众抗捐抗税斗争，仅仅是清末因"税"而起的民变中非常普遍的一个案例。这次抗捐抗税斗争，很快发展成武装暴动的就有岑溪、怀远（今三江县）、南丹、永淳（今并入横县）、镇边（今那坡县）、宣化（今昌宁县）等数起，参加的百姓成千上万，其影响不仅波及了周边数县，其中岑溪、永淳的抗捐斗争，还影响到了广东的罗定、郁南、信宜等县。究其根源，莫不是因为"杂税日增，民心不安"。由此足见"税"与革命关系之紧密程度。

（《深圳特区报》2013-05-07）

美南北战争原是因"税"而起

历史总是充满无尽的吊诡，也总有一副普洛透斯式的多变脸庞令人难以琢磨。

比如，流传了二百多年的关于美国南北战争的动机、起因——奴隶制——的结论，从一开始就被一个又一个的历史事实所质疑。而奴隶制是美国南北战争起因的始作俑者与推广者——约翰·斯图亚特·穆勒的耳根，也从来就没有清净过。当时就有他的老对手查尔斯·狄更斯的不依不饶，认为不是奴隶制，而是税收导致了美国的内战。此后，尽管此论一直占据美国内战思想的主流地位，但从来就没有一统过内战思想的江湖。刚出版不久的《美国人的传统》一书作者，就直截了当地质疑"奴隶论"，认为美南北战争是因"税"而起："关税，与联邦税几乎同样，是内战的主要原因"。

事实上，围绕促使南方脱离北方而造反的问题，历史学家不知耗费了多少心血。当时南方最有名的代言人约翰·卡尔霍恩就有关于税收的抱怨，这可作为南北战争"税收论"的佐证。在他看来，在南北双方三十多年来的斗争中，北方的制造业和商业利益集团，总是通过国会的税收来压迫南方的种植园主，结果使得南北方的税负轻重不一、"税痛"大小不等，贫富差距越来越大。因此，卡尔霍恩为南方四处奔走呼号："北方已经采纳了一种税收和支出制度，其中，给南方施加了不合理的税收负担，同时，不合理的支出比例使得北方受益……南方作为这个联邦中被残酷剥削的部分在事实上缴纳了超过其应当负担比例的税收。"显然，在他看来，这样的税收是极为不公平的！难怪另一位历史学家也说："在整个南方都憎恨关税，把它当成一个破坏他们经济的不公平税收看待。"毋庸讳言，早在1828年的时候，关税就被称为"令人厌恶的关税"。

具体而言，南方的税收抱怨在于，当时联邦征收的进口税法就是针对他们的，就是对他们的公开掠夺。高额进口税不仅直接伤害了他们的利益，使他们为北方的商品支付了高额的价款。而且，联邦征收的他们的税收，却用在了北方，为北方提供公共服务。坦率地说，这种税收抱怨，早在1832年就已经发生过，而且还引发了反对高进口税的第一次起义。所幸的是，在随后的几年中，公共理性主导了南北方的舆论，关税（进口税）降到了南卡罗来纳州能够接受的程度，并未酿成大规模的混乱和战争，因此也被史学界称为"1833年伟大的妥协"。但到了1860年，这种共识与理性却不复存在，认为"脱离联邦是解决这些冲突的最好方式"，"是走向繁荣富强的唯一选择"！

在"税收论"者看来，对于南方的奴隶制问题，大多数北方人并不关心。事实也告诉我们，当时南方黑人奴隶的待遇并不比北方的穷人差。或许正因如此，"奴隶论"一直就受质疑，林肯也被南方视为"独裁者"，而且"非常残暴"，并不像人们认为的那样，他是一个完美的自由主义者。其实，有位来自北方的温和派人士克莱门特·维兰迪甘就直言不讳地批评林肯，认为他的所得税政策是公然的掠夺："通过一部税法，它的喜好全部强加到一个被征服的民族头上，他们（共和党）已经拥有……这个国家人民的全部财产。"对此林肯暴怒，还下令抓捕了维兰迪甘，并在俄亥俄州军事法庭进行审判，认为他犯了"叛国言论罪"。问题是，维兰迪甘来自北方，此罪并不能成立。或者说，虽然林肯看似大义凛然地赞同发起战争，但却无法掩饰一颗蠢蠢欲动的税收利益之心。他在就职演说中就一再强调，要到南方去征关税，即使它们要退出联邦。对此时人心明眼亮，认为"关于奴隶制度，他可以调和；关于进口关税，他在威胁"。甚至，"南方可以脱离联邦，只要它们向北方纳税"。而林肯给南方提供的最后选择恰恰是："纳税或者战争"。然而，当共和党人在通过国会意欲进一步推高关税之际，南方却在做着相反的事情，它们通过了新宪法，并模仿《美国宪法》列出了一条独特的条文——禁止征收高额进口税。在当时的南方看来："脱离联邦不仅使得南方免于遭受北方税收的束缚，而且使得南方有机会从被压迫者变成压迫者。"这样，脱离联邦的共识，也就因为税收冲突而逐渐形成，并通过税收开始付诸行动。

南北战争一触即发！

毋庸置疑，美国南北战争的起因就是税收，一种显失公正的税收。但林肯却站在北方的利益立场上不以为然，并在开战前强调："在税法的执行中，堡垒和要塞具有非常重要的作用……从实践的观点来看，这是美国税法能否在这三个海港——查尔斯顿、波弗特海（Beaufort）以及乔治城（Georgetown）执行的问题，或者是它们是否会变成自由港，向世界商业开放，对于南卡罗来纳州认为适当的税收没有任何限制的问题……保持堡垒和要塞是为了执行税法，而不是攻占一个州。"其税收利益之心袒露无遗！对此，当代税法专家查尔斯·亚当斯精辟地指出："毫无疑问，脱离联邦是导致内战的原因。"但是，"税收是双方所考虑的最重要的因素。南方的奴隶制可以被北方容忍；南方的自由港却是北方所不能容忍的。战争是由南方的一些头脑发热之人朝着位于查尔斯顿海港的联邦堡垒开炮而导致的。战争也是林肯决定运用军事力量镇压这次起义而寻致的。但是在这些暴力行为以及脱离联邦行为本身背后的是双方都不愿意妥协的税收问题。"

总之，任何民族都可能因为一场战争而灭亡，但隐藏其后的一般性的原因大多习为利益，因为征税权的争夺。压迫性的税收，或者成为催生文明、革命的原因，或者成为引发起义或混乱的原因。可以说，读不董税收，也就参不透历史发展的深层逻辑与奥妙。转型社会，矛盾冲突交织，更应该专注"税痛"的流转机理，从历史变迁的事件中，汲取发展的智慧与经验。

（《税收与民生》2013［10］）

苏格兰"闹独"税收成"分手"理由

9月18日，苏格兰将举行全民公决。这意味着，如果半数以上的选民支持独立，苏格兰就会脱离英国，成为一个主权国家。

吸引世界眼球的是：一方面，支持独立者正在不遗余力地宣传独立的好处，竟然写了600页的分手宣言《苏格兰的未来：独立苏格兰指南》，认为英格兰已经配不上他们了。另一方面，以首相卡梅伦为首的统一派，也在拼尽最后的力气挽留。卡梅伦的喊话相信是发自肺腑：我不会一直执政下去……请不要把这个家庭拆散！

事情闹到这个份上，在英国现有制度框架下，恐怕双方只能把赌注压在最终的选票对决与血拼上了！问题在于，苏格兰独立派为何如此决绝？如此义无反顾？泛泛而言，或有千千万万的原因，既有现实的，也有历史的，既有政治、经济的，也有法律、道德、习惯的。

然而，根本说来，或是因为自由对公正的冲击，或是因为强制对自由的侵害。至少在苏格兰独立派看来，英国的强制限制了他们的自由，侵害了他们的利益，已经陷他们于不公正的境地。因此，独立是为了捍卫苏格兰人的自由与公正。

独立派告诉苏格兰人的是，尽管他们只有531万人口，约占英国总人口的8.34%，但却占全国经济总量的9.2%。如果以人均

GDP 计算，他们在全球排名前 20。而在过去的 33 年中，他们人均每年缴纳的税款，比英国其他地区要高。而且，他们总共还为英国的负债利息贡献了 640 亿英镑。更为不公的是，他们的北海油田价值有 1 万多亿，但长期以来的税收收入，大多进了英国政府的口袋。仅 2013 年，北海油气就为英国政府贡献了 47 亿英镑的收入。而一旦苏格兰独立，90% 的北海油田控制权就会回归。同时在独立派看来，苏格兰是除伦敦之外最受欢迎的外商投资地，吸引了 11% 的外商直接投资。同时拥有全欧洲 25% 的潮汐能和风能资源。凡此种种都说明，一旦苏格兰独立，肥水就不会流入英国政府的他人之"田"，而且，还可通过大幅削减开支，比如三叉戟的核武器开发等资金，减轻苏格兰人的税收负担，从而过上更加富足的生活。因此，至少目前在独立派看来，"分"比"合"好，利大于弊。

可见，独立派的本质诉求在于："合"则对苏格兰人不公，主要体现在税收负担重，但福利待遇不成比例，不公正不平等；"分"则苏格兰人可以自己掌握自己的命运，有机会消减税收不公，使自己的付出与回报成比例。事实上，独立派之所以主打'税收'之牌，就在于税收是国民与国家之间就公共产品交换价款缔结契约的活动。因此，这个契约缔结过程的自由与平等，以及内容的公正与否，都关系着国民与政府之间税收权利与义务分配的公正平等与否，以及每个国民福祉总量的增进还是消减。税收公正，则国民与政府之间权利与义务的分配就公正，二者关系就和谐，共同体的基础就牢固，独立与分裂就没有土壤和市场。反之，则国民与政府之间权利与义务的分配就不公正，二者之间的关系就不和谐，共同体的基础就不牢固，独立与分裂的土壤就存在，市场也就形成，理由也会变得充足。

其实，世界历史上因为税收不公闹分裂、闹独立的国家，苏格兰至少不是第一个。美国的南北战争，也是因为南方认为税收不公引发。当时南方最有名的代言人约翰·卡尔霍恩关于税收的抱怨，就可作为南北战争"税收起因"的佐证。在他看来，在南北双方三十多年来的斗争中，北方的制造业和商业利益集团，总是通过国会的税收来压迫南方的种植园主，结果使得南北方的税负轻重不一、"税痛"大小不等，贫富差距越来越大。因此，他才为南方四处奔走呼号："北方已经采纳了一种税收和支出制度，其中，给南方施加了不合理的税收负担，同时，不合理的支出比例使得北方受益……南方作为这个联邦中被残酷剥削的部分在事实上缴纳了超过其应当负担比例的税收。"而另一位历史学家也说："在整个南方都憎恨关税，把它当成一个破坏他们经济的不公平税收看待。"

具体说，南方的税收抱怨在于，当时联邦征收的进口税法就是针对它们的，就是对它们的公开掠夺。高额进口税不仅直接伤害了它们的利益，使它们为北方的商品支付了高额的价款。而且，联邦征收它们的税收，但却用在了北方，为北方提供公共服务。事实上，这种税收抱怨，早在1832年就已经发生过，而且还引发了反对高进口税的第一次起义。所幸的是，在随后的几年中，公共理性主导了南北方的舆论，关税（进口税）降到了南卡罗来纳州能够接受的程度，并未酿成大规模的混乱和战争，因此也被史学界称为"1833年伟大的妥协"。但到了1860年，这种共识与理性却不复存在，独立舆论占了主导，认为"脱离联邦是解决这些冲突的最好方式"，"是走向繁荣富强的唯一选择"。

这岂不是在告诫我们，对独立与统一问题的分析，不能不重视税收财政体制这个根本要素。苏格兰的独立与统一，究竟是福是祸，那必定是苏格兰人民自己的选择，是他们自己的自由。至于他们万一离开英国大共同体之后可能遭遇的挫折与损失，那也是他们必须认同和承担的代价。教训他国或应记取，但却必须学会对自由价值的尊重。也就是说，独立或统一，都是有其根据与前提的。统一有统一的前提与条件，独立有独立的根据与理由。但真正的智者，应是见微知著，善于并勇于由因推果，未雨绸缪，做好自己的事。

或许这就是苏格兰"闹独"给世界各国的最大启示与警示。财税问题如果不处理好，轻则会遭遇社会治理的小危机与小风险，重则会危及国家的统一与分裂。

（《华商报》2014-09-13）

拉瓦锡因"税"上断头台的历史教训

　　1768 年，对后来成为法国著名化学家，近代化学的奠基人之一，"燃烧的氧学说"的提出者安托万 - 洛朗·拉瓦锡来说，无疑是双喜临门。因为，他一边成为法国科学院的院士，一边又当上了一名包税官。前者意味着他在科学界名望的又一次提升，后者意味着他向包税局投资 50 万法郎，承包了食盐和烟草的征税大权之后，财富会进一步聚集，从此可以名利双收。

　　然而，正如中国古代先哲老子所言："祸兮福之所倚，福兮祸之所伏"，也正是因为这一年的成功与得意，预埋了日后把他推上断头台的恶因。21 年后的 1789 年，爆发了法国资产阶级大革命，革命潮流浩浩荡荡，摧古拉朽的同时，也暴露了它先天的残酷性与破坏性，三年后即出现了"恐怖政治"，激进派就开始了对专制时代官员的清洗与讨伐。1793 年 10 月便发布了逮捕所有"包税官"的命令，拉瓦锡因此也未能幸免。

　　客观地说，拉瓦锡本人很少参与波旁王朝的横征暴敛，但他包税官的身份，都很容易激起激进群众的愤怒。更倒霉的是，在新的激进通令要求包税官"清算账目"，予以说明交代之时，他和昔日的同僚们却因担心财产被没收而四处藏匿，致使矛盾加剧，最终不可调和。当然，也有小人背后的煽动和教唆，以及公报私仇。

　　这个背后的小人即是法国大革命领袖马拉。祸根在于，拉瓦锡曾经对马拉入选科学院的论文评价很低，马拉因此记恨刻骨。因此，早在1791年时就专门写了一个小册子，猛烈抨击曾经当过包税官的拉瓦锡。而且捏造事实，攻击他为了防止走私所修筑的城墙污染了巴黎的空气。而且还为了牟利，给烟草上洒水以增加重量。事实是，洒水是为了防止烟草干燥，而交易是以洒水前的干重为计量标准的。问题是，信息不对称的民众，在这本小册子的蛊惑下，把对税务官的仇恨推到了高潮，成为革命破坏性的原动力。终于在1793年11月28日，包税组织的28名成员全部被捕入狱。尽管拉瓦锡被捕后，社会各界向国会提出赦免拉瓦锡，并准予他复职的请求。但早已被罗伯斯庇尔领导的激进党控制的国会，不仅无动于衷，反而变本加厉，很快不经法定程序，就于1794年5月7日开庭审判，宣判28名包税组织的所有成员为死刑，并要求在24小时内行刑。

　　而且，当时就有人曾希望法官看在拉瓦锡是一位对人类科学具有重要贡献的天才的份上饶他一命，但法官却冷酷地回答道："The Republic has no need of geniuses."（共和国不需要天才。）于是第二天，也就是5月8日的早晨，所有包税人就在波拉斯·德·拉·勒沃西奥，被全部推上了断头台。拉瓦锡是第4个登上断头台的，他视死如归，泰然受刑。

　　拉瓦锡死后，著名的法籍意大利数学家拉格朗日曾痛心地说："他们可以一眨眼就把他的头砍下来，但他那样的头脑100年也再长不出一个来了。"

　　个体生命一旦终止，所有的意义只能归于社会。表面看，拉瓦锡被推上断头台，有小人的构陷，也有他个人选择的失当，但如深究，直接说来，却是因为法国落后腐朽非人的包税制度。当人们把拉瓦锡被杀的矛头指向法国大革命,指向革命者马拉的嫉妒心,以及拉瓦锡本人的财富欲之时,其实不过是就事论事,自然也就消减了拉瓦锡无端丧命的价值。质言之,法国大革命本来就是因为当时法国社会的税收矛盾与冲突不可调和,是因为落后腐朽的包税制对广大民众的剥夺与剥削已经到了极限,广大民众已经忍无可忍。据托克维尔在《旧制度与大革命》一书中记载:大革命前夕,第一等级、第二等级虽然大多已失去领地,但却不交税,又有特权,享有年金。同时,封建专制君主却把沉重的财政负担统统转移给了第三等级。而第三等级要交的租税,据托克维尔统计,就有军役税、人头税、念一税、年贡、劳役、附加税、注册税等,就是说,那时的法国,已经成为一个主要靠穷人纳税的国家。于是,国王税收不足,就大举借债。如路易十三在位15年,国家的债务已经增加3倍,达45亿利弗尔。而这些债务负担,仅凭农业人口的税收远远不够,因此,压榨的对象也就只能转嫁到缴纳工商税的资产阶级和小资产阶级——第三等级的市民了。可见逻辑上,作为包税人的拉瓦锡,也就直接间接地参与了扩大法国社会贫富悬殊的行动。但无论如何,主要罪责应在于法国专制君主制全权垄断的不人道性与不公正性,根本不至于把他推上断头台。

也就是说,如果没有法国专制君主这方贫瘠的土壤,没有广大民众权利意识觉醒这个大的时代背景,马拉之流的煽动也不可能掀起那么大的风浪。也就是说,归根结底,把拉瓦锡推上断头台的,原是落后腐朽非人的法国专制君主制。这才是把拉瓦锡推上断头台的真正的罪魁祸首,因为包税制,不过是服务于封建专制体制的一个子系统而已!

关于包税制之恶,公元前二世纪的罗马作家就说:"整个世界都在包税人的统治下呻吟。"而"包税人是令人讨厌的家伙""每个诚实的管理者都有义务反对他们"等,一直是罗马时期社会上最流行的语言,以至于公元14年时的罗马历史学家李维(Livy)都这样谴责:"有包税人的地方,就没有对公共法律的尊重,就没有各省的自由。"而《善与恶:税收在文明进程中的影响》一书的作者查尔斯·亚当斯(Charles Adams)则理性地指出:"托勒密发明的包税制是天才的,但是也是具有破坏性的。这种处于中间人地位的保证人提高了埃及税收制度的效率。国王现在拥有两批互相独立的团队来监督其税收收入。两个团队都要对任何税收收入的短缺负个人责任——逃税是不可能的。政府征税官身上常见的欺诈和散漫对于税收承包人的影响是相反的,作为一个典型的私人承包人,他会比政府的征税官更有效率。"而"对于这一制度最严重的滥用来自税收承包人。"而且,"包税制是资本主义最激进的阶段。"同时,"包税人无情地剥削各省必然会引起反抗——这是明显的"。

必须强调的是,因"税"而带来杀身之祸的,化学家拉瓦锡等28人也绝不是特例,历史上的米斯里戴帝斯国的国王,天生就有一项特殊的才能,能通过挑起不愉快纳税者的怨恨,从而组织起一场规模巨大的反抗。他曾计划在公元前88年的某一天,开始秘密攻击亚洲和希腊的大多数城市,包括雅典。史载,在这一阴谋实施的第一天,就有八万罗马包税人被处死,两万罗马和前罗马希腊商人也在得洛斯岛被屠杀。

总之,税收既是文明的助推者,也是文明的破坏者;既是国民生命与安全的保护者——天使,也是国民生命与安全的毁灭者——魔鬼。事实上,把拉瓦锡推上断头台的是税收,把专制独裁者推上绞刑架的同样是税收。因此,税收注定有良善与恶劣之别。拉瓦锡的个人悲剧固然值得记取,人生有什么样的选择,多有什么样的命运。但是,拉瓦锡个人悲剧的社会意义也不应忽视,这就是,在不得不通过革命的手段来清除阻挡历史潮流的腐朽垃圾之时,也要谨防一切疾风暴雨式革命的破坏性。因为在失控的革命绞肉机上,没有人会幸免于难,不论是恶人还是善人。

(《大连国税》2015〔4〕)

柳宗元的济世良知

出差柳州，登机后心便被唐宋八大家之一的柳州刺史柳宗元勾走，被他的千古名篇《捕蛇者说》（以下简称《说》）俘获，记忆中的赋敛警句："呜呼！孰知赋敛之毒，有甚于是蛇者乎"很快闪出。再次感受柳刺史的悯生情怀，体味这位古代官员的济世良知。

因为在柳宗元看来，湖南永州异蛇虽毒，"触草木尽死，以啮人，无御之者"，但终毒不过王朝的赋敛之毒。因此，两害相权取其小，这是一种基于生存的理性与智慧抉择，也是一种最基本的处世常识。

进而言之，永州异蛇虽毒，不过毒的只是"捕蛇者"这个群体，是一种具体的伤害与危险，但来自王朝末年的赋敛之害，危害的却是整个社会大多数成员的生存与生活，是一种抽象的一般的伤害与风险，也是一种组织化、规模化、无底线的伤害与风险，更是一种暴力强制（坐监狱、失去自由，或危及生命的强制等）与行政强制（降职降薪等形式的处罚）的重大伤害与风险。因此，基于生存基本智慧与常识的考量，捕蛇者肯定宁愿认领被异蛇夺命之小概率风险，规避赋敛棒杀之大概率风险。

赋敛棒杀之险，即是指统治者横征暴敛，与民争利之险，是一种竭泽而渔、饮鸩止渴之统治风险，也是亿万百姓流离失所、

143

饿殍遍野之生存风险，自然也是统治者统治基础面临崩溃之系统风险。覆巢之下，安有完卵！

事实上，《说》中所记，正是唐玄宗天宝中期至唐宪宗元和初期之税事怪象与乱象。当此之时，唐王朝已进入末年，内忧外患同至，统治出现了系统性问题。内有安史之乱与朱泚叛乱，外有吐蕃战争之虞，致使收支严重失衡，财政危机愈演愈烈。一方面，肩负统治物质基础职能的财政支出捉襟见肘。另一方面，由于战争的损伤，致使国内人口锐减，户口大规模消失，税源日渐枯竭。更为严重的是，此时唐王朝的税权制约机制已经失效，税权滥用也成为一种公开的秘密。因此，虽有"两税法"，并规定"敢在两税外加敛一文钱，以枉法论"，但都不过是唐王朝统治者的愚民术而已。正如陆贽所言，在加税时统治者虽申明"诏敕皆为权宜，悉令事毕停罢"。但现实却是"息兵已久，加税如初"。而且，悍吏们还将逃税户的负担加在未逃者的身上。可想而知，税户之苦有多么深重和悲惨。而百姓之所以饥寒交迫，就是因为"其上食税之多"（老子语）。逻辑上，在王朝赋税权力性质没有发生根本性变化的大背景下，"黄宗羲定律""王朝兴衰周期律"，还将继续左右唐王朝国运的兴衰。对黎民百姓而言，不过恰如张养浩在《潼关怀古》中所言：兴，百姓苦；亡，百姓苦。

尽管在生产力发展水平低下的古代，统治者赋敛既有一个让百姓可以勉强生存与再生产的伦理限度，也有一个技术手段落后的发展局限性，但就税收本质是百姓交税为了从统治者那里交换到一定的公共产品而言，百姓赋税负担的高低虽直接关系百姓的基本生存与再生产，但一个被柳州严重忽视的问题是，百姓之苦的深层原因更在于，唐王朝从百姓那里掠夺走的血汗钱，并没有给纳税者提供基本的公共产品，保障百姓生存与发展基本需求。

144

相反，不是用于统治者集团的挥霍，便是用于非福利性的疆土战争。客观上，既会日渐削弱统治者的统治基础，也会大面积坑害百姓，把整个社会拉入恶性的循环陷阱之中，加剧国运的衰微。

其实，柳州赋税观之失在于，在他看来，赋税的本质目的就是聚财，就是为了李家王朝的千秋万代，在于皇权神圣，不可冒犯。百姓缴税，天经地义。只是为了保障统治的财源不至于枯竭，主张王朝应该实行轻税举措，税吏征税时不能太过粗暴，要体谅百姓之苦而已。

导致百姓逃税，做出宁愿被蛇咬死，也不愿意遭受朝廷赋敛之痛的原因，可能复杂而多样，但根本却在于，专制王权及其财权本身的合意性不足。因为它是基于暴力手段的强制征收，不是基于民意的协商征收。这便意味着，此种赋敛也就不可能赢得百姓们先天性的快乐的遵从。同时因为，这种赋敛权力缺乏有效的"闭环式"机制制约，其自私性、贪婪性与强盗性与生俱来，一旦时机成熟，便会兴风作浪，危害百姓，将整个社会成员的基本福祉撇在一边，只为少数人的作威作福而肆意横征。

（《深圳特区报》2017-04-11）

第三辑　税理：减税不是税改的全部

叩问"拉弗曲线"的局限性

20世纪上半叶的某一天，当阿瑟·拉弗在一次鸡尾酒会的餐巾纸上画出了一条旨在降低税率的曲线之时，他肯定没有想到，这条被后来命名为"拉弗曲线"的理论竟然如此重要，对人类的经济社会发展，产生了如此不可忽视的影响。

阿瑟·拉弗是供给学派的代表人物，是美国南加利福尼亚商学研究生院的教授（Arthur B Laffer）。拉弗曲线理论告诉我们这样一个道理，在一般情况下，税率越高，政府可能征收的税收就越多，但随着税率的提高，并超过一定限度时，便会因为企业的经营成本提高（税收负担太重），投资会减少，可支配收入也减少，从而税基也减小，因此，反而会导致政府可能征收的税收减少。而描绘这种税收与税率之间本质关系的曲线，就叫作拉弗曲线。对此，与拉弗同时代的供给学派经济学代表人物的裘德·万尼斯基（Jude Wanniski），也有过精辟的解释。他认为："当税率为100%时，货币经济（与主要是为了逃税而存在的物—物交换不同）中的全部生产都停止了，如果人们的所有劳动成果都被政府所征收，他们就不愿意在货币经济中工作，因此由于生产中断，没有什么可供征收100%的税额，政府的收益就等于零。"

就具体纳税人而言，如果税率过高，便会抑制纳税人的工作积极性。据说，在20世纪40年代，当里根还是一位演员时，他就对此有过很深的体验。他每年完成 4 部电影之后便选择度假，因为如果继续工作的话，其所得的收入，绝大部分将用于交税。或许正因为如此，当里根 1981 年入主白宫后，便实施了美国历史上最大规模的减税。毋庸置疑，其减税的理论依据与自信，就是拉弗曲线。

问题或在于，减税虽然促进了美国经济的增长，但美国政府的税收收入并没有提高，反而下降，直接造成了里根时代的巨额财政赤字。而同一时期的瑞典，当边际税率高达 80% 时，大部分经济学家才认为这一税率处在拉弗曲线错误的一边，降低税率或能增加瑞典政府的税收收入。

问题究竟出在哪里？原来，拉弗曲线所揭示的"税收与税率之间的本质关系"，是存在局限性和前提的。之所以降低税率而没有增加政府收入，就是因为影响税收收入的因素不是单一的。这是因为：税率高低只是政府收入高低的充分条件，不是充要条件。或者说，一个国家的税率高，政府可能收到更多的收入，也可能收到较少的收入；税率低，政府可能收到较少的收入，也可能收到较多的收入。道理就在于：

第一，税率作为国民与国家之间就公共产品价款缔结、履行的契约要件，其本身的合意性、合德性与税法遵从度有很大的关联性。具体说，如果税率的合意性、合德性越大，纳税者的税法遵从度就越高，政府便可能征收到更多的税收。相反，如果税率的合意性、合德性越小，纳税者的税法遵从度就越低，政府就可能征收到较少的税收。

这是因为，税率的合意性、合德性意味着，纳税者对一种税率的同意与认可。因此，哪怕是高税率，纳税者也会自愿遵从，因为这是对他们自己税收意志的遵从。相反，如果税率的合意性、合德性小则意味着，这种税率的纳税者同意和认可度低，因此，哪怕税率再低，也是对别人税收意志的遵从，纳税者也不会自愿遵从，自然政府的收入不会增多。这岂不意味着，就税收与税率的关系而言，决定税收收入高低的因素还有税率本身的合意性与合德性，不仅仅是税率的高低。

一般而言税收与税率的关系都基本符合拉弗曲线。但是，就具体的不同的政体前提而言，很可能因为其他因素的干扰，背离拉弗曲线规律。一句话，拉弗曲线只是揭示了税收与税率之间的一般关系。

第二，税率与税收之间的关系还受制于一个国家或地区的征税能力。就是说，一个国家或地区的税率很高，如果总体征税能力较差的话，同样不可能获得较多的税收收入。相反，即使一个国家或地区的税率较低，如果其总体征税能力较强的话，也能获得相对较多的税收收入。

征税能力是指税务人员的人数、技能、敬业精神、努力程度、内部管理以及信息化水平等。毋庸置疑，在同样政体背景与税率高低的前提条件下，征税能力越强，政府能征收到的税收收入就可能越多，征税能力越弱，政府能征收到的税收收入就可能越少。

这个道理，当代美国政治学者玛格丽特·利瓦伊教授有系统的研究，她在《统治与岁入》一书中指出：一个国家的岁入，"受到下列因素的约束：相对议价能力、交易费用和贴现率。相对议价能力是指对强制资源、经济资源和政治资源施加控制的程度。交易费用是指谈判、协商政策合同的费用，还有执行政策的费用。贴现率是指政策制定者的时间意识，较之眼前，若个体越看重将来，贴现率就越低"。质言之，一个国家或地区的税收收入，除受税率的影响之外，还受制于"相对议价能力、交易费用和贴现率"

三大要素的影响。

第三，税率与税收之间的关系还受制于一个国家或地区所实行的税种制度。具体说，究竟实行的是"直接税为主、间接税为辅"的税制，还是"间接税为主、直接税为辅"的税制？如果实行的是前者，因为"税痛"感强，征税就比较困难，即在相同边际税率下，可征收的税收收入就会相对较少；相反，如果实行的是后者，便会因为"税痛"感弱，征税就相对容易，即在相同的边际税率下，可征收的税收收入就会相对较多。

其实，关于拉弗曲线的局限性，已有不少学者做过研究。在郝硕博先生看来，拉弗曲线的使用，还必须满足五个条件，即"私有制生产关系和市场体系、封闭经济背景、国民收入的预算分配效应低于企业和私人的分配效应、储蓄转化为投资、不存在税负转嫁。"也有学者认为可归纳为两点，即完全竞争市场体系和封闭经济环境。而且，拉弗曲线描述的是长期经济条件下税率对税收和经济的影响，而不是短期经济条件下税率对税收和经济的影响。同时，拉弗曲线忽视了阶层分析方法，只注意了收入与税收的关系，忽视了收入后面不同收入阶层的人群，也就是把不同收入的人简单地抽象为"人们"。

总之，任何理论都存在局限性，拉弗曲线也一样。因此，当用一种理论指导实践时，必须弄清其使用的前提以及缺陷。

（《大连税务》2014［11］）

"向我加税" 何如 "向我问税"

今年两会上，全国政协委员甘连舫在谈到个税免征额时大声呼吁："向我加税，放老百姓一马"。作为一名全国政协委员能说出这样的话，实属不易，其胆略与气派也该赞赏和肯定。

但笔者以为，甘委员作为全国政协委员，或许从其职责与角色而言，应该做得更好一些，进一步发挥其委员的代表作用，也实现自己的人生理想。

这就是，甘委员与其大声呼吁"向我加税"，倒不如低声私语"向我问税"。

"向我问税"是甘委员的职责所在、权利所在，也是所代表民众的期望所在。"向我加税"，只是一种传统士大夫式的为民请命，一种个人的道德承诺，是与其作为代表的角色不十分吻合的。因此，也很容易被社会所误解和诟病，认为甘委员是在作秀，赚取各种公众眼球和网上点击率。

"向我问税"就不同，它宣示的是一种权利，一种代表广大民众基本利益的权利，一种对政府行使公共权力时合意与否、公正与否、效率如何的质询权。具体到财税领域，甘委员，包括所有两会代表或委员，就是要计较自己作为委员和代表的质询权，要提醒政府"向我问税"，向每一个委员和代表征询民众的财税意愿。首先要追问政府征税的合意性与民意基础，求解政府每年征税多少，向谁征税，在哪个环节征税，在何地何时征税等基本行为的合德性、合意性。其次要追问政府把纳税人的税款都用到哪里，干了什么，每笔预算的理由是什么，效果如何等根本问题。这才是所有两会代表或委员应该尽的责任与义务。

政府和民众之间最基本的关系也是利益关系，最基本的利益对象就是税的征收与支取，就是征税和用税，就是如何征税、如何用税，就是征税人与纳税人之间权利与义务如何分配。如果分配公正，就会互利双赢；如果分配不公，就会两害获灾。大点说，如果分配公正，这个社会就会健康发展，可持续发展，民族就会兴旺发达，就会繁荣进步，每个人也就会实现人之为人的人生理想和价值；反之，如果分配不公，就会伤害整个社会健康和谐发展的基础，阻滞国家民族兴旺发达的进程。

"向我问税"，这既是作为代表和委员们的职业权利，也是政府的基本义务。和人一样，吃五谷杂粮就会生病，生病不要紧，既要预防，也不能讳疾忌医。政府也一样，向代表和委员"问税"，并不掉价。这既是基本义务，也是职责所在。每年要收多少税，干什么，要向哪里用税，干什么，理由是啥，等等这些，都应该问问代表和委员们，征求一下他们的意见。因为他们是代表，应该代表大多数纳税人的意志。以此看，关于财税问题数量多少大小的争论，其实是浅层次的。代表和委员们首先应该关心的问题是，财税治理的最高权力属于谁，谁才应该是财税治理体系的主导者、决定者。

所以说，甘委员与其大声呼吁"向我加税"，不如小声私语"向我问税"！

（《凤凰博客》2011-03-12）

马克思为何赞同直接税

马克思认为，如果非要在直接税与间接税之间做出选择的话，他主张以直接税为主。这是因为：

第一，在资本主义制度下，直接税包含着反对教会、大地主和国家有价证券持有者的光明措施。"自由贸易，从而直接课税，在大不列颠是工业资本家使用的对付土地贵族的进攻武器。"[①]就是说，教会、大地主和国家有价证券持有者们，总是希望通过间接税这种手段对民众进行秘密的剥夺，从而继续他们的统治与奴化。这是因为，间接税的纳税义务人与负税人可以分离，纳税人可以转嫁税负。而直接税就不同，纳税者缴纳的每一分钱都是公开的，不可转嫁的。

第二，直接税可以促使每个人监督政府。马克思在《临时中央委员会就若干问题给代表的指示》一文中明确指出："间接税是每个个人都不知道他向国家究竟缴纳了多少钱，而直接税则什么也隐瞒不了，它是公开征收的，甚至最无知的人也能一目了然。所以，直接税足使每个人监督政府，而间接税则压制人们对自治的任何企求。"[②]这个道理，约翰·S.密尔也认同，他说："都是直

---

① 马克思、恩格斯著：《马克思恩格斯全集》（第12卷），人民出版社1961年版，第144页。

② 同上，第222页。

接税，人们对税收的感觉会强烈得多，监督政府的动力也要强得多。直接税让人更痛苦，却也让人明白，养一个政府很费钱，所以必须好好地监督它。"①当代日本税法学家北野弘久也持此论。在他看来，在间接税情况下，纳税人通常在法律上被置于"植物人"的地位，纳税人在国民主权原理下所享有的监督权、控制租税国家的权利几乎不可能实现。身为主权者的大多数纳税人（国民）在间接税中不能享受法律上所保护的任何权利，这对于一个租税国家来说，无疑是一个重大的法律问题。甚至可以说，如果一个国家的消费税占据了这个国家财政的中枢，就会导致国民不能监督、控制租税国家运行状况的可怕局面②。

第三，与直接税相比，间接税还会损害自由竞争和交换。在《议会：11月26日的表决——迪斯累里的预算案》一文里，马克思这样论述道："后来，城市实行了间接税制度；可是，久而久之，由于现代分工，由于大工业生产，由于国内贸易直接依赖于对外贸易和世界市场，间接税制度就同社会消费发生了双重的冲突。在国境上，这种制度体现为保护关税政策，它破坏或阻碍同其他国家进行自由交换。在国内，这种制度就像国库干涉生产一样。破坏各种商品价值的对比关系，损害自由竞争和交换。鉴于上述两种原因，消灭间接税制度就愈来愈有必要了。直接税制度应当恢复。"③因此，马克思认为："如果需要在两种征税制度间进行选

① 〔英〕约翰·S.密尔著，赵荣潜译：《政治经济学原理》，商务印书馆1991年版。

② 姚轩鸽：《21世纪将会是和平·福利的租税国家社会——著名税法学家北野弘久教授访谈》，《中国经济时报》，2005年6月23日。

③ 马克思：《议会：11月26日的表决——迪斯累里的预算案》，马克思、恩格斯：《马克思恩格斯全集》（第8卷），人民出版社1961年版，第543—544页。

择，我们则建议完全废除间接税而普遍代之以直接税。"①

当然，直接税也不是完美无瑕的。尽管它具有很多优点，但也是不受欢迎的。原因正如马克思所言："直接税不容许进行任何欺骗，每个阶级都精确地知道它负担着多大一份国家开支。因此，在英国，再没有什么比所得税、财产税和房屋税等直接税更不受人欢迎的了……"②但理性地讲，优良税制还是应该以直接税为主，间接税为辅。因为，"如果把所有间接税转化为直接税，那么虽然还是像从前一样支付赋税，但它不再是资本的预付，而是收入的花费。"③而且，直接税与间接税之间是可以转化的。"如果捐税不能通过关税和消费税来征收，那么只好直接按照财产和收入来征收了。但是在税收数量不变的情况下，一种捐税减少，必然会引起另一种捐税相应地增加。这种减少和增加必定成反比例。因此，如果英国公众想取消大部分直接税，那么就得准备让商品和工业原料纳更高的税，总之，就得准备放弃自由贸易制度。"④

反观当下，目前世界各国的间接税，主要是指关税、消费税、销售税、货物税、营业税、增值税等。间接税固然有一些自身的优点，比如它具有强大的聚财功能。它几乎可以向一切商品和劳务征收，征税对象十分普遍，税源自然丰富。同时，也由于它是以商品价格或劳务收费标准为依据课税，无论商品生产者和经营者的成本高低如何、有无盈利，以及盈利多少，只要商品和劳务

---

① 马克思：《临时中央委员会就若干问题给代表的指示》，马克思、恩格斯：《马克思恩格斯全集》（第16卷），人民出版社1972年版，第221—222页。

② 马克思：《议会：11月26日的表决——迪斯累里的预算案》，马克思、恩格斯：《马克思恩格斯全集》（第8卷），人民出版社1961年版，第543—544页。

③ 马克思、恩格斯：《马克思恩格斯全集》（第49卷），人民出版社1961年版，第104页。

④ 同上，第143页。

能卖出，政府的税金就有保障。而且，由于间接税税负最终由消费者负担，有助于节省消费，鼓励储蓄。因此，由于它的计算和征收，无须考虑征税对象的复杂性并采用比例税率，征税也相对简便等。

然而正如马克思所言，间接税最致命的缺点就在于，它会让纳税人处于"植物人"状态，麻痹纳税者的权利意识与税痛，从而自觉不自觉地放弃对政府征税权与用税权的监督，忽视纳税者自身权利的保障，纵容财税权力的滥用与腐败，催生税收权力的异化，侵蚀税制的基础，最终背离税收增进全社会与每个纳税人福祉总量的终极目的。因此，"两利相权取其大，两害相权取其小"，理想的税制改革目标应是："建立以直接税为主、间接税为辅"的税制。

(《大连国税》2014［10］)

纳税人失望之忧

当你满怀信心，满怀期待，满怀希望，满怀美好的憧憬和远景，收获的却是沮丧、失败和失望，接下来，不是自暴自弃，就可能非理性地宣泄不满和压抑。经验昭示我们，这种在失望情绪驱动下的行为，如果仅仅是一个人，就只关涉一个人的命运；如果是一群人，就可能改变千千万万人的需求与偏好，甚至影响社会发展的进程。

这一现象的运行机理，德裔美国学者赫希曼在其《转变参与——私人利益与公共行动》一书中给予了全面阐释，赫希曼明确指出，失望常常影响个体在私人参与和公共参与之间的循环。因为，"一旦努力和回报之间的不平衡变得足够大，人们的注意力就会转向另一种追求。在这个问题上，公共参与循环背后的驱动力也可能被看作失望的一种形式"。

就税收治理而言，认真对待纳税人失望问题，特别关注纳税人失望问题，当是任何一个时代都必须积极研究和探索的现实课题。

细究导致纳税人失望的原因，既可能有税收体制、体系方面的，也可能有具体操作过程中的。既可能有系统性、机制方面的原因，也可能有偶然性、具体情境方面的原因。就根本性、系统性、体制方面的原因而言，导致纳税人失望的要素既可能有质的，也可能有量的。就质的因素看，税收治理的主体是谁，这是关键的要素。因为税收主体关系着为谁的问题、为谁的需求的问题、为谁的什么需求的问题。假若这些问题是由纳税人决定的，即使目标和希望没有达到，也是纳税人本身的问题，失望的根源可能更多和纳税人自己联在一起。相反，如果这些问题由征税人决定，假如目标和希望没有达到，纳税人最有可能将失望之根源归结为征税人。如果这样，纳税人失望之情绪，很可能汇聚、扩大，甚至引发大规模的冲突与矛盾，不利于和谐征纳税关系的建构，背离税收增进全社会和每个纳税人利益总量这个终极目的。从量的因素看，主要是一个税收多少与税负轻重的问题，以及哪些人的税负重，哪些人的税负轻的问题。这些问题的长期积累也可能导致纳税人失望情绪的积聚和扩散，进而引发大规模的税收冲突和矛盾。正如赫希曼所言："失望意味着某种预先的错误决策或选择，并且在某种意义上，我的故事在于阐明一种连续发生的而非大规模的错误，并且不确定没有失望的状态能否可以实现。"

因此，要从根本上化解纳税人失望的情绪，根本说来在于建立优良的税制。这样的税制，一定是最能增进全社会和每个纳税人利益总量的社会，最尊重敬畏纳税人主体地位的税制，自然也是最公平、人道、自由、法治、民主、宪则的税制。同时也是最注意具体税收治理技术手段和艺术的税制，是可以避免聚集纳税人失望情绪，引发不必要冲突和摩擦的税制。

就纳税人失望情绪最易产生的群体而言，可能是那些已经脱贫或者已经解决了基本生存问题的纳税人群体。因为，这个群体的共同特征是：税负的轻重问题已经退居其次，他们开始关注比较高级层次的权利保障和兑现问题。宏观讲，更容易产生于相对富裕的社会。对此，赫希曼也告诫我们："失望之不能生物降解的多样性将主要发生在比较富裕的社会，特别是在对这些商品的大量需求初次表现出来的社会，即正在向更加富裕转型的社会。""贯穿始终的是，向公共活动的转变是由已经进入了新的购买、已经成为汽车或教育服务消费者的那些人实施的，而不是由还不能支付得起的那些人实施的。"就是说，失望最易引发群体性抗争的群体，大多是在相对富裕的纳税人中。

就失望本身的社会效应看，往往失望越大，反抗也越大，造成的社会负面影响也可能越大。"在其他条件相同的情况下，失望越强烈，对失望的反应越激进，偏好的转变越可能发生。"这意味着，在转型时代，如果纳税人的主体地位迟迟得不到尊重和确立的话，如果纳税人在纳税过程中的希望屡屡落空的话，都会不断聚集纳税人的失望情绪，最终导致谁也不愿看到的现象的发生。具体说，转型时代的税收治理智慧就在于，如何才能把纳税人失望情绪的爆发，摆放在可以掌控的范围之内。

对于一个正在处于税制转型时期的国家而言，纳税人失望情绪的调控，着力点首先应该放在努力争取税权的回归、税收终极目的的坚守，以及征纳税人之间权利与义务的平等交换等方面，放在税收治理的人道原则、自由原则、法治原则、民主原则和宪则原则的实现方面。其次要注意具体的立法、执法、司法过程中运作艺术，以免催生、聚集细小的纳税人失望情绪。最后，要关注重点群体，主要是那些已经解决了温饱和基本生存问题的纳税人失望情绪的调控方面。毋庸讳言，"穷人的失望集中于富人的失望。"

孟子曰："达不离道，故民不失望焉。"赵岐注曰："思利民之道，故民不失其望也。"诚哉斯言！以人为本，科学发展，不断增进全体纳税人的利益总量，实现税收治理的终极目的，才是化解纳税人失望情绪的不二法门。

"纳税者"等于"纳税人"吗

乍看之下,纳税者与纳税人似乎是同一个概念。其实,若仔细分析,纳税者并不等于纳税人,二者原来是完全不同的两个概念,内涵不一样,外延也迥异。

纳税者,顾名思义,也就是纳税的人,是指行使纳税义务的主体,即仅仅享有纳税义务的主体。纳税人则不同,它既是享有和行使纳税义务的主体,也是享有和行使纳税权利的主体。而且,其权利和义务,既可以是道德赋予,进而成为一种道德意义上的权利与义务主体;也可以是法律赋予,成为一种法定意义上的权利与义务主体。但是,无论如何,凡是真正意义上的纳税人,必定是既享有和行使纳税权利的主体,也是享有和行使纳税义务的主体。一言以蔽之,纳税人是纳税权利与义务的统一体。有权利无义务,或有义务无权利,都不可能名之曰:纳税人。

换句话说,仅仅享有和行使纳税义务的主体,或者仅仅享有和行使纳税权利的主体,都不是真正意义上的纳税人。仅仅享有和行使纳税义务的主体是纳税者,仅仅享有和行使纳税权利的主体是特权者。只有既享有和行使纳税义务,又享有和行使纳税权利者才是纳税人。

问题是,权利是权力保障下的索取,义务是权力保障下的奉献。因此,权利与义务分配是否公正平等,关键在于权力本身的合意性如何。这就间接成为一个社会纳税人与纳税者的决定要素。

众所周知，政体不同，则纳税者或纳税人的规模就不同。当然，具体说，税制类型不同，纳税者或纳税人的规模也会不同。比如，如果一个社会奉行的是"直接税为主、间接税为辅"的税制，则在政体要素不变的条件下，导致纳税人的规模可能较大。相反，如果一个社会奉行的是"间接税为主、直接税为辅"的税制，则导致纳税者的规模可能较大。因为，直接税的最大特征就是，纳税者的权利与义务是统一的，负税人即纳税人，税负不易转嫁，或者说不易导致纳税人权利与义务的背离。况且，直接税的"税痛"要大于间接税，有助于唤醒纳税者的权利意识，进而有助于权利与义务的统一。而间接税最易使每个纳税者成为"植物人"状态，缺乏对自己税款的监督和在意。

正因如此，马克思在给"临时中央委员会就若干问题给代表的指示"中说："如果需要在两种征税制度间进行选择，我们则建议完全废除间接税而普遍代之以直接税"；这是因为："间接税使每个纳税人都不知道他向国家究竟缴纳了多少钱，而直接税则什么也隐瞒不了，它是公开征收的，甚至最无知的人也能一目了然。"简而言之，在政体前提一定的条件下，直接税有助于催生纳税人，而间接税最易产生纳税者。问题更在于，最需要的是既享有和行使纳税义务的主体，又享有和行使纳税权利的主体，也就是纳税人。

毋庸讳言，以此而言，当下中国的税制改革任重道远。既需要通过实质性的政治体制改革来优化税权结构，增强税权的合意性，扩大税权的民意基础，为征纳税者之间权利与义务的统一奠定基础，从而造就越来越多的纳税人。也需要优化税制格局，改革现行"间接税为主、直接税为辅"的税制格局，逐步构建"直接税为主、间接税为辅"的税制格局，为征纳税权利与义务的统一创造条件，不断催生更多的纳税人。

事实上，和谐社会的构建，中华民族的复兴，最紧迫和期待的就是——大规模既享有和行使纳税义务的主体，也享有和行使纳税人权利的主体——纳税人。和谐社会，就是征纳税人关系和谐的社会，就是征纳税人之间权利与义务公正分配的社会，就是征税人之间、纳税人之间权利与义务平等分配的社会。根本说来，就是纳税人可以根据自己意愿主导税收治理方向的社会。抵达这样的社会，或许还需要一定的时间，需要付出艰辛的努力，但无论如何，我们不能在目标方向上模糊或游移。

纳税者不等于纳税人。纳税者或纳税人，这是一个问题，一个牵扯税收治理体系优劣的大问题。历史给予华夏子孙的机遇，必须主动把握。不断减少纳税人的规模，持续催生和造就大批量的纳税人，这是时代的呼唤，也是我们每一个公民之责任。

要纳税者，更要纳税人，这是时代的最强音，也是文明的本真呼唤！

（《海西税务》2011［9］）

税改"应该且必须"改什么

　　长江先生在 2010 年 3 月 4 日《宁夏日报·税务周刊》撰写"税改应该改什么",对其观点笔者基本同意,但觉得言犹未尽,有话接着要说。

　　作者认为未来中国税改应该在"优化""简化"和"绿化"三个方面有所作为,此言虽无大谬,但也值得推敲。在笔者看来,"简化"和"绿化"都应属于"优化"。问题是何谓"优化"。可能并非作者所言,"优化——包括税制体系的优化、税种的优化和税种结构的优化"。固然,税制体系的优化、税种的优化和税种结构的优化统属"优化"范畴,是优化的税制价值导向系统的应有之义。要回答这个问题,显然不能就"优化"说"优化"。一种税制究竟是否优良,只能看它是否满足了人类社会之所以创建税制的终极目的。也就是,要看它是否能够最大限度地增进全社会和每个纳税人利益总量。只有符合这个终极目的的税制,才是优良的税制,才是任何社会税改应该确立的方向,也是任何社会税改必须确立的方向,是任何社会税改应该且必须确立的正确方向,是税制应该且必须优化的方向。

　　或者说,只有这个终极目的,同时也是判定任何一个税制优劣的终极标准,也是判定任何一个税制改革方向是否奔向"优化"的终极标准。舍此,无疑只能是具体标准,都可能与终极标准发生冲突。问题在于，如果遵循某一个税改的具体标准，就可能背离税制的终极目的和标准，从而减少每一个人的利益总量。而这一税制终极总标准，通常可以具体化为两个终极分标准。在纳税人之间利益未发生根本性冲突、可以两全的情境下，要看一种税改是否奉行了"不伤害一人地增进所有人利益"的帕内托最优标准。在纳税人之间利益发生冲突、不可以两全的情境下，则要看一种税改是否奉行了"最大多数人的最大利益"的标准。符合，则其税改的方向就是奔向"优化"，否则，其税改的方向就可能不是奔向"优化"，而是继续"劣化"的梦魇。

就税制的价值结构而言，明确税制的终极目的，只是税制优化的根本要素之一。税制作为征纳行为主体应该且必须如何的规范，其内在根据在于我们对税制价值认识之真假。而税制价值之真假，一方面取决于我们对税制终极目的认识之真假，另一方面取决于我们对征纳税人行为事实如何认识之真假。即在征纳税人行为活动中，征纳税人行为主体的主次与从属等问题。明确地说，征纳税活动的主体应该且必须是谁？应该且必须由征税人主导，还是纳税人主导？显然，如果在这个问题的认识上存在偏差，就可能在税制价值的认识方面产生谬误，进而"失之毫厘，谬以千里"，就可能在这一错误的税制价值导向系统指导下，制定恶劣的税制，确立错误的税改方向和目标，奔向"劣化"而不是"优化"。自然就可能南辕北辙，事倍功半。一句话，如果对征纳税人行为事实缺乏科学的认识，就可能导致对税制价值的错误认识，进而在这种错误的税制价值观指导下制定错误税改目标和任务，从而背离优化税制的良好愿望与初衷。

如此看，面对税改应该且必须改什么的问题，笔者以为，关键有四：一是必须首先弄明白税收或者税制的终极目的是什么？

二是必须对征纳税人行为事实有一个客观科学的认识。三是在此基础上推导出科学的税收价值观。四是根据这个科学的税收价值观来制定和设计优良的税制，进而通过改革"优化"现行税制。具体说，首先应该且必须确立纳税人在税收治理活动中的主体地位。因为，现代行为心理科学研究证明，征纳税人行为心理基本规律是"恒久为己，偶尔为他"。但在征纳税人行为关系中，征税人属于从属地位。因为，假如没有纳税人，也就无所谓征税人。征税人作为纳税人公共事务的代理人，其角色是从属性的被动的。前者是基础，后者是关键。如果背离这一征纳税人行为事实如何的规律，特别是后一规律，就可能本末倒置，主仆易位，动摇税收治理的基石。世界发达国家的税制现代化转型实践告诉我们，要确立纳税人在税收治理活动中的主体地位，途径无他，只能通过不断深化政治体制改革来完成。换句话说，任何技术层面的创新，诸如税种的增减、税负的增减等所谓的税改，都是在自觉不自觉地偏离中华民族税制现代化的历史机遇。

总之，未来中国的税改，"应该且必须"的突破点只能选在高举增进全社会和每个纳税人利益总量和确立纳税人在税收治理活动中的主体地位两个方面。唯有这两点，才是未来中国税收现代化的改革应该且必须确立的主攻目标。至于具体的税制体系、税种、税种结构等的优化，只有"干振"，才会"枝弥"。

（《网易博客》2010-03-13）

税收不是万能的

世上从来就没有什么包医百病的灵丹妙药。

税收也一样，不是万能的，也不是可以包医社会百病的。

因为公共产品是人类社会发展必须的，它的提供是有成本的。这就需要税收来支付。但是，当税收成为一种社会治理的工具，也很容易被异化成为一种魔杖，既可能为增进全社会和每个人的利益助推加油，也可能为权力执掌者鸣锣开道，祸害万民。如果税收遵循它本来的规律，就会造福人类，功利社会；如果税收背离大道，就会祸害当今，贻害千秋。因此，税收是一种既有限有用，也十分必要的社会治理工具。

税收既可以为了聚财目的，也可以为了调控目的，同样也可以为了实现社会分配的公平目的。但是，无论如何，这些具体目的都不应背离税收治理的终极目的，也就是增进全社会和每个人利益总量这个终极目的。如果背离了税收治理的终极目的，就无法增进全社会和每个人的利益总量，就意味着税收的失灵，就会成为社会发展的桎梏，就会成为阻滞社会进步与繁荣的羁绊。正是在这个意义上说，税收不是万能的。

税收只能在它自己的领域发挥作用，超出自身的领域，税收大多无能为力。如果霸王硬开弓，就会适得其反。道理很简单，税收有自己的系统，但税收是作为财政的一个子系统存在的，财政也是作为社会治理系统的一个子系统存在的。因此，税收的问题，也可能根源于财政系统的问题，或者根源于社会治理系统的问题。财政系统、社会系统的运行规则，总体决定税收系统的运行规则。税收系统可能影响财政系统、社会系统的运行，但不可能决定财政系统、社会系统的运行。税收是有用的，但不是万能的。

如果说这些是大道理，不妨回望一下改革开放以来的中国税收治理实践，当兮的筵席税开征之时，社会各界不知寄予了多少美好的厚望。期待着借助筵席税的开征，遏制公款吃喝等腐败行为。事实证明，筵席税的开征，并没有实现遏制公款吃喝等腐败行为。为什么？就是因为，公款吃喝等腐败行为产生的根本原因在于现实的权力运行缺乏有效的监督。从一般道理言，"筵席税"由于增加了消费成本，似乎可以减少吃喝，但它忘记了，在转型期的中国，权力很少受制约意味着，吃喝的成本不管高低，都由基本权利严重缺位的纳税人承担。这样，就公款消费者而言，是不需要计较成本的。因此，筵席税只能望"腐"兴叹。

遗憾的是，这一教训至今未被记取。房价高了，老百姓有怨气了，为了遏制、降低房价，又想起了税收这个工具，祭出了税收这面大旗，以为一税就灵。因为税收不是万能的，可以预见，税收也难以承受房价"畸高"之重。且不说导致房价"畸高"的主要原因在于"地方政府的财政收入冲动"，也不说银行企业和房地产开发商天然的逐利本能不会轻易退出与中央的博弈，就是针对本次房地产新政的政策目标——通过调控消费的指导思路而言，税收也不能完成调控房价、平抑怨气的使命。固然，降低需求，理论上或许可以抑制房价。但是，住房是一种准公共产品，提供准公共产品原是政府的基本责任。不论是房产税还是物业税，都恐难实遏制、平抑房价，稳定社会，实现和谐稳定的目标。

　　税收确实不是万能的。看不清税收工具的局限性，就无法为转型期中国社会问题的彻底解决提出科学客观的对策。兵法讲"知己知彼，百战不殆"，国家治理如此，税收治理也是如此。

　　税收不是万能的，它无法承担转型期中国社会所有矛盾之重。税收是有局限的，所以，更需要谦卑；税收不是万能的，所以，更需要拒绝诱惑，守土有责。当然，没有税收也是万万不能的。

（《新浪博客》2010-06-03）

税收法治的局限性

税收法治，首先是指一种社会税收管理者应该遵循的税收治理道德原则，是一种社会税收管理者应该如何调节重大征纳税人利害关系的道德原则。和一切道德原则一样，税收法治道德原则也是人类为了自身利益的最大化不得不选择的一种"必要的恶"之手段。因此，即使再优良的税收道德原则和规范，根本说来，都是对征纳税人自由的一种限制，是他律的。

其次，税收法治才是指社会管理者根据合法权力性税收规范——优良税法——来调节重大征纳税人利害关系的状态或过程。质言之，税收法治的基本内涵有两点：一是指一种社会税收管理者应该遵循的税收治理道德原则；二是指一种根据合法权力性税收规范——优良税法——来调节重大征纳税人利害关系的状态或过程。

毋庸置疑，和一切法治一样，税收法治也不可避免地存在一定的局限。这些局限，既有税收法治与生俱来的缺陷，也有税收法治实现过程中存在的缺陷。

具体说，税收法治与生俱来的缺陷有两点：就税收法治本身是一种税收治理的规则而言，任何税收治理规范，不论是税德还是税法，都是对征纳税人自由的一种限制。边沁就说："每一则法律都侵犯了自由。"柏林也认为，"每一则法律""虽然可能增进某一种自由，但也都消减了某些自由。它是否能够增进可获致之自由的总量，当然要看每一个特殊的情况而定。一项规定'每一个人在一个特定的范围内，都不能对别人施加强制力'的法律，虽然很明确地增进了大多数人的自由，但是即使是这样的法律也'侵犯'了潜伏的暴徒及警察的自由。在这种情况下，这种侵犯，可能很值得我们去追求，但是它却仍然是一种'侵犯'"。莱兹则说："法律可能会以许多方式侵犯人的尊严。遵循法治无论如何也不能保证不发生法律对人的尊严的侵犯。但是，故意漠视法治显然是侵犯人的尊严的。"而且，"法律没有办法可用以强迫一个人做到他力所能及的优良程度"。税法也一样，它本身就存在局限性。况且，由于税法表述语言的局限性，税法的优良性同样存在一定的限制。

事实上，由于任何税收治理规范，都仅仅具有工具价值，都是人类为了自身利益最大化，在税收治理时不得不选择的一种"必要的恶"的手段。只是就其结果和目的来说，能够防止更大的害或恶（社会的崩溃）和求得更大的利或善（社会的存在发展），因而是净余额为善的恶，是"必要的恶"，是人类为了达到利己目的（保障社会的存在发展）而创造的害己手段（压抑、限制每个人的某些欲望和自由）。因此，任何税收治理规范，自然包括税收法治规范，都与生俱来地携带着一种缺陷，就是再优良的税收治理规范，也在所难免。

就税收法治所根据的税法本身的优劣，或者说就税收法治本身的优劣而言，税收法治也存在与生俱来的缺陷。与德治相比较，税收法治固然具有很多优点，诸如有力有效等，是对重大征纳税人利害关系的调节。但是，由于税收法治所根据的是一种权力性税收规范——税法，是一种几乎拥有从强到弱的所有强制手段，比如暴力强制、行政强制，以及教育和舆论强制等，因此，税法自然对全体征纳税人自由的伤害也最大。所以杨寅指出："法治本身也有其局限：它可能出现偏私或专横；法不能等于正义的全部；立法有良法与恶法之分；法存在一定滞后性；兴法治有较高的经济成本（因此对穷人和富人可能产生不公平）；法治也不能代替德治等。"

但就税法和"税德"所侵犯的征纳税人行为而言，"税德"则比税法对征纳税人的自由和欲望的侵犯较多。因为税法仅仅约束征纳税人的那些具有重大社会效用的欲望和自由，"税德"则约束征纳税人的一切具有社会效用的欲望和自由。即是说，税法仅仅要求不要害人，"税德"则还要求征纳税人要自我牺牲。因此，理想的税收治理应该是税收法治与德治同时进行。因为，"道德和法律是不可分的，没有道德的支持，法律就不成其为社会组成部门，而仅仅是写在官方文件上的词句，只显得空洞且与社会无关"。

同时，税收法治实现过程也存在一定的缺陷。原因在于，从影响税收法治的根本要素看，税收法治所依据的税法再优良也不可能十全十美，达到完全理想的境界。所谓优良税法，也只是相对而言。具体说，一是因为任何社会的税收立法，根本不可能完美无缺。而且，任何社会的税收法治，就是整体税收法治良好，也可能或多或少地偏离税收法治的终极目的和善的方向，背离人道、自由、公正、平等、民主、生态的原则和精神，或者在法治的限度方面出现偏差。道理就在于，"实现实质正义固然是法律的一个重要目标，但却不是它唯一的目标。现代社会生活的复杂性，对法律提出了许多不同类型的要求。同时，面对这种复杂性，法律也表现出其不可避免的局限性。换言之，现代社会中的法律既不是只有一种使命和职能，也不是无所不在，无所不能"。

二是因为从税收法治所依据的制度背景看，经济体制即使实行了市场经济，也可能距离完全理想的市场机制还有一定的距离。一方面，政府是一把"双刃剑"，"国家的存在对经济增长来说是必需的；但国家又是人为的经济衰退的根源。"另一方面，市场经济的主体运作机制实在太复杂，其规律不可能完全由人来掌握。这意味着，税收法治要克服的障碍更多更大。同样，由于人类科教文化事业的发展与繁荣也是一个过程，任何社会都不可能在一定阶段穷尽人类所有的税收法治知识。

三是因为在税收法治的具体实现过程中，也存在诸多的缺陷，会对税收法治的实现形成一定的障碍。比如，在税收法治道德品质和税法遵从品质的教育和培养过程中，在税收法治道德品质和税法遵从品质的修养过程中，都可能出现不理想的问题，不可能处处顺风顺水，完全达到理想的状态。具体说，在税收法治道德品质和税法遵从品质的教育和培养过程中，言教、奖惩、身教、榜样的教育，都不可能完美无缺，心想事成。在税收法治道德品质和税法遵从品质的修养过程中，学习、立志、躬行和自省的修养方法总是缺憾相随。

总之，税收法治虽然是一个十分重要的理论与实践课题，充满挑战性，但同时也是任何社会无法绕开的重大课题。对照现实，当下中国的税收法治状况实在不太乐观，中国税收法治之路任重道远。

（《税收法治》2015［11］）

税收与"税支"岂能"分居"而论

　　"税收"的对词当是"税支"无疑。而且，这分明是一对同母所生的孪生子。

　　就征纳行为主体之征税人而言，如果"税收"是指征税人的权利，那么，"税支"就一定是征税人的义务。税收权利与义务应该公平分配，这是一切社会优良税收治理都应该奉行的根本原则，通常决定着一个社会税收治理体系基本结构的优劣。因此，长期说来，"税收"与"税支"应保持基本的平衡。

　　"税收"与"税支"的关系，正如硬币的两面，永远不会分开，也不应分开，既相辅相成，也难分难舍。作为一种征纳税人之间权利与义务的代名词，二者从其诞生之日起，就呈现一和连体生存状态，谁也离不开谁。既没有"有税收无税支"的"税收"，也没有"有税支无税收"的"税支"。而且，任何一个税收治理体系要实现其增进全社会和每个人利益总量的终极目的，都不能不仰赖"税收"与"税支"的互动与联动，求助于"税收"与"税支"和谐共建的征纳税人利益共同体。

　　虽然"税收"与"税支"的行为主体看似是征税人，征税人是其权利与义务的主体。但由于权利与义务之间的逻辑相关性，根本说来，决定一个税收治理体系基本结构的不仅仅是征税人自身权利与义务的关系状态，更在于征纳税人之间以及纳税人自身

175

权利与义务的关系状态。道理很简单，征税人是派生的，没有纳税人也就不会有征税人，纳税人是征税人及其征纳关系得以产生的根源与前提。

中国税收治理目前面临的主要问题之一就在这里，它有意无意地忽视了"税收"与"税支"的孪生关系，仅仅强调征税人的税收权利和纳税人的义务，忽视征税人的税收义务——税支以及纳税人的权利。而且，不仅强调征税人享有的税收权利，更强调征税人行使的税收权利。自然，也就不仅忽视纳税人享有的权利，同时也忽视纳税人行使的权利。

要改变这种现状，路径和方法或许不少，但根本说来，必须期待税权性质的彻底改变。税权作为主权的重要组成部分，是国家最高权力在税收领域的具体展开和运用。众所周知，权利是权力保障下的利益索取。因此，征纳税人权利也就是征纳税人在税权保障下的利益索取。税收作为征税人权利，也就是征税人在税权保障下的利益索取；税支也就是征税人的义务，也就是征税人在税权保障下的利益奉献。反过来，税收作为纳税人的义务，也就是纳税人在税权保障下的利益奉献；税支作为纳税人的权利，也就是纳税人在税权保障下的利益索取。权力本身的合意性决定制约着权利与义务分配的公正与否。税权本身的合意性决定制约着征纳税人权利与义务分配的公正与否。

总之，"税收"与"税支"的关系是天然孪生的，任何人为的强制都无法割裂与拆散。中国税收现代化的过程，其实就是二者关系逐渐正常化、逐渐被正视，进而被持续制度化的过程。一句话，"税收"与"税支"都应该讲真理，讲大理，拒绝伪理、歪理。关键是要尊重和确认纳税人在税收治理体系中的主体地位，奉行人道、公正、平等、自由、法治、限度、民主、宪则等人类共同的税收基本原则。可以说,转型中国,"税收"与"税支"的关系问题,是天大的问题,直接关系着中国社会稳定与发展的基础和进程的快慢。

(《海西税务》2011［2］)

优化财税权力是最重要的公共产品供给

　　作为同时具有"非竞争性"与"非排他性"的纯公共产品，制度显然是最典型的公共产品之一，也是最重要最根本的纯公共产品。因为，制度的"非竞争性"与"非排他性"特性最为突出，一些国民对这一产品的消费不会影响另一些国民对它的消费，而且，某些国民对这一产品的利用，不会排斥另一些国民对它的利用。

　　但是，制度作为一种社会成员共同生存、生活的规范体系，作为国家与国民之间权利与义务的权力与非权力规范体系，其终极目的，毋庸置疑，都是为了增进全社会和每个国民的福祉总量。但其核心却在于，一方面，取决于保障国家与国民之间权利与义务公正分配的权力是否合法，是否具有最广泛、最坚实的民意基础？另一方面，取决于这个权力在行使过程中的合法、合意程度，也就是是否会被滥用？换句话说，如果权力合法，民意基础坚实，而且能被有效制衡与监控，那这个制度就是相对公正平等的，国家与国民之间、包括国民与国民之间权利与义务的分配也就相对公正平等，特权现象也就会比较少。

　　同理，财税体制作为国家与国民之间、征纳税人之间权利与义务的权力与非权力规范体系，财税权力的合意性及其可监督性，也就从根本上、总体上决定着一个社会一个国家内部国家与国民之间、征纳税人之间权利与义务分配的公正平等状况。因此，与其说财税体制是一种纯公共产品，倒不如说优化财税权力是最重要最根本的纯公共产品供给。财税权力的合意性越大，也就是民意基础越广泛、越坚实，财税体制这种纯公共产品也就越优质，国民和纳税人也就越满意。这是因为，民意基础不仅直接关系财税权力的合意性，更直接关系公共产品的合意性，关键是关系国民与纳税人的满意度。所谓"有钱难买我愿意"，说的就是这个道理。而且，财税权力越能被有效制衡和监控，越是意味着这种权力寻租和腐败的几率越小，对国民和纳税人利益的伤害也越小，越容易提供可以令国民和纳税人满意的财税体制这种纯公共产品。因此，优化财税权力才是最重要、最根本的纯公共产品供给。

毋庸讳言，财税权力的合意性以及可被制衡性，会从根本上决定一种财税体制的优劣，决定一种财税体制这种公共产品的质量与数量。道理还在于，权利是权力保障下的利益索取，义务是权力保障下的利益奉献。因为，权力固然是一种强力，而且是一种仅为管理者拥有而迫使被管理者必须服从的力量。但是，强力必定不等于权力。这就是说，唯有权力才是保障权利与义务公正平等分配的必要前提和条件。自然，财税权力的合意性以及可被制衡性，也就成为保障国家与国民、征纳税人之间权利与义务公正平等分配的必要前提与条件。这岂不再次说明，优化财税权力才是最重要的公共产品供给，也就成为有效供给财税体系这种关键公共产品的必要前提和条件。

可见，如果财税权力这种最重要的公共产品供给不足的话，其财税体制这种纯公共产品的供给也一定会贫乏，进而也就会从根本上影响一个社会其他领产品的供给质量与数量，透视和检视一种财域公共产品的供给，特别是社会治理体系（制度）的有效供给，从总体上决定着一个社会一个国家国民的幸福状况。这无疑也告诉我们，一切真正的财税体制改革，其核心都应在于财税权力的优化，这也是一个社会整体转型与系统改革的核心领域。而且，财税权力的优化，也昭示着一个社会一个国家总体治理的文明程度。

财税权力的优化必须仰赖政治体制改革的全面启动，仰赖于政体的选择与优化，仰赖于整个社会对权力的警惕与监督水平。

（《深圳特区报》2013-01-08）

征税要讲"真"理

古今中外，一切统治者要征税，无一都会找出很多理由。这些理由，有些是真的，有些是假的，有些真真假假，有些则以非为是或者以是为非。这些是是非非的征税理由，有些是处心积虑的自私动机驱动，有些则囿于认识水平的局限。

但是，无论怎样，征税应该讲真理，讲真的"理"，不应该讲假的理，更不应该讲歪理斜理。这是常识。

真的理必须首先弄清楚：征税的终极目的是为了谁？有人说是为了国家？好，国家是谁？国家是谁的国家，这个国家是属于君主一个人的，还是属于若干个人的，或者所有人的。如果国家属于君主一个人的，那就意味着，所谓征税的终极目的是为了国家，也就是为了君主一个人，为了君主一个人的利益。如果这样，全体人民岂不都成了君主的私有财产和赚钱工具。很显然，这样的"理"，就是伪理、假理，是歪理、斜理。相反，如果说征税是为了国家，国家属于全体公民，征税是为了增进全社会和每个人的利益总量，那么，这样的征税理由就属于大理正理。可见，征税的终极目的，或者说对征税终极目的的认识，是判定一个税制优劣的终极标准。无疑，对税收治理终极目的的认识越接近真理，那么在这种终极标准指导下的税制就越优良，在这种终极标准下的讲的理就越正越真。假如在征税终极目的的认识上出现偏差，征税之理就会谬以千里，害人无数。

征税的终极目的是为一人或为所有人，这是区分一切征税道理大小优劣的根本标准。故人讲，"杀一无辜得天下，不为也"，这显然是一种理想的税收治理标准，只能作为一种至善的目标去坚守和追求。现实中，各个群体之间的利益冲突、不可两全情境是经常存在的，人们常常不得不做出权衡与选择，两利相权取其大，两害相权取其轻。所谓最大多数原则，也就是指导我们处理具体冲突情境问题的原则。当然，一切君主专制者口口声声宣扬的征税理由大多是为了全社会和每个人的利益，其实在骨子里，只是为了他们自己或者一家一姓江山的千秋万代，或者是为了一个特权阶层的私利。这样的征税理由，就属于伪理、假理，必须警惕，小心辨析。

其次，征税的真的理，必须看其是否主要关注征税人与纳税人之间权利与义务的公正分配问题。如果一种征税之理仅关注纳税人之间权利与义务分配是否公平或者平衡问题，有意无意地遮掩征纳税人之间的权利与义务分配问题，那这种征税之理一定是小理或伪理。因为，只有征纳税人之间权利与义务的公正分配问题才从根本上决定着一个税收治理体系的基本结构。罗尔斯讲"正义的主要问题是社会的基本结构，更确切些说，是分配基本权利和义务的主要社会制度。"诚者斯言。如果没有征纳税人之间权利与义务的公正分配，就不会有优良税收治理基本结构的建立，也就根本无法谈及税收增进全社会和每个人利益总量终极目的的实现。而征纳税人之间的权利与义务要实现公正分配，关键在于保障这种权利与义务实现公正分配的权力一定要合法，一定是得到全体人民直接或间接授予的，而且，还需要有完备宪则制度的保障。

而且，征税的真的理，本应是以纳税人为本的，必须是弘扬人道自由精神的之理。以纳税人为本意味着，这种征税之理，必须是尊重纳税人行为心理规律的，必须是为了纳税人利益总量的增进。也就是说，这种征税之理，必须讲纳税人作为征纳税人行为主体之理，主张给纳税人自由，致力于消除纳税人异化形成之原因。就是说，必须有助于纳税人创造潜能之发挥，有助于纳税人的自我实现。具体说，这种征税之理，应该且必须讲税收治理的平等、法治与限度，同时讲税收治理的民主与宪则之理。这是征税之真理的主要内涵和内容。假如一种征税之理缺少了人道、自由、平等、法治与限度，以及民主与宪则，那这种征税之理，一定是小理、伪理。

毋庸讳言，优良税收治理之全部要义就在于对这三点的把握：一要看是否把增进全社会和每个人利益总量作为评价一种税制优劣的终极目的；二要看是否把征纳税人之间权利与义务公正分配问题——作为税收治理的根本原则，主张纳税人权利的先决性与根本性；三要看是否把人道、自由、平等、法治、限度，以及民主与宪则作为税收治理的基本原则。一言以蔽之，凡是把握上述三点要义的征税之理，就是真理、大理。否则，则是伪理、小理，或者歪理斜理。

（《海西税务》2011［7］）

税收怎样成为好东西

　　韦森先生日前讲，"税收不是个好东西"，并从三个方面论证了这个命题。因为，按照经济学和财政学的基本原理，在给定的市场需求函数下，任何开征新一种产品税（如燃油税基本上属于这一种）、资源税或提高其税率，均会减少该产品以及相关产品的市场需求或供给，从而对整个社会产生一种三角形的"无谓损失"，即减少社会总福利。从宏观经济学上来看，企业所得税的增收会降低企业盈利水平，削弱企业的国际市场竞争力；个人所得税的增收，则会降低劳动收益率，抑制劳动供给；增值税和营业税的增收，会抑制民间消费，因而从整体上来说政府增加税收会对经济增长产生一些负面效应。从税法学原理上来说，政府对企业和个人增收任何税收，都是政府公权力对个人私有产权的侵犯。同时也指出，如果离开赋税，国家机器将不能运转，政府也无法向社会提供任何单个人所无法提供一些必要的公共物品和公共服务，因此，税收又是任何一个社会均所需要的"必要的恶"。从而得出结论认为，既然税收是任何社会所需要的"必要的恶"，显然，"必要的恶"，毕竟是"恶"。"恶"，尽管不可能被尽除，从福利经济学原理上来看，就应该尽量减少。

纯粹善，或者"必要的恶"

从逻辑而言，这一结论确实没有错，"必要的恶"，毕竟是"恶"。问题是，既然"必要"，也应该是一种善，只是这种善不是一种"纯粹的善"，即其自身并不是可欲的，而是一种"目的的善"和"结果的善"。这种善，就其目的来说固然是为了人类自己，但其手段确实是害己的，正如韦森先生所言，是自己福利的减少。但是，之所以又是必要的，无疑是因为，就其结果而言，"利己总量"减去"害己总量"的净余额是利己，有利于人类自己利益总量的增进。其实，不仅仅是人类经常处于这种"两难"之中，壮士断腕，手术摘胆、切肺、截肢等等，都属此类"必要的恶"。之所以必要，是因为"害己"之后可保存生命之利己结果，保存比被舍弃部分更大价值的部分。就是动物界，也经常处于这种"两难"之中、壁虎等动物危机时之舍尾求生等，都属于这种"必要的恶"之范畴。

坦率地说，人类一切活动，除过创获物质财富的经济活动，创获精神财富的文化产业活动以及人际关系活动属于"纯粹善"的范畴外，其他一切皆是围绕这三个活动的手段，都属于"必要的恶"的范畴，诸如政治与法、德治与道德等。因为，仅就一切规范都是对人的自由的限制与侵害而言，无疑都是一种恶。但是，假若没有政治与法、德治与道德，整个人类生活就可能乱成一团，最终危及每一个人的利益，无法保证整个社会和每一个人的存在与发展，无法保障物质财富的创获，无法保障精神财富的创获，无法保证人际关系活动的正常秩序。就其"必要的恶"的对象——利益而言，就是"所利之总量"减去"所害之总量"的净余额之比为正。就纳税人交税而言，固然是其利益和福利的减少，使其可支配财力的减少，客观上会"降低劳动收益率，抑制劳动供给"，"抑制民间消费"，"降低企业盈利水平，削弱了企业的国际市场竞争力"等，但就其净余额而言，在一个相对清明、正派、公平的社会里，纳税人则是用一个很小的支出——交税——去交换政府提供的公共产品，以便可以持续地为自己创获财富的活动提供外在的制度性的资源后援，即，就其结果而言，是利大于弊，得大于失。

关于这个道理，边沁有一句名言："每一则法律都侵犯了自由。"柏林则说得更直白：（法律）"虽然可能增进某一种自由，但也都消减了某些自由。它是否能够增进可获致之自由的总量，当然要看每一个特殊的情况而定。一项规定'每一个人在一个特定的范围内，都不能对别人施加强制力'的法律，虽然很明确地增进了大多数人的自由，但是即使是这样的法律也'侵犯'了潜伏的暴徒及警察的自由。在这种情况下，这种侵犯，可能很值得我们去追求，但是它却仍然是一种'侵犯'"。（柏林《自由四论》台北联经出版事业公司1986年版，53页注）就税收而言就是说，每一项税收都是一种恶，因为他都会限制纳税人随意使用自己财产的自由，减少纳税人可支配的财力。只不过，这种限制是必要的，假如没有这种限制和约束，每一个纳税人将会失去得更多。而且，我们根本不可能离群索居，正如爱尔维修所言："如果我生在一个孤岛上，孑然一身，我的生活中就没有什么罪恶和道德了。"荀子讲："孰知夫出费用之所以养财也！"说的也是这个道理。

需要强调的是，既然税收是一种"必要的恶"，那么，不论在什么整体背景下，能少收就不要多收，能不收就不要少收。这是因为，税收就其自身来说，不过是对纳税人的某些欲望和自由的压抑、侵犯，无疑是一种害与恶。但就其结果和目的而言，却能够防止更大的害或恶（社会、经济活动、文化产业和人际交往的崩溃）和求得更大的利或善（社会、经济活动、文化产业和人际交往的存在发展），因而是"净余额为善的恶"，是"必要的恶"。

税收如何成为好东西

问题是，如何才能使税收成为一个好东西？即，使其最大限度地防止更大的害或恶——社会、经济活动、文化产业和人际交往的崩溃，从而求得更大的利或善——社会、经济活动、文化产业和人际交往的存在发展。

选择优良的税制！优良的税制就是税收成为好东西的前提。

优良的税制，一定是能够最大限度地增进全社会和每个纳税人利益总量的税制，一定是敬畏纳税人主体地位的税制，一定是遵从征纳税人行为心理规律的税制。当然，自然是公正的税制，是征纳税人利害平等相交换的税制，是征纳税人权利与义务利害平等相交换的税制。无疑也是人道自由的税制，是符合平等、法治、限度原则的税制。而要实现这样的税制，途径只能是民主与宪则，防止税权的被滥用，防止民主"多数暴政"现象的发生，防止纳税人基本权利的被侵蚀，从而为税权的使用设置界限和底线。

因为只有始终高举增进全社会和每个纳税人利益总量这个"帕雷托最优原则"的大旗，才可能规避和减少一切基于"最大多数人的最大利益原则"而侵害少数人利益现象的发生。只有敬畏纳税人的主体地位，遵从征纳税人行为心理规律，才可能将税收的出发点和归宿点切实确定在纳税人的利益上，才可能为纳税人马首是瞻，才可能心中始终装着纳税人，想纳税人之所想，急纳税人之所急，不论"收税"还是"用税"，都能尊重每一个纳税人的意愿。

同样，只有公正的税制，才可能是优良的税制，才可能实现征纳税人之间，征税人与征税人之间、纳税人与纳税人之间的权利与义务利害的平等相交换。也只有人道的税制，才可能是优良的税制，才可能实现每个纳税人利益的最大化，使利害之比的净余额最大化。具体说，只有这样的税制，才可能是符合平等、法治、限度原则的税制，才可能在税法面前人人平等，才可能最大地体现每一个纳税人的税收意志，才可能给予每个纳税人最大的自由，使每个纳税人所可能遭受的税收伤害最小。

必须紧扣税收的终极本性

可见，当我们断言"税收不是个好东西"的时候，我们显然是就税收的终极本性而言的。一旦面对现实的选择时，税收无疑将成为一种"必要的恶"。"必要的恶"固然是"恶"，但也因为其"必要"而可能成为"善"，成为一种"手段的善"，一种就其目的和结果而言"为善的善"，成为一种就其结果和目的而言，能够防止更大的害或恶（社会、经济活动、文化产业和人际交往的崩溃）和求得更大的利或善（社会、经济活动、文化产业和人际交往的存在发展），因而其"净余额为善的恶"，即"必要的恶"。这显然是一种人类"不得不"的必要的理性选择，是一种"两弊相衡取其轻，两利相权取其重"的必要的理性选择。

（《新浪博客》2009-12-25）

限制特权是《预算法》修改的根本诉求

《预算法》被誉为"小宪法",不能不说没有道理。正如一切宪法都志在"限权",遏制权力的嚣张与撒野一样,《预算法》也是为了遏制财税权力的嚣张与撒野,避免财税特权对国民长期的持续性的伤害。

正因如此,国内外的一切《预算法》修改,其根本诉求,无疑都是为了遏制财税特权,进而逐步接近征纳税人之间权利与义务的公正、平等分配,以便最大限度地增进全社会和每个国民的福利总量。

中国《预算法》的修改,其根本诉求同样在于,如何遏制财税特权,以便实现财税公正,增进全社会与每个国民的福利总量。

因之,《预算法》修改的根本诉求更应该以此为目标。凡是有助于遏制上述财税特权的修改,就是应该的、好的、善的;相反,凡是进一步扩大或者不触动上述财税特权的修改,则是不应该的、落后的。可以说,诸如"三公消费"问题,财税的超收超支问题,腐败寻租问题,"形象工程"及其无端的浪费等问题,无不与此有着千丝万缕的关系。

当然,细究起来,财税特权的产生,既有制度性规定的,也有官员个人徇私枉法的。制度性的财税特权,也就是所谓"合法律"的特权,是现行法律赋予的"特权",是现行法律允许的征税人权利大于其应付责任的"特权"。而徇私枉法导致的"特权"，则是法律不允许的权利大于义务的"特权"，是他们滥用财税权力导致的"特权"。但无论如何，凡特权都意味着不公正不平等，都是一种"恶"，都会消减全社会和每个国民的福利总量，都是应该削减的、遏制的现象。

因此，真正的《预算法》修改，无疑应该以清理和遏制现行《预算法》中存在的财税特权为基本诉求。也就是说，如果一次多年一遇的难得的《预算法》修改机会，不能在遏制财税特权方面有所突破和实质性作为的话，无异于浪费一次机会。

一言以蔽之，这次《预算法》修改，必须紧扣是否有利于"增进全社会和每个国民福利总量"这个终极目标，这也是一切真正的《预算法》修改应该且必须遵从的终极原则和宗旨。为此，首要的选择就是——如何倾全力于遏制形形色色的财税特权。道理很简单，因为，正如J·库珀所言："事实上，预算报表已经成为政府活动最重要的参考文件之一。透过过程，我们能清楚地看到：政策决策的结果，公共议程中各议题的优先秩序，政策项目的目标，政府在向社会提供服务及援助时所做的努力，以及公共部门的绩效、影响和总体效果"。自然，真正的《预算法》修改，其根本诉求就在于，如何实质性地遏制财税特权，从而为持续性地增进全社会和每个国民的福利总量提供制度性的保障平台。可见，在一定程度上，《预算法》修改就等于在"限政"，其历史与现实的功德何其大哉！

（《华商报》2012-10-20）

税收权利与义务的冲突与协调

根本说来，税收权利与义务的冲突是一种利益冲突。导致的原因既可能是法律用权利的形式对利益进行界定和分配时，因界定和分配的模糊性而导致。也可能是因为权力的"变异"导致的。而权力的"变异"既有社会大背景的客观原因，也有主观原因。但主要是因为法律意识的淡漠，是对权力缺乏有力的制约和对权利缺乏可靠的保障。因为，权力很容易被滥用，一旦被滥用，最终必然导致权力腐败，引发税收权利与义务的全面冲突。

具体说，税收权利与义务的冲突表现在以下几个方面：

第一、税收权利与义务各内部结构要素之间可能发生的冲突。就税收权利与义务的基本结构分析看，税收权利与义务的价值可能与税收权利与义务的规范相冲突，也就是税收权利与义务的形式与内容之间的冲突。就税收权利与义务的完整结构分析看，税收权利与义务价值、税收权利与义务价值判断和税收权利与义务（规范）三个要素之间可能发生冲突。只有在关于税收权利与义务价值判断是真理的前提下所制定的税收权利与义务（规范），才可能是优良的税收权利与义务（规范）；反之，假如税收权利与义务价值判断是谬误，那么在其指导下所制定的税收权利与义务（规范），必定与税收权利和义务价值不相符，必定是恶劣的税收权利与义务（规范）。就税收权利与义务的深层结构分析看，税收权利与义务的结构由一种内容、两种形式构成。因此，税收权利与义务的价值、税收权利与义务价值判断和税收权利与义务价值之间可能发生冲突。

第二，税收权利与义务各类型之间可能发生的冲突。税收法定权利与义务和税收道德权利与义务二者之间可能发生冲突。由于税法仅仅是规范征纳税人的一部分具有重大社会效用的涉税行为。征纳税人法定权利与义务也仅仅是权利与义务的一部分，而另一部分则是征纳税人的道德权利与义务，二者是一种交叉关系。共同税收权利与义务和特定税收权利与义务之间由于是一种根本与非根本、产生与被产生、决定与被决定、支配与被支配、推导与被推导的关系，也容易发生冲突。绝对税收权利与义务和相对税收权利与义务之间也可能发生冲突。尽管二者是一种有机互补的关系。同样，因为有税收权利与义务的客观性与主观性为根据的划分，就有客观性的税收权利与义务和主观性的税收权利与义务，相应地就有优良税收权利与义务和恶劣税收权利与义务。因此，优良税收权利与义务和恶劣税收权利与义务因为本身就是一种相互冲突的关系而极易发生冲突。

第三，就税收权利与义务之间的实质性关系看，冲突既可能在征税人的法定权利与纳税人的法定义务之间发生，也可能在征纳税人的法定权利与征纳税人自己的法定义务之间发生。就征税人的权利与纳税人的义务看，由于二者是一种必然相关的关系。因此，最容易发生冲突。冲突的主要形式可能是征税人的权利大于纳税人的义务，或者征税人的义务小于纳税人的权利。就征税人的权利与他自己的义务而言，由于征税人的权利与他自己的义务是一种"道德相关"。因此，一个征税人所享有的权利只应该是对他所负有的义务的交换：即他从纳税人那里得到的权利只应该是用他从纳税人那里承担的义务换来的。反过来，一个纳税人之所以应该负有义务而使征税人享有权利是因为他享有权利而使征税人承担义务。因此，一个纳税人所负有的纳税义务只应该是对他所享有的纳税权利的交换：即他从征税人那里承担的义务只应该是用他从征税人那里得到的权利换来的。因此，征税人的义务只应该是用他的权利所赋予纳税人的义务交换而来：征税人的义务，直接说来，只应该是对他所享有的权利的交换；根本说来，只应是对他赋予纳税人的义务的交换。可见，一个征税人所享有的权利与他所负有的义务只应该是一种交换关系，完全基于、推导于权利与义务的逻辑相关性原理。而这种交换关系如果不是公正的交换，就最容易发生冲突。无疑，如果社会分配给一个征税人的权利多于其义务，那么，他受法律保障的索取就多于其付出，无疑就等于强迫纳税人向征税人无偿贡献这些多出部分的利益，是对纳税人利益的一种强行剥夺，因而是不公正的。反之，如果社会分配给一个征税人的义务多于其权利，那么，他受法律保障的付出就多于其索取，那就等于强迫他向纳税人无偿贡献这些多出部分的利益，是对他的利益的一种强制剥夺，因而同样是不公正的。于是，社会只有分配给一个征税人的义务与权利相等，他受法律保障的索取才等于其付出，才既没有强行剥夺纳税人利益，也没有强行剥夺他自己的利益，因而是公正的：公正就是等利（害）交换。另一方面，如果社会分配给一个征税人的权利多于其义务，那么，纳税人的义务所赋予征税人的权利就多于征税人的义务赋予纳税人的权利。这样，征税人从纳税人获得的权利就多于他给予纳税人的权利，他就侵占了纳税人的权利，因而就是不公正的。反之，如果社会分配给一个征税人的义务多于其权利，那么，他的义务赋予纳税人的权利就多于纳税人的义务赋予他的权利，他赋予纳税人的权利就多于纳税人赋予他的权利，他的权利就被纳税人侵占了，因而同样是不公正的。于是，社会只有分配给一个征税人的义务与权利相等，他的义务赋予纳税人的权利才等于纳税人的义务赋予他的权利，他赋予纳税人的权利才等于纳税人赋予他的权利，因而才是公正的：公正就是等利（害）交换。但一个征纳税人所行使的权利与他所履行的义务则至多应该相等。这是因为，一个征纳税人所享有的权利与所负有的义务是社会分配给他的，因而不是他自己能够自由选择的。反之，一个征纳税人所行使的权利和履行的义务，则是他自己能够自由选择的。

可见，一个税收权利与义务生态和谐、冲突相对较少的税收治理体系，就是一个优良高效的税收治理体系；反之，则是一个较不好的税收治理体系。事实上，全部税收治理的基本目标就在于如何减少税收权利与义务之间的冲突。概括地说，税收权利与义务生态改善的基本目标就是力争使税收权利与义务的结构要素更加和谐，类型之间组合更加和谐，利益协调方面更加和谐，即征纳税人之间的权利与义务关系更加和谐，征纳税人的权利与义务和自己的权利与义务关系更加和谐。

（《凤凰博客》2016-01-15）

征税的权力事关国家兴亡

作为公共选择学派的领袖及创始人，1986 年诺贝尔经济学奖的获得者布坎南，似乎天生就对权力有着高度的警惕与不信任。因此，如何盯死权力，也就成为他一生的治学立场与学术兴趣。他的全部精力与智慧，都致力于对权力的制衡与监督，特别是政府征税权力的制约与监督。因为在它看来，征税的权力，事关国家的毁灭。

而且，他不仅在理论上主张用宪则盯死征税权力，也把这种理念亲自挂向了实践。1978 年，由他发起的加利福尼亚州第 13 号税案的通过，就曾产生过广泛而深刻的社会影响，成为美国立法史上的经典案例，至今依然被人怀念和称道。这对发展中国家的税制改革，具有不可忽视的借鉴价值和意义。事实上，布坎南的一生精彩而丰富，不仅在学术上获得了令全世界经济学家都羡慕的诺贝尔经济学奖，而且在现实生活中也深受民众爱戴。

布坎南在其洋洋 40 万字的《宪则经济学》一书序言中明确指出："此书是对征税限制的第一次严肃的经济学分析，可以想见，这是一个一直受到经济学家忽视的题目。"在第一章"立宪视角下的税收"中，他再次强调："本书讨论的主题是政府征税的权力，怎样行使这项权力，可以怎样约束和应当如何约束这项权力。我们所关注的这一系列问题，几乎被公共财政经济学家完全忽视了。"

"我们所关注的，不是告诉政府若要以高效和／或平等的方式提高其收入应当如何行动，也不是告诉政府应怎样花费公共税款……从规范角度看，我们最重关注的对象是纳税人或公民——亦即所有那些承受着纳税负担的人，或那些政府财政抽取权力的潜在对象的人。"因为在他看来，传统的公共经济学现已成了一门"告诉政府应当如何征税、如何运用征税权……即向政府决策人提供建议"的技术，似乎要退化为过去的"宫廷理财学"。这些"宫廷理财专家"的基本职责就是帮助政府如何提高攫取公共资源的能力。而且，"正统的分析既没有提供对所观察财政过程的理解，也没有根据纳税公众所接受的理由提供改进的基础。"

他一再提醒人们一定要警惕政府的征税权力，因为他赞同孟德斯鸠和约翰·马歇尔首席大法官的观点。因为"一条永恒的经验是：任何掌权者都倾向于滥用权力；他会一直如此行事，直到受到限制。""征税的权力事关毁灭的权力"。用他自己的话说，因为"对于普通公民来说，征税的权力是其最熟知的政府强制力的表现。征税的权力涉及强迫个人和私人机构交费（charges）的权力，这种收费只能通过向政府转移经济资源来进行，或涉及对这些资源的财政索取权（financial claims）——这种收费伴随有在严格的征税权意义上的有效实施权。"因此，他一再告诫人们，"那些聪明的大玩家按照自己的利益操作现行规则，众人竞相效仿的不是圣贤，而是这些耍小聪明的人。聪明人比比皆是，智慧日益贫乏。"而且反复引证霍布斯的话来表达这种关切以及必要性。因为"虽然恶人在数量上少于正派人，但是由于我们无法区别他们，于是便有怀疑、提防、抑制和自卫的必要，即使这偶尔会针对最诚实最公正的人。"因为就是在民主制度下，公民通过民主制授予了政府的征税权力，在征税权力的实际运用过程中，也会由于利益的驱动，在某些范围和场合偏离公众的需求。而且，由于每个人的一生都可能经过多个政府的统治，就必然面临由于权力更迭可能带来的治理规则的变异，这样，就迫切需要做出宪法的安排，以便规避政治机会主义的弊端。也只有通过宪法，才可能对得到授权实行强制的代理人，即政府，可以限制其行动范围。而为了最大化地发挥宪法对政府征税权力的限制，一个必要的前提就是"全部政治决策都是按照一致同意的规则做出。"

事实上，布坎南的学术经历，既丰富又单纯。丰富的是他曾在多所大学和研究机构就职，有机会潜心于自己感兴趣学术问题的思考，单纯的是他一直在大学与研究机构就职，外界的诱惑相对较小。就是从事社会活动，他也是主动自觉的。也许正因如此，1986 年他被授予诺贝尔经济学奖，获奖文告中这样评价到：'他发展了经济和政治决策的契约和宪法基础"，他的学说成为"公共部门经济学"的渊源。但在他的诸多贡献中，笔者以为，最值得称道的，当是他的学术努力始终没有离开过对政府权力的制约与监督，特别是对政府财税权力的制约与监督这个目标。

（《凤凰博客》2012-06-04）

税收"鹅叫论"到底荒谬在哪里?

从 2011 年上海和重庆两地率先试点向居民住宅征收房产税开始，中经 2013 年的房产税"试点扩围"消息，再到 2013 年 11 月中共十八届三中全会明确提出"加快房地产税立法并适时推进改革"，直到 8 月 5 日传出最新调整过的十二届全国人大常委会立法规划将房地产税法列入第一类项目，至今已经四年左右。

毋庸讳言，四年来，关于"房产税"或"房地产税"持续不断的热议，本身就已经说明这一税种的特殊性。问题或在于，之前关于"房地产税"开征的理由，主要是"降低房价论"与"公平论"，至于房地产税开征后是否真的能降低房价，或者有助纳税人之间的税负公平，遏制国民之间收入分配悬殊的趋势等问题倒在其次。至少这些主张征税者知道，房地产税的征收意味着国民个人财富的减少，税收是一种"必要的恶"，征税的必须理由站得住脚。

遗憾的是，房地产税法被列入立法计划之后有些媒体抛出的"鹅叫论"，显然令国人惊诧莫名、大跌眼镜了! 岂不知"鹅叫论"出自 17 世纪法国财政学家科尔伯（Colbert，1619—1683）之口，在他看来，财政这套玩意，只是"拔最多的鹅毛，听最少的鹅叫"（Plucking the goose with as little squealing as possible）。

关键是，当时法国正处于封建剥削时代，科尔伯鼓吹的是一种财政剥削理论，仅仅把税收当作一种敛财的技术工具而已。在科尔伯眼里，百姓就是鹅，剥削者就是养鹅的人。因此，杀鹅、吃鹅、卖鹅，还是拔鹅毛，一切皆在于主人的好恶与意志，核心在于，鹅能不能给主人带来丰厚的利润。问题是，就是主张"鹅叫论"的法国，1789 年爆发的法国大革命，就是因为严重的税收拔毛不公，鹅叫痛苦之至所致。

史载，大革命前夕，第一等级、第二等级虽然多已失去领地，但却不交税，又有特权，享有年金。封建专制国家就把沉重的财政负担统统转移给第三等级。而第三等级要交的租税，据托克维尔统计，就有军役税、人头税、念一税、年贡、劳役、附加税、注册税等——法国成为一个主要靠穷人纳税的国家。难怪当代美国税法学家查尔斯·亚当斯一针见血地指出："税收在中世纪并一直到现代社会，都起到了关键性的作用。在英国内战、美国革命和法国革命中，税收问题都是最重要的，甚至连儿童的学校教科书都关注税收问题。"

其实，西方如此，中国历朝历代的兴亡同样如此，比如秦二世、隋二世而亡，皆因赋税之痛太甚。

道理就在于，在此种"鹅叫论"，"只要你收税收得多，而不至于惹乱子，这便算办税能手"。但问题是，"流弊所及，凡是办税的人，俱以掊克为能，以聚敛为尚"（崔敬伯语），逻辑上，都会走上横征暴敛、竭泽而渔的绝境，最终引起纳税者的反抗与革命，引发系统性的税收风险。

由此可见，"鹅叫论"当休矣！

如前所述，就是因为此论从根本上颠倒、扭曲了国民与国家、纳税者与政府之间的正常关系，无助于和谐征纳关系的构建，严重背离了财税体制改革增进全社会和每个国民福祉总量的终极目的，也有违社会主义核心价值观，既无视人道自由的最高社会治理原则，也无视公正平等的根本治理原则。质言之，如果财税体制改革，包括房地产税立法，也以"鹅叫论"为立论基础，最终将会积累或激发更多的系统性的社会矛盾与冲突，延迟或阻滞财税改革的文明进程。事实上，"鹅叫论"是一种仅仅注重枝节得失，无视税制优劣根本问题的"小聪明"而已。弄不好，就可能把财税治理引向歧途。

当然，"鹅叫论"只是一种打比方的说法，意即征税也要讲究艺术。问题是，税收毕竟是一种"必要的恶"。不论是在封建专制时代，还是在现代，都是如此。因为，税是国民用来从政府那里交换公共产品与服务的价款。本质就在于，有两种根本不同的"鹅叫"效应：一种是痛，等待鹅毛换回的糟糠活下去；另一种是痛并快乐着，等待享受鹅毛换回的福利幸福地生活。

（《凯迪评论》2015-08-10）

第四辑　税愿：财税改革应有核心价值

"合意性"是财税改革的最高目标

三中全会将财税改革地位提升到了前所未有的高度。但就财税改革的操作性而言，显然有一个对改革目标的层次性设计问题，比如，"最高、基本、最低"，或者"近期、中期与远期"等。

众所周知，财税改革的终极目的，是为了通过一定的财富收支活动为全体国民提供性价比高的公共产品和服务，从而增进全社会和每个国民的福祉总量。因此，"合意性"注定成为财税改革的最高目标。因为，如果财税体制服务对象之主体地位被虚置的话，财税体制存在的价值也就无从谈起。也就是说，如果没有"合意性"的前提，国民的"福祉"就可能被异化。进而言之，如果没有足够的"合意性"，政府就可能逃避自己应尽的责任，既不可能生产出足够数量和质量的公共产品，也不能生产出让绝大多数国民满意、合意的公共产品。

事实上，不仅私人产品有一个"性价比"的高低与产销对路的问题，公共产品同样存在一个"性价比"的高低与产供对路的问题。正如产销不对路造成私人产品的积压浪费一样，公共产品的产供不对路也会造成资源配置的低效与浪费，不能很好地发挥财税体制在社会治理中的重要作用，从而增进全社会和每个国民的福祉总量。自然也就无法培养起绝大多数国民对政府的信任，维持社会的长治久安。

俗话说，有钱难买"愿意"。公共产品的性价比高低，其最终评判权原就属于每个国民，因此，就应该且必须遵从绝大多数国民的共同意愿和需求偏好。一句话，无论如何，不能以少数人的意志和偏好为导向，比如握有财税大权的少数官员。这就正如一个家庭的保姆不能以自己的口味偏好烹调一样，少数官员也不能以自己的意愿和偏好决定公共产品生产供给的结构和类型，无视绝大多数国民的财税意志和愿望。

这个问题，在已经实现了现代化转型的国家，或许根本就不是主要问题。因为成熟的制度，及其全面有效的财税权力监督机制，可以比较好地汇总国民的财税需求与偏好，从而促使政府提供高性价比的、大合意性的公共产品和服务。但是，在尚未实现现代化转型的国家，由于缺乏制度性、机制性的财税意志表达与汇总平台，就很容易出现公共产品的异化，即公共产品的产供与绝大多数国民需求与意愿发生错位的现象。

公共产品的异化，通常不是表现为政府提供的公共产品量少质劣，性价比低，就是表现为产供错位，即政府提供的公共产品可能很多，也可能质量不错，但却不是绝大多数国民最为紧迫需要的。比如，政府虽然大量投资经济领域，促进了经济发展，但却在绝大多数国民最需要的教育、医疗、养老、就业等方面存在投资畸少问题的话，这种财税体制就是缺乏足够"合意性"的。同样，如果政府提供的公共产品与国民的需求层次不对等的话，比如，与国民的低级需求——物质需求，中级需求——社会性需求，诸如爱、尊重等，高级需求——精神需求，诸如创造性与审美性需求不吻合的话，这种财税体制也是缺乏"合意性"的。固然，造成财税体制这种"合意性"问题产生的原因是多方面的，但"合意性"无疑是优良财税体制应有的最高标准。

　　中国财税体制改革面临的阻力与挑战实在不少，也确实任重道远。中国社会要想在财税体制的"合意性"方面有所突破，还有很长的路要走。但无论如何，财税体制改革已经启动了。

（《深圳特区报》2013-12-10）

梦想"税收法治"

四中全会就"全面推进依法治国若干重大问题"做出了战略部署，这就使国人对未来中国法治建设，包括对税收法治建设提速寄予了更多的希望。问题在于，朝野对"法治""税收法治"内涵的理解大相径庭，从而最易陷入自话自说的尴尬，最终不得不背离税收法治建设的终极目的，消减而不是增进全社会和每一个国民的福祉总量。如此观之，必须首先弄清楚"税收法治"的本质与内涵，及其理想形态，再立足现实，对照找差距，确立可行性税收法治目标体系，进而逐渐抵达"税收法治"的理想境界。

关于"法治"的定义众说纷纭，以至于《牛津法律大辞典》都认为"法治"是一个"不能随便定义的概念"，只能对法治做这样的解释："'法治是'一个无比重要的，但未被定义，也不能随便定义的概念。它意指所有的权威机构，立法、行政、司法及其他机构都要服从某些原则。这些原则一般被看作是表达了法律的各种特征，如：正义的基本原则、道德的原则、公平合理诉讼程序的观念，它含有对个人的至高无上的价值观念和尊严的尊重。"

事实上，关于"法治"的本真内涵，早在20世纪初，中国就有了精确的界定。1944年7月20日《新华日报》"社论"就曾引用云南《正义报》的论述，认为"所谓法治，即建立一个健全的法度，这个法度是全国人民所共同议决的，也就是全国上下，都要在这个法度的规范之内行动,任何人不得违反,任何人不得加以变更"。而且指出:"我们认为今天问题的关键,倒不是要不要法治的问题,而是要哪一种法治的问题。因为法治有真法治和假法治之分,这是我们不能不加以分别清楚的。"其实,不论人们对"法治"的内涵做了多少种界定,"法治"的本质内涵,正如王海明先生所言:'一个社会的任何强制,都必须符合该社会的法律和道德;该社会的所有法律和道德,都必须直接或间接得到全体成员的同意。"而且,还必须符合公正平等的原则。

具体说,理想的"税收法治"意味着,第一,国家征税的终极目的是为了给全体国民提供高性价比、高合意性的公共产品,是为了最大限度地增进全社会和每个国民的福祉总量。"高性价比",即国家提供的公共产品结构要合理,既有满足国民基本物质需求的公共产品,也要有满足国民社会性需求的公共产品,诸如自由、尊严、权利等公共产品,还有满足国民精神层面高级需求的公共产品,诸如创造性认知、审美等高级需求的公共产品,并以此作为评价税收法治优劣与得失的终极标准。

第二,国家所有的征税强制,都必须符合该社会的税收法律与税收道德。因为,税收法律是一个体系,是有结构和层次的,即应包括宪法、基本法、税收法律、法规、条例等。不仅这些税收法律不能缺位,而且各要素之间的搭配与组合也要合理。不仅税法的表层结构要素,诸如纳税人、征税对象要明确,税目要具体,界限要清晰,而且,税率也要合理公正,自由平等地约定。同时,纳税环节、纳税期限、减免税,以及违法处理等要素也不能模糊不清,必须清晰明确。当然,税收立法之法、执法之法、司法之法,同样必须符合该社会的税收法律与税收道德,诸如宪法、基本法、税收法律、法规、条例等。

第三，所有税收法律和税收道德，都必须直接或间接得到全体社会成员的同意。即"以人为本"的人道自由治国理念，必须在税收治理中实现制度化的"嵌入"。因此，就必须建立纳税人主导的税制，充分体现纳税人的税收意志，诸如征税和用税，征多少税，在哪个环节征税，向谁征税，如何减免税，违法征税与纳税应该得到什么处罚，以及如何用税，向谁用税，用多少税等重大事务的最终决策权，都应该掌握在全体或绝大多数纳税人的手中。

第四，就"税收法治"的实质而言，不过是为了调节国民与国家之间的权利与义务，保证其公正分配。因此，一切税收法律与税收道德，一切国民与国家之间权利与义务的分配，都应该且必须符合公正平等的原则。即国民与国家之间基本权利与义务的分配，应该且必须符合完全平等的原则。而非基本权利与义务的分配，应该且必须符合比例完全平等的原则。而且，基本权利与义务的完全分配，优先于非基本权利与义务的比例平等分配。

第五，就"税收法治"是一种权力强制而言，理想的"税收法治"，其权力本身也应该且必须受到有力有效的监督和制衡，不能"权大于法"，大于"法治"。而且，对其监督与制衡应该且必须形成"闭环"，不能留"死角"。特别是对最高"税收法治"权力的监督与制衡，绝不能失效。这是因为，无制衡与监督的"税收法治"，本身就背离了"税收法治"的本质精神，既违反了税收法治的第一原则：所有的征税强制，都必须符合该社会的税收法律与税收道德；也违背了税收法治的第二原则：所有的税收法律和税收道德，都必须直接或间接得到全体成员的同意。

第六，理想"税收法治"还意味着，"税收法治"之法，不仅是全体国民认同的"良法"，而且是全体国民自愿遵从的"良法"。

因为，"法律主要不是来自它的强制力，而是来自它被信仰，成为社会的基本价值观念"；而且，"法律必须具有高尚（nobleness）的价值和精神，才能被人们所信仰和尊重。"无疑，"税收法治"是这个社会税收治理秩序的基石，也是一个社会繁荣与进步的动力之源。

毋庸讳言，如果用上述标准评价当下中国"税收法治"现状的话，中国税收法治建设任重道远，前路特别坎坷崎岖，既需要坚持不懈的韧性努力，也需要因时权变的胆略与智慧，更需要聚集全社会各方的力量，官方的、民间的，纳税者的、征税者的，个人的、组织者的等。质言之，抵达理想税收法治的过程，也是中国税收法治现代化的过程。而且，由于"'社会'是广义的社会体系，由政治体系、经济体系、社会体系三个子系统构成，三者相互作用。财政（包括税收——笔者注）是调节三者的媒介，因此，财政成为'体制改革'的核心议题。"（神野直彦）税收法治也就成为全面社会改革的最佳切入点。

（《大连税务》2015［11］）

财税改革应有核心价值追求

最近以来，财政问题被提到国家治理前所未有的高度，认为"财政是国家治理的基础和重要支柱，科学的财税体制是优化资源配置、维护市场统一、促进社会公平、实现国家长治久安的制度保障。"

问题在于，财税体制有优劣好坏之别，国家治理也有落后与先进之别。毋庸置疑，恶劣的财税体制总是与落后的国家治理同构；优良的财税体制总是与先进的国家治理同构。也就是说，财税体制要在国家治理中发挥"基础和重要支柱"的作用，一定是指优良的财税体制。恶劣的财税体制，注定不会发挥"基础和重要支柱"的作用，只会破坏和侵蚀国家治理的"基础和重要支柱"。

毋庸置疑，优良财税体制的内在根据与评价标准，就是优良财税体制的核心价值，也是指财税体制的核心价值。这一核心价值不仅担负着评价一个财税体制优劣的终极标准职责，而且也担负着在其他财税体制优劣评价标准之间发生冲突时必须给予终极裁判的职责。同样，也就是判定一个财税体制改革优与劣、进步与落后的终极准则。事实上，这个财税体制优劣的终极评价，只能是指人类社会创建一切制度，包括财税体制的终极目的。

人类社会创建一切制度，包括财税体制的终极目的，无疑都是为了满足人类同胞的不同需求，为了人类能更好地生存和发展，即为了增进全社会和每一个国民的福祉总量。实践中，这一终极目的和终极标准通常表现为两个具体标准：一是帕累托标准，即"不伤一人地增进所有人的利益"的原则；二是指"最大多数人的最大利益原则"。前者意味着，如果利益主体之间的利益尚未发生本性冲突、可以两全时，就不应该伤害哪怕是一个人的利益。退一步讲，就是牺牲了一个人的利益可以增进所有人的福祉总量，也是不道德的。除非这个人自愿自我牺牲、自我奉献，否则就只能遵从孟子信奉的"行一不义，杀一无辜，而得天下，不为也"的原则。而后者无疑意味着，如果利益主体之间的利益发生了根本性的冲突，且不能两全时，则应该遵从"最大多数人的最大利益原则"。但对所伤害者的利益应该遵从自愿的原则给予其满意的补偿。

质言之，财税体制的终极目的——增进全社会和每一个国民的福祉总量，才是一切财税体制改革的核心价值追求，合此一切的价值，甚至最高、根本、重要的价值，都不过是核心价值的具体扩展而已。毋庸讳言，唯有此一核心价值，才可能获得最大多数国民的认可，才可能称谓一个国家财税体制改革长期的追求和愿景。事实上，只有在这个基础上，才可能凝聚最广泛的财税改革共识，以及共同的境界。同样，也只有在这个基础上逐渐推进的财税体制改革，才能真正经得起时间的考验。因此，终极财税体制的核心价值只能有一条，再多就不属于核心价值，只能属于财税体制的最高、根本、或重要价值，但却都是财税体制核心价值的具体表现。也就是说，尽管这些财税价值也很重要，甚至必不可少，但却不属于财税体制的核心价值。

比如"人道自由"是财税体制的最高价值，是评价一个财税体制优劣的最高标准。而且，不论征税还是用税，都必须遵循"平等、法治、限度"的原则。

又比如"公正平等"是财税体制的根本原则，是判定一个财税体制优劣的根本标准，意味着一个优良的财税体制，不仅应该遵从"完全平等"的原则，而且应该遵从"比例平等"的原则。就是说，不论在征税还是在用税中，既应该奉行相同的人同等对待的原则，也应该奉行不同的人比例对待的原则。也即，既要体现横向公正平等的原则，也要体现纵向公正平等的原则。

显而易见，因为"自由止于公正"的公理，一旦自由有损于公正，这种自由就应该终止。而判定财税体制及其改革的自由原则与公正原则是否发生冲突的终极标准，只能是财税体制的核心价值、核心标准、终极原则。事实上，核心价值、核心标准、终极原则这三者原就是同一个概念。不论是财税体制的最高价值，还是财税体制的根本价值，都不是财税体制的核心价值。财税体制的核心价值只有一个，如前所述，就是"增进全社会和每一个国民的福祉总量"。凡是符合这一核心价值的财税体制就是优良的，凡是遵从这一原则的财税体制改革就是进步的。相反，凡是背离这一核心价值越远的财税体制就越恶劣，背离这一核心价值越远的财税体制改革就越落后。

简而言之，"增进全社会和每一个国民的福祉总量"应成为财税体制改革的核心价值追求，成为任何一个社会的制度创新应该且必须拥有的终极信念，成为优良财税体制改革的主导价值和基本立场。反之，如果忽视甚至无视这一财税体制的核心价值，一切财税体制改革都可能丧失立场，迷失方向，仅仅迷恋于枝节性的优化，甚至走回头路，开历史的倒车，贻误财税体制文明转型的历史机遇，最终不得不接受历史的审判。

反思既往我们的财税体制改革，坦率地说，最大的缺憾就在于，无视"增进全社会和每一个国民的福祉总量"这一终极的核心价值。因此，要真正发挥财税体制在国家治理中的"基础和重要支柱"作用，发挥财税体制"优化资源配置、维护市场统一、促进社会公平、实现国家长治久安的制度保障。"作用，明确捍卫"增进全社会和每一个国民的福祉总量"这一核心价值本是逻辑的前提。财税体制核心价值在财税治理中的导向功能、定位功能、激励功能等作用的发挥，是应该被真正重视的时候了。

　　财税体制改革应有核心价值追求，优良财税体制改革更应有明确的核心价值追求。唯有"增进全社会和每一个国民的福祉总量"一条，才真正配得上财税体制核心价值的称谓，才是值得一切财税体制改革追求的核心价值。

（《大连国税》2015〔12〕）

公共产品的帕累托最优渴望

常识告诉我们，提供公共产品与服务，是一切政府征税的根据与理由。但是，唯有提供高性价比的公共产品，也就是能够提供可以满足每个国民帕累托最优原条件的公共产品，才是政府征税的真正根据与理由。

帕累托最优意味着资源分配的这样一种状态：它既不会使任何人境况变坏，也不可能再使某些人的处境变好。帕累托改进则是指这样一种变化，即在没有使任何人境况变坏的前提下，使得至少一个人的境况变得更好。简言之，帕累托最优是指一种没有进行帕累托改进余地的状态；帕累托改进是指达到帕累托最优的路径和方法，是指在没有使任何人境况变坏的前提下，使得至少一个人的境况变得更好。

因此，一旦一种资源分配的状态达到最优时，便可同时满足三个条件：一是交换最优。就是说，即使再交易，个人也不可能从中得到更大的利益；二是生产最优。即是说，这个经济体必须在自己的生产可能性边界上，即生产力达到了最大限度；三是产品混合最优。即经济体产出产品的组合必须反映消费者的偏好。

这意味着，一个优良的财税体制，一定是满足帕累托最优原则的。它既不会使任何一个国民或纳税人的境况变坏，也不可能再使某些国民或纳税人的处境变好。而财税体制的帕累托改进是

214

指：在没有使任何国民或纳税人境况变坏的前提下，使得至少一个国民或纳税人的境况变得更好。而且，第一，政府与国民之间关于公共产品的交换最优。就是说，即使再交易，任何一个国民或纳税人也不可能从中得到更大的利益。第二，政府生产公共产品最优，即政府已经处在生产公共产品可能性的边界上，即生产能力已经最大化。第三，公共产品的组合最优，即政府提供的公共产品组合符合全体国民的需求偏好。

交换最优，即政府与国民之间的财税权利与义务交换符合自由、公正的原则。具体说，是一种权利与义务的平等利害相交换。首先，政府与国民之间就公共产品交换价款契约的缔结是自由平等的，是符合征纳税人意志的，不是强制的，不公正、不平等的。或者说，征多少税，征什么税，在哪个环节征税，如何减免税，以及如何用税，向谁用税，用多少税等重大事项，都是经过纳税人同意的，不是政府单方约定的。其次，这些财税契约也是法定的，有限度的，在财税契约面前人人平等。不仅纳税人在财税契约面前人人平等，而且征税人在财税契约面前也人人平等（不能因为级别、区域等的差异搞歧视），最根本的是，征纳税人在财税契约面前人人平等。最后，政府与国民之间就公共产品交换价款缔结的契约内容是公正的，是符合公正平等原则的，是一种平等的利害相交换的行为。

直言之，不仅纳税人之间、征税人之间的权利与义务分配应该且必须是一种平等的利害相交换，而且，征纳税人之间的权利与义务分配应该且必须是一种平等的利害相交换。进而言之，不仅纳税人之间、征税人之间的基本权利与义务分配应该且必须遵从完全平等原则，非基本权利与义务分配应该且必须遵从比例平等原则。而且，最重要的是，征纳税人之间的基本权利与义

务分配应该且必须遵从完全平等原则，非基本权利与义务分配应
该且必须遵从比例平等原则。

产品最优意味着，政府能够生产和提供之公共产品，不论是
质量还是数量，都已经达到自身条件的限度。

组合最优意味着，政府提供的公共产品结构合理，合意性强。
不仅可以满足每个国民或绝大多数国民的基本物质类公共需求，
诸如生存、安全等，而且可以满足每个国民或绝大多数国民的社
会性公共需求，诸如爱、自由、尊严、权利等。同时，更能满足
每个国民或绝大多数国民的高级精神类公共需求，诸如认知、审
美、自我实现等。

事实上，国民对政府提供之公共产品的帕累托最优渴望，也
就是对最优财税体制的渴望，是对财税终极目的——增进全社会
和每个国民福祉总量——的渴望。而一个优良的，值得追求的财
税体制，也就是能够满足帕累托最优条件的财税体制。因此，帕
累托最优原则也就成为判定一个财税体制优劣的终极标准。其实，
帕累托最优原则，早在中国先秦时期就被思想家们提出，孟子说：
"杀一无罪非仁也"，还说："行一不义，杀一不辜，而得天下，皆
不为也"；荀子则说："行一不义，杀一无辜，而得天下，仁者不
为也。"

问题或在于，帕累托最优原则，仅仅适用于处理各个行为主
体之间利益尚未发生根本性冲突、可以两全的境况，一旦各个行
为主体之间利益发生了根本性冲突、不可以两全，则需要最大利
益净余额原则，即最大多数人的最大利益原则。遗憾的是，许多
对帕累托最优理论的质疑，都没有注意这一前提。具体说，如果
征纳税人之间、纳税人之间、征税人之间的利益尚未发生根本性
冲突、可以两全，就应奉行"不伤一人地增进所有人利益"的帕

累托最优原则；如果征纳税人之间、纳税人之间、征税人之间的利益发生了根本性冲突、不可以两全，则需要奉行最大多数人的最大利益原则。而且，在此情境下的每一次对最大多数人最大利益原则的遵从，都意味着一种帕累托改进，都是在接近帕累托最优状态。

事实上，正是帕累托为人类贡献了帕累托最优标准，才使人类拥有了一个判定一种制度，包括财税体制优劣的终极标准，也因此成为人类一切制度优化的北极星。道理在于，就总体而言，人类各种冲突的行为总是小于少于不冲突的行为，否则，人类共同体早就崩溃了。所以，更加显得帕累托最优原则的重要性。

因此，在人类文明的星空中，注定有一个星座属于帕累托。帕内托最优原则是一切制度优劣判定的终极圭臬，是文明约北极星。

（《大连国税》2015〔1〕）

仰望道德的税治

　　伟大思想家康德说过："世界上有两件东西能够深深地震撼人们的心灵，一件是我们心中崇高的道德准则，另一件是我们头顶上灿烂的星空。"康德何以如此肯定地断言道德的重要？那是因为，有人类就有活动，有活动就得有秩序，而秩序的获得，首先要靠道德，其次才要靠法。

　　道德虽然是人们活动时应该如何的规范，但它是一个社会人际利害关系活动的价值导向系统，决定着一个秩序形成的方向和途径。或许，它的强制力不如法，但它的影响却可能深远而恒久。税收活动一样，要获得必要的秩序，实现人类创建税收的终极目的，就需要一定的道德与法来规范。

　　问题是，我们应该用怎样的道德或法来规范征纳税人的涉税行为，实现税收增进全社会和每个纳税人利益总量的终极目的。进一步说，我们应该用优良先进的道德和法来规范征纳税人的涉税行为，实现税收增进全社会和每个纳税人利益总量的终极目的，还是用恶劣落后的道德和法来规范征纳税人的涉税行为，实现税收增进全社会和每个纳税人利益总量的终极目的？

　　用优良先进的道德和法来规范征纳税人的涉税行为，就可能实现税收增进全社会和每个纳税人利益总量的终极目的，就是我们为之奋斗的道德的税治。反之，如果用恶劣落后的道德和法来规范征纳税人的涉税行为，就可能背离税收增进全社会和每个纳税人利益总量的终极目的，就会陷入恶劣落后的税治泥淖。

因此，我们应该仰望道德的税治！

道德的税治，就是时刻把"不伤害一人地增进所有人的利益"的"帕雷托最优原则"奉为终极圭臬的税治，就是始终敬畏亚圣孟子"杀一无辜而得天下，不为也"这一终极道德原则的税治。自然，也就是只有在征纳税人之间涉税利益发生根本性冲突，而且不可两全的情况下才不得不祭出"最大多数人的最大利益"和"自我牺牲"两大原则的税治。无疑，前者犹如木桶的"桶底"，后者犹如木桶的"边沿"。显然，如果没有前者，后者根本无从谈起。把"不伤害一人地增进所有人的利益"的"帕雷托最优原则"奉为终极圭臬意味着，纳税人的基本权利在任何时候都不应被侵犯，这是一条绝对的原则和律令，必须永远敬畏，永远牢记，永远遵从。特别是，绝不能借口"最大多数人的最大利益"而剥夺少数人，甚至一个人的基本权利。这是判定一个税制优劣，税治优劣的根本标准，终极原则。要坚决避免"最大多数人的最大利益"的悖论，不要干那种牺牲"一个健康的人"，然后通过移植这个健康人的器官而去救活"五个需求器官移植的人"的超级傻事。坦率地说，再也不能以增进"最大多数人的最大利益"的名义，继续伤害少数人的利益了。

道德的税治，就是永远高举人道主义旗帜，把人道精神贯穿于税收治理全过程的税治，就是"以人为本"的税治，意味着一切税收治理，至少要出于善良仁爱的目的，关注弱势群体，辅助弱势群体，不能"挖肉补疮"，"劫穷济富"。意味着，要尽可能多地给予纳税人最大的自由，避免政治、经济、社会和宗教对纳税人的异化。给予纳税人最大的自由，就是要时刻尊重纳税人的意志，体现纳税人的意志，理顺基本的征纳关系，摆正征税人是纳税人公共事务代理人这个位置。就是说，税收治理的主导者应该是纳税人，而不是政府和征税人。为此，就要奉行法治原则，将征纳税人之间的权利与义务通过法治的形式确定下来，以便征纳税人双方都有轨可循，有律可依，不至于各吹各的号，各唱各的调，从而背离税收治理的终极目的；就要遵从平等原则，税法面前人人平等。不仅纳税人之间要平等地享有和行使法定的权利与义务，而且征税人之间也要平等地享有和行使法定的权利与义务，不能厚此薄彼，"看人下面"，搞人为歧视，为特权开口子；就要注重限度原则，尽可能地减少束缚，力争将对纳税人的束缚降到最低。具体说，只要不触及税收治理的底线就行，只要不危及税收治理的基本秩序就要容忍。这是因为，自由不仅仅是一种深刻的人性需要，关键的是，自由是纳税人自我实现潜能和发挥首创精神的前提，更是一个社会繁荣与进步的根本条件。缺乏自由的税治，一定是一个缺乏活力的税治；缺乏活力的税治，一定是背离税收治理终极目的的税治。这样，就需要借助制度，充分体现纳税人的真实意志，从根本上解决税权的合意性与监督制约问题，从根本上保证纳税人的基本权利；就需要通过制度创新，切实保障纳税人的财产权，建立产权神圣不可侵犯的现代产权制度；就要建立现代思想文化财富的创获机制，催生和保护税收思想的"源头活水"，让各种富于创造性的税收治理思想奔涌而出，永不枯竭。"把生命当生命看"意味着，对非人类存在物也应该给予足够的关注。道德的税治，应该遵循生态原则，通过税收保护人类赖以生存的环境。

道德的税治，就是把公正原则放在第一位的税治。假如一个税治缺少了公正原则的规制，这个税治就犹如大厦没有了基本的

基础与可信的结构。显然，公正是一个税制的最低要求。固然在
税收治理原则的序列中，公正的位阶不如人道原则高，但公正却
是最重要的。毋庸讳言，没有人道，一个税治体系尚可凑合运行，
但假如缺少公正，这个税治就可能很快瘫痪。可见，公正虽不如
人道美好，但公正却远远重要于人道。所以，道德的税治，首先
应该是一个公正的税治，然后才是一个人道的税治。公正的税治，
首先是征纳税人之间平等的利害交换的税治，其次才是征税人之
间、纳税人之间平等的利害相交换的税治。征税人之间平等的利
害交换的税治，就是不同级次、不同区域、不同部门之间征税人
平等的利害交换的税治；纳税人之间平等的利害相交换的税治，
就是不同所有制、不同区域、不同行业、不同身份等主体之间纳
税人平等的利害相交换的税治。而且，平等的利害相交换的税治，
就是基本权利与义务完全平等地相交换、非基本权利与义务比例
平等地相交换的税治。

　　同时，道德的税治，也是诚信的税治、便利的税治、节俭的
税治。不仅纳税人应该诚信纳税，征税人也应该诚信征税；一个
税治，不仅应该让纳税人交税便利，也应该让征税人收税便利。
而且，道德的税治，也应该是征税成本最低的税治。

　　这就是我们心中"道德的税治"的基本要义，就是我们应该
仰望的"道德的税治"，也是我们期待的早日实现的"道德的税
治"。道德的税治，就是奉行优良的道德原则来调节税收活动的税
治，就是永远敬畏"帕雷托最优原则"的税治。因此，让我们共
同仰望，仰望这个"道德的税治"。

（《爱思想网》2009-08-28）

羊年的财税期许

万马奔腾过后，国人自会把对来年生活的美好期待，聚焦到三阳开泰上来。

因此，作为与财税结缘已经二十多年的笔者，对新年的所有期许，注定也离不开"财税"二字。这不仅仅是因为职业感情的原因，还是因为，"财政是国家治理的基础和重要支柱，科学的财税体制是优化资源配置、维护市场统一、促进社会公平、实现国家长治久安的制度保障。"更是因为，财税治理的优劣好坏，直接关系着每一位国人福祉总量的大小与多少。

众所周知，财政是指一个社会对重要公共资金收支行为进行管理的活动。公共资金的征收是税收，公共资金的支出即预算。毋庸置疑，公共资金的这"一进"与"一出"，便会影响政府创造和提供给国民公共物品与服务的性价比高低，从而直接或间接地影响每个国人福祉总量的增减。政府创造和提供给国民的公共物品与服务之性价比越高，每个国民获得的福祉总量就越多。反之，政府创造和提供给国民公共物品与服务之性价比越低，每个国民获得的福祉总量也就越少。

因此，笔者羊年的"财税"期许，也就寄望于在"一进"与"一出"方面。

就"一进"而言，笔者羊年的期许在于：

222

第一，"法治"能切实成为国家税收治理的关键词，并且能有一点明显的成效。

具体说，在税收法治建设中，首先不能仅仅满足于形式上的税收"法定"，比如提升现有税种的法律位阶，将《条例》逐步上升为"税法"，追求税收"法制"的进一步完善等。而应至少在税收法治理念上实现新的突破，特别是在税收法治精神实质的理解方面能够达成更高层面的共识，充分发挥全国人民代表大会在税收立法与监督方面的应有职能，进一步扩大现行税法的国民参与度与合意性，从而获得更广泛的民意支持。换句话说，政府的一切税收强制，原则上都应该且必须得到全体国民直接或间接的同意。事实上，这原来就是"以人为本"治国理念和"自由、平等、文明、法治、和谐"社会主义核心价值观的应有之义，也是人道税收治理原则实现制度性"嵌入"的关键。

其次，应着力于税法本身的公正性提升。具体说，税收法治建设不能仅仅满足于纳税者之间权利与义务分配的公正，拘泥于税负的"谁负"，闹心于税负的轻重与高低，更应追求征纳税者之间权利与义务分配的公正，以及征税者之间权利与义务分配的公正。而且，要特别注意在主体权利与义务分配时，基本权利与义务的分配能遵从完全平等原则，非基本权利与义务的分配则能遵从比例平等原则。关键是，完全平等原则一定要优先于比例平等原则。

同时必须清楚，税收法治重在治官，重在规范财税权力，而不是仅仅治民，规范纳税者的行为。

第二，税制改革要注意税收风险的防范。毋庸置疑，十八届三中、四中全会以后，财税改革进入了历史性的"快车道"，改革目标越来越明确，改革任务越来越具体。在羊年里，"营改增"改革将进入关键性阶段，房地产行业"营改增"面临的困难与复杂性非同一般，环保税开征在即，消费税与资源税或有新的动作，综合性个人所得税改革箭在弦上，房地产税的立法已经提到议事日程上等。无疑，这些税制改革目标的实现，无不是征纳税人之间权利与义务的重新调整与分配，很可能引发一些新的矛盾与冲突，进而累积成为影响改革的负面力量。而且，由于转型中国的特殊境遇，特别是在以互联网技术迅猛发展为背景的全球化时代，纳税人的权利意识日益增长，任何时机不当的税制改革，最易引发系统性的税收风险。因此，每一项税制改革举措的实施与推进，都必须未雨绸缪，强化风险防范意识，提前进行风险评估，制定风险防范的应急预案。

第三，征税的终极目的一定要清晰，"聚财式"征税价值取向必须进行反思。固然，政府征税的直接目的，或者说具体目的是为了"聚财"，为了调节宏观经济，为了调节国民之间收入分配不公等，但归根结底，由于国民给政府交税，只是为了换取政府生产和提供的公共物品与服务，因此，税收的终极目的，国家征税的终极目的，只能是为了最大限度地增进全社会和每个国民的福祉总量。而且，只有明确了征税的终极目的，方可拥有评定税制优劣的终极标准，方可为税制改革提供稳定的得失评定标准，避免税制改革方向的迷失。而目前正在进行的《征管法》修改，更应力戒"聚财式"价值导向的习惯性诱导，千万不要把这次《征管法》修改，再次演变成又一次扩大政府征税权力的契机，从而有意无意地消减纳税人的自由与权利，特别是纳税人的那些基本权利。

具体说，笔者关于羊年的税收期许：一是"费改税"的进程能够加快一点，能够实质性地减轻纳税人的税负，帮助企业渡过经济总体下行压力的难关。二是能够在政府征税的透明度方面有所突破。不仅要及时公布逃税者的信息，更要及时公布税权滥用者的信息，加大税权监督的力度，着力于构建"闭环式"的税权监督机制。三是在加大直接税比重改革方面，也应该做些实质性的探索与尝试，比如消费者发票的价、税分列等。

就"一出"而言，笔者羊年的期许集中在一点，这就是：新《预算法》能够全面顺利施行，能够初步遏制公共权力滥用，防止腐败现象大面积产生，促进公共物品和服务性价比的提高。

当然，这都仰赖于曾经两度成立起草小组，历经三届人大，四次启动审议程序，熬过了 20 年漫漫修改之路才通过的《中华人民共和国预算法》，终于从 2015 年 1 月 1 日起开始施行。因此，可以期待的是，政府花钱的权力，从此会被逐步"装进制度的笼子"，从而减少财税权力对国民权利的侵害。而且，伴随新《预算法》的施行，也有理由相信，倘若能建立起有效的防腐、反腐长效机制，政府财税权力的滥用问题，完全有可能得到制度性的监督与制衡。

道理就在于，新《预算法》在"全口径预算管理、地方政府举借债务、预算公开，以及人大对预算的监督审查"等方面的明显突破，都将有助于防止政府及其官员手中公共权力的滥用与腐败，特别是财税权力的滥用与腐败。因为"全口径预算管理"意味着，政府的所有收入都将被纳入"预算"，政府所有的支出行为都必须按《预算法》的规定进行。而"预算公开"意味着，这是监督政府及其官员所掌握之公共权力的最有效方式。

自然，新《预算法》有效实施，也就有助于增进全社会和每个国民的福祉总量，有助于化解财税改革可能遭遇的社会性风险。一句话，笔者羊年的最大期待就在于：新《预算法》能实实在在

"扣好第一粒扣子"，迈好第一步，发挥其应有的财税基础功能，促进征纳税人对财税法的准自愿服从行为，增进全社会和每个国民的福祉总量。

（《大连税务》2015［2］）

理顺征纳税人关系是税改前提

税收在国家治理中的重要性越来越被社会关注。那么，如何才能充分发挥税收在国家治理中的基础性功能，实现税收增进全社会和每个国民福祉总量的终极目的？

唯有构建良好的税制，通过法治推进税制改革，不断优化税法体系，制定优良的税法，才可能调节好、理顺征纳税人之间的关系。而要规范好征纳税人之间的关系，前提是必须科学认识征纳税人之间关系的本质属性。

从发生学的角度看，征纳税人之间关系一定有先后与主次之别。但更为关键的是，征纳税人之间的关系，究竟属于因果关系，还是目的与手段的关系？

马克思说："社会——不管其形式如何——究竟是什么呢？是人们交互作用的产物。"就是说，一切社会关系，莫不是交换关系。但这种交换关系，可分为两类：一类交换是——交换者给予对方某物，是为了从对方那里交换来某物。因此，双方之间是一种目的与手段的关系。而另一类交换是——交换者给予对方某物，不是为了从对方那里交换来某物，因此，双方之间是一种因果关系。前者最典型的是经济交换、市场交换；后者最典型的如慈善行为，诸如捐资助学、扶贫帮困等。可见，尽管二者都属于交换关系，但本质却大不相同。如果交换者交换的目的是为了从对方那里交换到某物，便属于目的与手段关系；相反，如果交换者交换的目的不是为了从对方那里交换到某物，便属于因果关系。

区分两类不同交换关系的价值和意义在于，目的与手段关系的调节与规范应遵从人道自由和公正平等的基本道德原则，交换无疑有助于交换双方互通有无，实现互利双赢，增进双方或多方的福祉。但因果交换就不同，它遵从的或是善的"无私利他""自我牺牲"的至善道德原则，与公正平等原则无关，不讲权利与义务的公正平等交换。毋庸讳言，基于对两类不同交换关系的认知，会提出和选择完全不同的调节与规范策略，构建不同的税制，设定不同的税制改革目标。

毋庸置疑，对征纳税人之间关系的辨析，也就成为税制创建与改革的思想前提。而且，如果在此出现认识谬误的话，税制创建与改革最容易犯方向性的错误。直言之，征纳税人之间的关系属于目的与手段的关系。纳税人给政府缴纳税款，一定是为了从政府那里交换到某物——公共产品与服务，绝不是一种"无私"行为。因此，这种交换就应该遵从人道自由与公正平等的基本道德原则。

具体说，这种征纳税人之间交换的契约——税法，应该在自由平等的前提下缔结。而且，这个契约的内容必须符合公正平等原则，不仅纳税人之间权利与义务的分配要遵从人道自由与公正平等的原则，而且征纳税人之间权利与义务的分配更应遵从人道自由与公正平等的原则。准确地说，不仅纳税人之间的基本权利与义务分配要遵从完全平等原则，非基本权利与义务分配要遵从比例平等原则。而且，征纳税人之间基本权利与义务的分配更应遵从完全平等原则，非基本权利与义务分配更要遵从比例平等原则。

相反，如果认为征纳税人之间是一种因果关系，遵从的便是"无私利他""自我牺牲"道德原则。以此构建的税制或推进的税制改革，逻辑上，注定认可和遵从的是一种忽视征纳税人之间本真关系的价值取向。毋庸讳言，现实中如果税权缺乏有力有效的"闭环式"监督制衡机制的话，其创建的税制，推进的税制改革，注定是"聚财式"的价值取向与逻辑，会鼓励和引导纳税人"大公无私""自我牺牲"，而且，自觉自愿地放弃对税权的监督权利，不追问税收公正与自由。

其实，征纳税人之间的关系，正如雇佣者与被雇佣者之间的关系一样，都是一种目的与手段的关系。

总之，税制改革要少犯方向性错误，理清征纳税人之间的本真关系是基本前提。常识告诉我们，前提如果错了，税制改革最易迷失方向，从而背离其增进全社会和每个国民福祉总量的终极目的。

（《深圳特区报》2015-10-28）

重建财税共同体

　　转型社会，最重要的责任就在于如何重建与传统社会不同的现代社会利益共同体，这个利益共同体最符合文明社会的基本要求，最有利于共同体中的每一个成员实现自己利益的最大化。其中，这个共同体中最为核心的共同体应该是财税共同体。财税共同体的优劣与质量，从根本上决定着社会共同体的优劣与质量。问题是，何谓共同体，何谓财税共同体？优良财税共同体的基本特征是什么？以及当下财税共同体存在的问题是什么？如何重建中国的财税共同体？

何谓共同体

　　何谓共同体，无疑是指利益共同体，是指其中的所有成员应该被道德地对待，或者应该得到道德关怀的个体和群体的总和。换句话说，是指应该被道德地对待或应该得到道德关怀的对象的总和。而共同体中的成员所拥有的这种道德身份或道德地位，并不完全相同，且可以分为"道德代理者或道德行为者（moral agent）"与"道德顾客或道德承受者（moral patient）"两种类型。前者是指能够进行道德的和不道德的行为，从而能够对于自己的行为承担道德责任。后者则是指被按照道德规范来对待的成员，是道德代理者对其负有道德义务因而能够对其做出在道德上是正确或错误的行为的存在物。

以此概念推导，"任何存在物，只要具有利益并且有利于人类，就应该得到道德关怀从而成为道德共同体成员。"（王海明先生语）比如，一种能够分辨好坏利害和趋利避害的具有利益的生物，如果给了我们利益，就应该心存感激，也回报它们以利益，不应该给它们以不必要的损害。

而且，一旦这一道德利益共同体形成，并被法律所肯定，这种道德共同体将转变为法律共同体，就成为一种所有成员应该且必须被依法对待，或者应该且必须得到道德与法律关怀的个体和群体的总和，成为一个应该且必须被依法和依德对待与得到法律和道德关怀的对象的总和。也因此，这种共同体中的成员所拥有的法律与道德身份或地位，也就划分为法律和道德代理者或行为者与法律和道德顾客或承受者。前者是指能够进行道德和不道德、合意和不合意的行为，从而能够对于自己的行为承担道德和法律责任。后者则是指被按照法律和道德规范来对待的成员，是法律和道德代理者对其负有法律和道德义务，因而能够对其做出在道德上是正确或错误，在法律上是合法或非法的行为的存在物。

以此推之，所谓财税共同体，就是指其中所有成员应该且必须被按照财税道德与法律对待，或者是应该且必须得到财税道德与法律关怀的征纳税人个体和群体的总和，成为一个应该且必须被按照财税法律与道德对待和得到财税道德与法律关怀的对象的总和。

这意味着，一个社会所奉行的财税道德和法律的优劣，将决定这个社会财税共同体本身的优劣，决定着这个社会财税共同体实现增进全社会和每个人利益总量终极目的的程度。也就是说，优良的财税共同体，注定是以优良的财税道德和法律构建；相反，恶劣落后的财税共同体，必然是以恶劣落后的财税道德和法律构建。

优良财税共同体的要义

优良的财税共同体，一定是能够最大限度地实现全社会和每个纳税人利益总量增进终极目的的。恶劣的财税共同体，一定无助于实现全社会和每个纳税人利益总量增进的终极目的。因此，优良财税共同体具备的根本特征应该是，它已经或者能够增进全社会和每个纳税人利益总量。否则，则是恶劣落后的财税共同体。事实上，能否增进全社会和每个纳税人利益总量，是评价任何财税共同体优劣的终极标准。

而且，这一终极标准在实践中可以分为两种情境来使用。具体说，一个优良的财税共同体，当其共同体中个体与群体利益，也就是征纳税人之间利益，个体的征纳税人与群体征纳税人之间财税利益未发生根本性冲突，可以两全的情境中，它的优劣，就要看它是否体现了"不伤害一人地增进所有人福利"的帕累托最优原则。相反，当其共同体中个体与群体利益，也就是征纳税人之间利益，个体的征纳税人与群体征纳税人之间财税利益已经发生根本性冲突，不可以两全的情境中，它的优劣，就要看它是否体现了"最大多数人的最大利益"的"最大多数利益原则"。

这无疑是说，优良财税共同体应该具有的最根本也是最基本的特征应该是，看它是否出于全社会和每个纳税人的善的目的，是否将"己他两利主义"道德奉为共同体构建的道德价值导向系统。

其次要看这种财税共同体，是否实现了以人为本的人道主义原则，是否实现了纳税人主导。也就是说，这个财税共同体构建的法律与道德原则，是否反映了全体纳税人的意志，财税共同体构建的最高权力是否掌握在全体纳税人手里。具体说，要看这个财税共同体是否把全体纳税人作为权利与义务的统一体来对待，并且实现了制度性的嵌入。更要看，这个财税共同体，是否为了激活每个纳税人的创造性潜能，为了每个纳税人的自我实现，而且同样实现了制度性的嵌入。与此同时，这个财税共同体，法治水平较高，运行的财税法优良，汇集的纳税人意志广泛；每个纳税人在财税法面前人人平等，很少受到歧视。而且，财税法的限度适当，既有自由，也不会危及财税共同体运行的基本秩序。每一个纳税人都可以按照自己的意志管理财税共同体的事务，可以按照自己的意志处理自己的财产，创获物质或精神财富，可以随时发表自己关于共同体构建的意见。

最后，也是最重要的一点在于，要看这个财税共同体，是否把公正原则奉为共同体构建的基本原则，是否实现了共同体内部个体与全体成员的财税利益分配的公正公平，关键是征纳税人之间权利与义务分配的公正与公平。正如亚当·斯密所说："社会存在的基础与其说是仁慈，毋宁说是公正。没有仁慈，社会固然处于一种令人不快的状态，却仍然能够存在；但是，不公正的盛行则必定使社会完全崩溃。"财税共同体一样，其存在的基础也是公正。没有基本的公正，也就不会有财税共同体的稳定与秩序，更不会实现增进全社会和每个纳税人利益总量的终极目的。

重建中国财税共同体的使命

既然如此，重建中国财税共同体，当是这一代人无法推卸的历史重任。没有财税共同体的现代重建与转型，中国社会的现代化转型几乎不可能实现。为此，必须明确以下几点：

第一，财税共同体重建的基本价值趋向必须明确，必须志在构建自由人道的优良财税共同体。至于具体实施的途径和方法可以权变，但在根本方向上不可游移不定。特别是，要坚决拒绝一些具体目的的诱惑，始终瞄准增进全社会和每个纳税人利益总量这个终极目的和标准，警惕具体情境中这一终极原则的适用条件。一定要择善固执，把"不伤害一人地增进所有人的福利"作为理想目标去追求和弘扬，把"最大多数人的最大利益原则"最为不得不奉行的原则谨慎祭出。

第二，财税共同体重建的基本原则要清楚，根本说来就两个："人道"与公正。人道是最高原则，公正是根本原则。人道原则的根本是给每一个纳税人最多的自由，要致力于财税异化现象的消减；公正原则的根本是平等，平等原则具体表现为完全平等原则和比例平等原则。

因此，应该始终将人道主义原则作为财税共同体重建的最高旗帜。特别是要引导全体纳税人，要自觉肩负起重建人道自由财税共同体的责任，追求财税领域的自我实现价值。就公正而言，在征纳税人基本权利与义务方面，既要关注完全平等原则，也就是所谓的横向公平原则，在征纳税人非基本权利与义务方面，要注意比例平等原则，也即尊像公平原则。要清楚，公正与效率是一致的，越公正，肯定越有效率，不可能存在公正与效率背离的问题。但平等则既可能符合公正，从而与效率一致，也可能不符合公正原则，从而无效率或低效率。就是说，越是符合公正原则的平等就越有效率。相反，越是背离公正原则的平等就越无效率，或者低效率。事实上，现有财税共同体存在的诸多问题，多多少少都与这个所谓的公平与效率优先和兼顾理论误导有关。

第三，财税共同体重建的现实切入点，应该首先关注财税权力使用过程中存在的滥用问题。具体说，应该重点关注财税权力的监督与制约问题，择机关注财税权力的合意性问题。这种策略的根据在于，财税权力监督使用，既十分重要，也距离我们的生活最近，且容易取得成果，有助于通过积累寸功，实现财税共同体的和平重建。之所以提出择机关注财税权力的合意性问题，是因为财税权力的合意性问题要彻底解决，有赖于政治体制改革的实质性展开。或者说，这是中国的现实，也是中国财税共同体重建必然遭遇的历史宿命，只能顺应，不可强求。

而且，现实的重建之路，也应该体制内外共同努力，但通过体制内的立法及其既有财税法的修订与完善，当是理性的选择。当然，体制外的推动力量不可忽视。换句话说，财税基本法应该尽快出台，有关财税法立法级次亟待提高，预算法修订早该尘埃落定。

现实财税共同体重建之路的着力点，无疑应该放在财税法治的透明性与公开性方面。通过逐步扩大财税立法的民意基础，提高财税法治的透明性与公开性去实现。不过，这或许是笔者的美好愿望。历史发展的轨迹，不是任何人能够左右和猜测的。

（《共识网》2011-03-12）

财税改革要高举宪法旗帜

过去的一年，中国财税改革经历了比以往更多的振幅，所幸，一切都已过去。在新的一年里，我们每一个人没有理由不期待更加理性、更加美好的目标与梦想。财税作为国家与国民之间原初契约的核心内容，它的生态与长势，无不折射一个国家，一个社会文明的位阶，反映一个是时代变迁的深浅轨迹。

特别是在转型时代，面对纷繁复杂的历史境遇和情境，更需要大智慧与大胆略，需要文明理性精神旗帜的导引。这个旗帜，就实践而言，就是宪法，只能是宪法，只能是完备的宪法。十八大报告明确指出："党领导人民制定宪法和法律，党必须在宪法和法律范围内活动。任何组织或者个人都不得有超越宪法和法律的特权，绝不允许以言代法、以权压法、徇私枉法。"这是因为，宪法是国民与国家之间最重要最根本公共事务的权力性规范体系，是国民与国家之间最重要最根本权利与义务法定的、应该且必须的权力性规范体系。因此，只有高举宪法旗帜，弘扬宪法精神，遵从宪法规定，整个社会治理系统才可能逐步优化，国家才能获得真正文明的秩序，才能摆脱被形形色色具体目标引入歧途的宿命。财税改革作为最重要最根本的契约及公共活动，理应高举宪法旗帜，高举《八二宪法》旗帜，并以《八二宪法》为圭臬，设定目标，选择策略，稳步推进。

财税改革应从捍卫宪法开始

迄今为止，朝野的共识是，由于《八二宪法》诞生的特定历史背景，它是相对理性、文明、完备的宪法。因为它的民意基础相对最坚实，合意性相对较大。具体说，由于《八二宪法》成于"文革"灾难之后全民的痛感时代，而且，制宪者大多遭遇过无宪，或者有宪法无宪则时代的精神与肉体的双重迫害，这个宪法文本汇聚的国民意志比较广泛。

所以，不单是财税改革，就是其他各个领域的社会改革，都应该且必须遵从《八二宪法》，高举《八二宪法》的旗帜，从捍卫这个宪法开始。

财税改革要捍卫宪法，首先就是要在实质性地扩大财税权力民意基础方面力争新的突破，要切实领会宪法"主权在民"的精神实质，把"主权在民"的宪法精神，切切实实地贯彻落实到财税改革的各个环节。

其次，财税改革要捍卫宪法，就是要在建立长效实效的财税权力监督制衡机制方面有所作为。事实上，捍卫"宪法至上"原则确立实施的过程，也就是各种财税权力滥用作恶行为被逐步遏制的过程。回顾《八二宪法》实施三十年来的实践，最大遗憾就在于，宪法违宪机制的缺位或滞后，致使各式各样的违宪行为得不到及时的改正，包括各种违宪财税行为。难怪习近平同志在庆祝《八二宪法》施行30周年纪念会上一再强调：宪法的生命在于实施，宪法的权威也在于实施。因此，发挥宪法增进全社会和每一个国民福祉总量的终极目的，也就不可能落到实处。

毋庸讳言，财税作为国家与国民之间最重要原初契约的核心内容，财税法作为国民与国家之间最重要最根本权利与义务的规范总和，只有坚决捍卫宪法，才既可能获得最大的合意性支持，也可能最大限度地接近增进每个国民福祉总量的终极目标。宪法是财税法的母法，根本大法，合宪是财税法获得现实遵从动力的最佳选择。财税立宪也是宪法获得大多数国民实际支持与信仰的最佳切入点。或者说，没有实质性财税入宪的宪法是空泛的。当然，缺乏宪法支持的财税法也是底气不足，无法获得现实权威的。

可见，一切财税改革都应从遵从、捍卫宪法开始，以宪法为圭臬，以合宪或不合宪，作为财税改革目标设定、策略考量的根本标准。

财税修宪的未来期待

一切财税改革都应从遵从、捍卫宪法开始，以宪法为圭臬，这是前提。但是，这个前提却不是绝对的。这是因为，就是相对完备的《八二宪法》，也不是绝对完备的。因此，在遵从"宪法至上"原则的同时，也应保持一份清醒：绝对完备的宪法，现实中是根本不存在的。绝对完备的宪法仅仅是一种理想的形态。

这岂不意味着，通过不断的财税改革，特别是财税修宪、立宪，不断优化宪法，也是高举宪法精神旗帜的应有之义。一方面，遵从、捍卫不完备的宪法总比无宪法要理性；另一方面，通过财税入宪、立宪、修宪，不断优化宪法，并进而遵从、捍卫相对完备的宪法，也是每一代人的理想和责任。因为严格说来，不完备是宪法的常态，完备则是宪法的理想状态。

或许，现实的选择只能是，一切财税等改革，都应遵从和捍卫相对完备的宪法，同时不忘追求完备理想的宪法，并继续坚决遵从和捍卫之。

事实上，现行宪法也不是完备的，即是《八二宪法》同样。就财税入宪、立宪而言，尚存在诸多显现的缺陷和遗憾。一是关于财税内容的明确规定与条款太少，而且太过模糊。比如，关于涉税这样一个关乎国家治理的根本问题，明确条款仅有一条。这固然为未来宪法的财税修改，增加财税条款预留了很大的空间，但同时也是现行宪法的最大缺憾。二是现行宪法关于财税问题的规定太过模糊和原则。试想，如果"财税权"的合意性以及监督制度缺位和滞后的话，就会从根本上动摇一个国家财税治理体系的根基，导致征纳税人之间权利与义务体系的倾斜与失衡。自然，也就最容易背离财税治理"增进全社会和每个国民的福祉总量"的终极目的。

明确地说，现行宪法存在的"财税权力"的合意性问题亟待化解，"财税权力"的制衡与监督问题有待实质性的突破，财税法定问题不容忽视，广大纳税人或国民的财税权利与义务认识有待提高和深化。而且，重视财税权利与义务的特殊性、相对性与主观性，忽视财税权利与义务的普遍性、绝对性与客观性的倾向性问题，忽视财税权利与义务实质性关系调节等问题都亟待关注和重视。特别是征税人行使的权利多于所履行的义务的问题最为突出，更亟待通过修宪、入宪、立宪来解决。

因此，财税修宪、入宪、立宪，财税改革，应是宪则建设的应有之义。任何一部完备的宪法，财税内容注定不可或缺，而且必须清晰明确。财税改革，注定需要完备宪法的支撑。高举宪法旗帜，就是要不断推动财税文明，逐步向世界财税治理的文明主流看齐。

遵从宪法是每个国民的义务

一部宪法，如果不被它的国民遵从和信仰，就是一纸空文。同样，因为一个宪法的不完备而否定，或者不遵从它，也是一种缺乏公共理性的表现，最终将背离宪则的初衷，既无法遏制权力的滥用与作恶，也无法保障绝大多数国民的基本权利，增进每个国民的福祉总量。

遵从宪法是每个国民的义务，也是维护宪法权威，捍卫宪法尊严，捍卫全社会和每一个国民共同意志的理性选择。宪法如果不被国民遵从，它就没有生命，也就不会发挥它防范权力乖张和撒野，保障每一个国民福祉的效用，也就不会赢得每个国民发自肺腑的真诚支持与信仰，宪法的权威也就不可能长久地存在。

当然，遵从宪法，首先在于各级党政官员以及社会先进分子的示范带头。这是因为，这一群体既掌握着各级权力，包括财税权力，同时也对各种社会资源具有强大的支配力。

其次，每一个国民也应该把遵从宪法作为一种义务。国家权力的合意性，根本说来，来源于每个国民的认可与同意。没有每个国民或者其代表的授予，国家权力的民意基础就不广泛不牢固，宪法的合意性就无从谈起。因为，归根结底，宪法的尊严与权威，来源于每一个国民对它的遵从与捍卫。

遵从宪法作为一种义务意味着，每个国民，要在遵从宪法规定的纳税义务的前提下，清醒地知道自己的主体地位，在意自己的财税权利，并通过各种渠道和形式维护自己的财税权利，特别是宪法已经规定的各项财税权利。毋庸置疑，每个纳税人、每个国民权利意识的淡漠，都是导致其权利被权力侵害的主要原因之一。拒绝宪法规定之外一切"非法"的财税要求，本来就是每个国民、每个纳税人的基本权利之一，任何人任何组织都无权剥夺。

总之，高举宪法旗帜，是财税改革及其一切社会改革都必须高举的旗帜。遵从它、捍卫它，也是每一个国民、每一个纳税人，特别是每一个官员的基本义务。正如《八二宪法》总纲所规定的："一切国家机关和武装力量、各政党和各社会团体、各企业事业组织都必须遵守宪法和法律。一切违反宪法和法律的行为，必须予以追究。"同时，也应通过不断的修宪，完善这个宪法，充实和丰富其中财税的内容，增加宪法的合意性，化解"财税权"合意性的危机，为"财税权力"及其宪法涉税条款的合意性奠定基础，真正体现宪法的至上性与权威性，并建立实质意义上的"财税权力"监督制度与机制，遏制征纳税人权利与义务生态系统不理想的现状。

（《陕西国税》2013［1］）

从"纳税意识"到"纳税人意识"

很多年以前，著名伦理学家肖雪慧女士曾经对"纳税意识"与"纳税人意识"内涵做过精到的辨析。值得欣慰的是，时至今日，"纳税人意识"已经替代"纳税意识"的概念。这是一种进步，也是一种文明。

"纳税人意识"之称谓，因为其中有"人"，符合人性规律，自会逐渐被社会接受和认可。"纳税意识"则会因为无视"人"之存在而不被抛弃，必然之理，规律使然。

"纳税人意识"就是纳税人关于自己是人，既是权利主体之人，也是义务主体之人的认识。在"纳税人意识"里，"人"是健全的，站着的，既承担纳税义务，也享有用税权利。在"纳税人意识"主导下的税收治理，一定是最大体现了纳税人意志的，最能增进每个纳税人总体利益的税收治理。反之，在"纳税意识"主导下的税收统治，则更多体现的是征税人的税收意志，很难增进每个纳税人的总体利益。道理很简单，在"纳税人意识"主导下，纳税人可以获得最大的自由，其创造潜能可以得到最大的发挥，税收强制也会因为自己的事先同意而变为对自己意志的遵从，心情舒畅，创获财富的动力能量强大。相反，则会热情不高，动力不大。

由于"纳税人意识"是纳税人品质构成的指导因素，"纳税人意识"越强大，则一个纳税人依法纳税的认识就越明白，越会自觉纳税。因此，"纳税人意识"的唤醒与培养，就成为优良税收治理，实现税收增进全社会和每个纳税人利益总量的重要因素。

要唤醒和培养先进科学的"纳税人意识"，途径无非有二：一是就总体思路而言，要唤醒和培养先进科学的"纳税人意识"，还得有赖于政治体制改革的实质性启动与实施、生产力的高度发展、税制的整体优化以及科教文化事业的繁荣。二是就影响"纳税人意识"的具体要素而言，则要从以下几个方面着手：

第一、首先要弄清楚"纳税人意识"的科学内涵与本质。可以说，有多少个社会多少个纳税人，就会有多少个关于"纳税人意识"的理解。这正是"纳税人意识"优劣得以产生的前提。假如没有这个前提，对"纳税人意识"的多元化理解就不会存在。但是，"纳税人意识"理解的多元化现象并不意味着"纳税人意识"不具有普遍性、客观性与绝对性。不论对纳税人意识的理解如何不同，但优良"纳税人意识"的优良性，不会因此而改变，优良"纳税人意识"一定是普遍性与特殊性、客观性与主观性、绝对性与相对性的统一体。它是纳税人关于自己作为权利与义务主体的认识与智慧。就是说，如果对"纳税人意识"的科学内涵与本质缺乏正确的认识，"纳税人意识"培养也会成为一句空话。目前面临的主要挑战是，在"纳税人意识"的概念下，制度保障的多是"纳税意识"而不是"纳税人意识"的内涵。

第二、要积极组织"纳税人意识"相关知识教育与启蒙。进行"纳税人意识"相关知识教育与启蒙，其实就是言教。言教意味着，要提升每一个纳税人的权利与义务智慧，以避免纳税人在其权利与义务方面的愚蠢与无知。具体说，就是要通过言教，提高全体纳税人对自身权利与义务的认识、知识和智慧。其形式很多，就社会而言，可以是官方的宣传、社会舆论、传媒说教、著书立说、学术报告、讲授教诲、对话讨论以及文艺熏陶等。目前问题是，影响"纳税人意识"的总体要素与具体教育艺术要素未实现优化。就"纳税人意识"教育内容而言，要唤醒和培养"纳税人意识"，就是要使每个纳税人懂得为什么应该树立和究竟怎样做一个真正既有权利又有义务的纳税人的道理。或者说，就是要使每个纳税人懂得为什么应该做和究竟怎样做一个既享有权利又承担义务的纳税人的道理。

第三、要提升一个国民的纳税人意识，最佳的途径就是要通过树立榜样。通过模仿意识强烈的纳税人，以他们为榜样，进而不断强化其纳税人意识，这是唤醒和培养先进科学"纳税人意识"的最佳途径。因为纳税人意识大多是抽象的、笼统的、模糊的，只有榜样才能使这种权利与义务意识现实化、具体化和明确化。因此，就要在现实生活中注意发现和树立纳税人意识强烈的榜样和楷模，引导其他纳税人向他们学习。

唤醒和培养先进科学的"纳税人意识"，这是当下中国最最迫切的任务之一。没有"纳税人意识"整体水平的提升，现代化税收治理体系就缺乏足够的思想基础，也就不可能真正建立。而且，"纳税人意识"的唤醒和培养，不可能一蹴而就，只能循序渐进，关键在于纳税人权利与义务制度保障机制的建立。没有纳税人权利与义务制度保障机制的构建与实施，真正意义上的"纳税人意识"唤醒和培养只能是一句空话。

（《同舟共进》2015［5］）

用财税法治促进国家治理现代化

　　财税法实际上是指一个国家的收支法，是一个国家重大收支行为"必须且应该"如何的权力性规范。自然，财税法治也就是指一个国家对其重大收支行为，依据这个"必须且应该"如何的权力性规范进行管理的活动。而且，财税法治是国家治理体系的基础性与支柱性系统，直接关系一个国家和民族的整体兴衰与荣辱。财税法治是衡量一个国家治理文明程度的"晴雨表"。

　　国家的收入行为即税收，一个社会对税收活动的治理依据即税法，以税法而"治"即税收法治。直言之，中国社会经过20多年的努力，当下税收法治的基本框架已形成，初步建立了"以间接税为主，直接税为辅"的税收法治体系。尽管现有的18种税法中，仅有三个税法经过了全国人大审议通过，但至少形式上格局已成。而且，历史地看，1994年启动的新税制改革，也的确实现了原初"收好税"的预期目的，化解了一直以来困扰中央政府的"两个比重偏低"的问题，维护了中央权威，发挥了税收对宏观经济的调节作用，客观上，也应对了来自财税治理体系内外的挑战与压力。

　　问题是，随着时间的推移，20年后的中国财税治理形势早已发生了根本性的转变。今天虽然还是面临财税治理体系内外的压力与挑战，但压力与挑战的来源与形式却发生了很大变化。坦率地说，当下中国财税治理面临的主要问题是如何"用好税"，为国民提供高性价比、高合意性的公共产品与服务，从而缓解越来越多的民众对目前公共产品性价比不高，合意性比较低的压力与挑战。直言之，如果说 20 年前的新税制改革重在解决"收好税"的问题，化解的是中央与地方政府之间收税权利与义务分配不公的问题，那么，20 年后启动的以《预算法》修改为突破口的财税体制改革，其目的则重在如何"用好税"，化解征纳税人之间权利与义务分配不公的问题，从而为更多国民提供高性价比、高合意性的公共产品与服务，从而缓解来自国民的日益增长的权利意识，发挥财税体制在国家治理中的基础性、制度性、保障性作用，为中国社会的现代化文明转型保驾护航。

就是说，前后 20 年中国财税体制改革面临的主要任务与使命是完全不同的。因此，财税改革策略、路径与方法的选择，也不可能雷同。

《预算法》优化是财税法治现代化的前提

事实上，2014 年 8 月 31 日十二届全国人大常委会第十次会议表决通过的《全国人大常委会关于修改预算法的决定》，即新的《预算法》，不仅肩负着国家收支法治化的历史重任，而且担当着国家治理现代化的历史使命。

因此，尽管在笔者看来，就新《预算法》的文本而言，缺憾至少还有四点：一是"导言"部分的表述虽有较大突破，但却头重脚轻，其基本原则精神没有一以贯之，渗透到具体的条款之中。而且，由于《预算法》及其修改终极目的不清晰不明确所预埋的风险，社会各界的关注度并不高；二是尽管此次《预算法》修改启动于 2004 年，熬过了 20 年漫漫长路，其间两度成立起草小组，历经三届人大，四次启动审议，也征求了专家学者等社会各界的建议，这在中国立法史上实属少见。但是，由于此次修改仍然是官员主导，其合意性也就不宜高估；三是新《预算法》确实对政府一些具体支出行为进行了规范，但对政府与民众间权利与义务公正分配问题仍然语焉不详；四是对政府支出权力监督尚未形成"闭环"。

也就是说，如果立足现实境遇的话，新《预算法》的价值及其顺利实施，其价值虽不应被忽视，有助于财税治理的优化及其国家治理现代化，但同时其积极效用也是有限的，不可太过高估。同样，从过去对政府支出行为的形式约束、有缺陷的软约束，到现在对政府支出行为进行实质性、全口径约束的转变来看，对新《预算法》历史功德的评价，或许应该留有余地，或应多看它积极的一面。

毋庸讳言，长达十几年的《预算法》修改过程，本身就是对民众的一种预算法意识启蒙，是在唤醒纳税者的权利意识，凝聚纳税者积极参与财税法治现代化的正能量。从过去的不知道何谓《预算法》，到逐步知道《预算法》的功能与作用，再到主动参与到《预算法》修改行列之中，这本身蕴含的"润物细无声"之意义，在历史长河中或许微不足道，但作为文明进程中的一个环节，显然必不可少。可以说，《预算法》修改的过程，一般而言，也是《预算法》不断优化的过程，自然也就是《预算法》不断法治化的过程，是财税法治不断优化和现代化的过程。直言之，如果没有《预算法》的不断优化，也就不可能有财税法治的不断优化与现代化。《预算法》修改与优化，是财税法治不断优化和现代化的前提。

而且，新《预算法》如果能顺利实施，切实发挥其对政府支出行为的规范作用，有效遏制支出权力的滥用与腐败现象，也会从总体上促进纳税者的准自愿服从行为，进而提升整体税收法治水平。这是因为，正如在美国税收政治学者玛格丽特·利瓦伊教授所言："只有当纳税人相信（1）统治者会遵守协议，且（2）其他人也遵守他们的协议，准自愿服从才会发生。纳税人是策略性行动者，只有当他们预期其他人也合作的时候才会合作。每个人的服从取决于他人的服从。没有人愿意成为'傻瓜'"。这就是说，《预算法》的优化意味着，国民与政府之间法定权利与义务的重新调整与优化，一般而言，这种调整会越来越接近公正平等。因此，新《预算法》的贯彻与实施，有助于纳税者准自愿服从行为的增多。反过来，也有助于稳定政府的税收收入，进而保证财政收入的稳定，为国家治理现代化提供物质性的支持与保障。

财税法治是国家治理现代化的主要诉求

以《预算法》修改开启的此轮财税体制改革，显然肩负着全面改革突破的重任，甚至具有超越《预算法》修改本身价值的意义。众所周知，财税法治有两大基本任务：一是收入法治——税收法治，是依据"税法"之治；二是支出法治——预算法治，是依据"预算法"之治。因此，一个社会财税法治的质量与水平，首先取决于"税法"与"预算法"本身的优劣。

毋庸置疑，"税法"与"预算法"的优劣，根本说来，不论其形式如何，完备还是不完备，精致还是粗糙，关键是要看这种"税法"与"预算法"，所能增进全社会和每个国民福祉总量的多少，特别是增进多少国民的福祉总量。无疑，只能增进一个国民福祉

248

总量的"税法"与"预算法"最差，只能增进少数国民福祉总量的"税法"与"预算法"较差，唯有能够增进大多数国民福祉总量的"税法"与"预算法"次优，能够增进全体国民福祉总量的"税法"与"预算法"最优。同理，税收法治与预算法治也就有了最差、较差、次优、最优之别。

由于财税法治系统本身就是国家治理体系的子系统和重要内容，因此，财税法治质量与水平也就直接反映和折射出国家治理体系的质量与水平。财税法治系统优，则国家治理体系也优；财税法治系统劣，则国家治理体系也劣。自然，财税法治系统的优化，也就有助于提升国家治理的质量与水平。可见财税法治体系与国家治理体系二者之间相辅相成，互为条件，相互促进。而且长期看，低位阶的财税法治，不可能与高位阶的国家治理体系相匹配；同样，在低位阶的国家治理体系下，财税法治也不可能处于高位阶。就是说，国家治理体系的现代化，既需要财税法治现代化的支持与保障，也需要财税法治现代化的促进与鞭策。

当然，财税法治现代化也需要国家治理现代化的导引与定位。道理在于，财税法治是构成社会"三大体系"（政治、经济与社会）之"媒介"，或者说，财税法治体系优劣直接关乎政治、经济、社会治理体系的优劣，及其整体治理水平的高低，即国家总体治理质量与水平的高低。或者说，财税法治的优化与现代化，直接影响甚至决定国家治理体系的现代化。关于这个道理，日本财政学者神野直彦先生有精辟的论述，他说："财政是连接三个子系统的不可或缺的环节。三个子系统以财政为媒介构成了'整个社会'。因此，'整个社会'危机必然归结为财政危机。"由此可见，财税法治在国家治理现代化体系中的重要地位与作用。

或许正因如此，深化财税体制改革才被作为全面深化改革系统部署的一个重要组成部分，同时还被提升至关系"推进国家治理体系和治理能力现代化"的战略高度，被赋予了"国家治理的基础和重要支柱"的特殊权重。

国家治理现代化不能没有财税法治的现代化

国家治理现代化作为中国社会治理的新提法，其内涵无疑是普遍与特殊、主观与客观、绝对与相对的统一。就"现代化"的"时间"属性而言，它肯定是有别于"古代"的。但是，就"现代化"的本质而言，又不是指被"现代化"之"时间"属性所化成，而是被"现代化"中的"现代性"之属性所化。由于随着时间的推移，人类社会对自然、对社会，以及对自己的认识，包括对财税治理、国家治理的认识会越来越接近真理，也越来越接近文明。因此，国家治理现代化注定意味着与治理真理相随，与治理文明结伴，财税治理现代化也不过是被真理性的财税文明符号、智识等不断化成的过程，也即不断遵从文明社会治理原则，使文明社会治理原则不断实现制度化"嵌入"的过程。

文明社会的国家治理，一定是"以人为本"的，是敬畏人道自由社会治理原则的。具体到财税领域，也就是奉行平等、法治、限度一般原则，以及政治、经济与思想自由具体原则的。而最为核心的是，文明社会的国家治理，一定是遵从公正平等原则的，是把公正平等原则奉为社会治理根本原则的。具体到财税治理，就是把公正平等原则奉为征纳税人之间、纳税人之间、征税人之间权利与义务根本分配原则的财税治理。

而且，国家治理现代化的得失与程度，归根结底，要看它增进全社会和每个国民福祉总量的多少。增进全社会和每个国民福祉总量越多的，这种国家治理就越优良，距离现代文明越近；相反，增进全社会和每个国民福祉总量越少的，这种国家沪理就越落后，距离现代文明也就越远。同样，判定财税法治现代化的得失，也应以此为评价根据。一句话，国家治理现代化不能没有财税法治的现代化，财税法治的现代化是国家治理现代化重要目标之一。

简而言之，新《预算法》的实施，既直接关系财税沄治体系的结构性优化，也有助于国家治理现代化进程的加速。没有财税治理的规范化、法治化与现代化，也就不可能有国家收支行为的规范化、法治化与现代化，更不可能有国家治理的规范化、法治化与现代化。

（《深圳特区报》2014-10-28）

财税改革如何"着眼长远机制的系统性重构"

财税体制改革作为全面深化改革的"重头戏",从三中全会拉开序幕以来,就一直在紧锣密鼓地进行着。这出"重头戏",注定不是"折子戏",也不会仅仅"清唱"几句便作罢。

事实上,从三中全会《决定》确立了"财政是国家治理的基础和重要支柱"的地位开始,财税体制改革就已担负起了全面深化改革的突破口、实现"中国梦"的主攻任务。这一定位的进一步明确,则是习近平总书记在6月6日中央全面深化改革领导小组第三次会议上完成。他说:"财税体制改革不是解一时之弊,而是着眼长远机制的系统性重构。"

所谓"长远机制的系统性重构",就是要把财税机制建设视为一个系统,要以这个机制的系统优化为圭臬,科学协调各个财税机制分系统、子系统的相互关系,并使各个子系统相互完整,彼此平衡,从而实现财税体制构建及其改革的终极目的——为人民服务,即增进全社会和每个国民的福祉总量。简言之,财税体制改革既要"谋全局",也要"谋万世",不能仅仅满足于"解一时之弊","抓了芝麻,漏了西瓜"。

因此,按照这一指导思想,财税体制改革总体方案、具体方案的决策与制定,都应该把各个子系统的特性,自觉地放到母系统、大系统的整体格局之中去权衡和摆位，必须"全国一盘棋"。同时用财税体制的总系统、总目标去协调各个子系统的分目标。而各个子系统的分目标，显然必须服从服务于总系统、总目标，不能"各吹各的号，各唱各的调"。

这既是由财税体制在国家治理的地位和作用所决定，也是由当下财税体制改革面临的主要问题与现实压力所决定。毋庸讳言，1994 年启动的财税体制改革，当时政府虽然也面临内外两个方面的挑战与压力，但那时主要是内部挑战与压力，即中央政府"两个比重偏低"的压力。具体说，是中央和政府之间权利与义务分配失衡，中央财政在全国财政收入中的比例偏低，中央财政在 GDP 中所占比例偏低，中央政府面临的收入压力比较大。但在当下，尽管各级政府依然面临内外两个方面的挑战和压力，但却主要来自于外部的压力，即国民对政府提供之公共产品性价比不满意的压力。而且，伴随国民权利意识的日渐增长，这一压力会越来越大。而且，这一压力既有中央政府的，也有地方政府的。因此，此轮财税体制改革肩负的重任，较之 20 年前要大得多，面临的风险概率也要大得多，风险构成因素也要复杂得多。因此，障碍与阻力注定不小，必须从"系统性重构"的角度去化解这一时代性课题，优化财税体制的各个子系统，理顺各个系统之间的关系。具体说，"系统性重构"的财税体制改革意味着：

第一，要优化"收税"各个系统要素，理顺各个子系统之间的关系。目的在于"收好税"，"稳定税负"，本质是"稳定收入"，为"用好税"奠定基础。换句话说，如果"收税"系统出现问题，税负不稳，过高或过低，都会影响"用税"系统功能的发挥，无法最大限度、可持续性地增进全社会和每个国民的福祉总量。既无法"充分发挥税收筹集财政收入、调节分配、促进结构优化的职能作用"，也无法"优化资源配置、维护市场统一、促进社会公平、实现国家长治久安"。

因此，必须"深化税收制度改革，优化税制结构、完善税收功能、稳定宏观税负、推进依法治税，建立有利于科学发展、社会公平、市场统一的税收制度体系"。具体说，首先，税制改革的目的要明确，必须有助于增进全社会和每个国民的福祉总量，特别是，千万不能以敛财为根据，"为了收税而收税"，更不能与民争利，继续税收任务导向的征税惯性。

其次，要依法治税。即所有的税法，都要充分反映和体现纳税者的意志与意愿。要充分反映和体现纳税者的意志与意愿，建立和完善纳税者利益表达机制、建立纳税人主导的税制，无疑是逻辑的必然。直言之，就是要强化人大在税收立法中的主导职能，尽快提升现行税法的法律位阶，完善税法体系。同时要加强税收执法与司法的现代化建设，文明公正执法，文明公正司法，让每一个纳税者能在具体的涉税过程中感受到实实在在的公正与文明，体会到真正的涉税尊严与平等。

再次，要稳定或降低总体税负，既要解决税负"谁负"领域的税收不公问题，更要解决征纳税人之间权利与义务分配的不公问题，即"取之于民"与"用之于民"之间的不公问题。简言之，要在稳定或降低宏观税负的同时，用心解决不同税种、区域、行业、群体等纳税者之间税负不公的问题，实现税收横向公平与纵向公平。即相同的纳税者的税负应该完全相等，不同的纳税者的税负应该比例平等。但是，如何实现"取之于民"与"用之于民"之间的不公问题，显然更为重要和迫切。

最后，税种结构要合理，即要逐步改革目前"间接税为主，直接税为辅"的税制格局，建立"直接税为主，间接税为辅"的税制新格局。众所周知,直接税的"税痛"敏感性强,有助于纳税者权利意识的培养,有助于对政府花钱权力的监督,从而遏制腐败和寻租行为,防范"三公消费"等侵占纳税者权益的行为。间接税则相反,很容易麻痹纳税者的税痛感,使纳税者变成"植物人",无视政府对税款的使用效率。

当然,遏制"费"挤"税",也是深化财税体制改革的重要内容与任务。

第二,要"改进预算管理制度,强化预算约束、规范政府行为、实现有效监督,加快建立全面规范、公开透明的现代预算制度;"这意味着,通过修订,获得一部优良的《预算法》,从而实现依法"用税",为全体国民提供高性价比的公共产品和服务,既是预算制度改革的核心目的,也成为财税改革、预算改革的重要举措。因此,《预算法》修订,同样首先就要弄清楚终极目的是什么?不可否认,修订的核心目的是为了"强化预算约束、规范政府行为、实现有效监督"等,但修订的终极目的,也只能是为了给全体国民提供高性价比的公共产品和服务。或者说,是为了增进全社会和每个国民的福祉总量。

其次,《预算法》修订要坚持国民需求导向,不能以政府或少数官员的需求偏好作为修订的根据。国民需求导向意味着,《预算法》修订,预算管理制度改革,现代预算制度的建立,都要以是否有助于全体或大多数国民真实需求的满足,作为判定修订成败得失的根本标准。要谨防"修订""改革""建立"的异化,防止少数官员或利益集团借机剥夺大多数的国民利益。国民的真实需求,无非是指基本的物质类需求,诸如养老、医疗、教育、就业等;社会性需求,诸如自由、平等、尊严、荣誉等;精神类的高级需求,诸如认知、审美、自我实现等。

毋庸置疑，一个理想的公共产品结构体系，是有助于满足全体国民或绝大多数国民这三个层次公共需求满足的。直言之，国民任何一个层次公共产品需求的未满足，都意味着政府提供的公共产品性价比较低，还未实现财税体制构建和改革的终极目的，没有增进全社会和每个国民福祉总量，都将成为亟待改革的重要问题。

毋庸讳言，当下政府提供的公共产品性价比距离全体国民的要求还有相当一段距离。表现在，不仅基本的物质类公共产品供给不足，而且，社会类、精神类的公共产品供给同样不足，存在明显的结构性缺陷。深究其因，或是因为公共产品意愿表达机制的缺位，从而导致另一个问题，即"政府所供"，"并非国民所需"；或是因为对政府预算权的监督与制衡低效，支出权力的滥用侵害了广大国民的基本权利。

最后，《预算法》修订要强化"问责"意识。《预算法》作为"小宪法"，重在规范政府的支出行为，防范政府在支出过程中的寻租与腐败行为，预防背离《预算法》创建与修订的终极目的。因此，如果《预算法》修订没有强烈的"问责"意识，就不可能设置有效的"闭环式"的预算权力监督与"问责"机制。"闭环式"监督机制意味着，对政府预算权力的监督不能留有死角，必须全覆盖，特别是不能为政府及其官员人为预留逃避监督的缺口。当然，对政府最高预算权力的监督，本来就是重中之重。

当下预算权力监督与"问责"的重点在于：一是要扩大预算监督与问责的范围，比如把政府非税收入纳入预算的监督与问责。既要实现全口径预算，也要监督预算权力的运用过程，谨防预算支出权力的大面积滥用；二是对政府巨大预算支出行为的监督与"问责"一定要到位。就是说，《预算法》修订不但要盯住政府日常的预算支出行为,更要盯死政府巨大的预算支出行为;三是对政府一些临时性支出行为的监督与问责,也要特别关注;四是对政府在新年度预算草案尚未获批前一段时期内的预算支出行为的监督与问责,同样不能忽视和松懈等。质言之,如果对预算权力的监督与"问责"不到位,《预算法》修订就存在严重的缺陷,就无法实现修订的终极目的。

第三,要明确目标和责任,精心组织,发挥优势,"建立事权和支出责任相适应的制度"。即要"调整中央和地方政府间财政关系,在保持中央和地方收入格局大体稳定的前提下,进一步理顺中央和地方收入划分,合理划分政府间事权和支出责任,促进权力和责任、办事和花钱相统一,建立事权和支出责任相适应的制度"。而且,"新一轮财税体制改革2016年基本完成重点工作和任务,2020年基本建立现代财政制度"。这意味着,在政府收入格局基本稳定的前提下,各级政府不仅要应对来自绝大多数国民对公共产品性价比偏低提出的新要求,必须"建立事权和支出责任相适应的制度",而且还有明确的时限要求。

当下中央与各级地方政府共同面临的压力,不仅在于公共产品和服务的数量不足,而且在于公共产品和服务的质量合意性较低,集中表现在:不仅公共产品和服务的性价比偏低,供需不配套,所供非所需,所需无所供;而且公共产品和服务的结构不合理,偏民生(也不足),轻社会类、精神类公共产品和服务的供给。或者说,偏重基本物质类公共产品和服务的供给,轻视较高级类公共产品和服务的供给。

要化解这些主要压力,"理顺中央和地方收入划分,合理划分政府间事权和支出责任,促进权力和责任、办事和花钱相统一",本是必要的举措与前提。如果财税体制对中央和地方收入划分不清，政府间事权和支出责任不明确，权力和责任、办事和花钱相互冲突，何以能够为全社会和每个国民提供高性价比的公共产品，最大限度地增进他们的福祉总量。坦率地说，深化财税体制改革，注定会触及不少既得利益群体的利益，遭遇各种各样的阻力与困难，不可能一蹴而就。

对此，高层早就强调过：深化财税体制改革，涉及面广，政策性强，利益调整难度大，落实工作任务艰巨而繁重。要充分认识深化财税体制改革的重要性、紧迫性、复杂性、艰巨性，树立全国一盘棋思想，加强组织领导，周密安排部署，正确引导舆论，凝聚各方共识，积极稳妥推进改革。在 6 月 30 日的政治局会议上，又一次强调：深化财税体制改革涉及中央和地方、政府和企业以及部门间权利调整，是一场牵一发动全身的硬仗。要求"各级党委和政府要全面贯彻党中央决策部署和要求，增强大局意识，以高度的政治责任感和历史使命感，加强组织领导，周密安排部署，注重统筹协调，把握力度节奏，精心组织实施，确保改革取得成功"。无疑，这一切要求，都是针对财税体制改革面临的挑战与压力提出的。

总之，财税体制改革要实现"着眼长远机制的系统性重构"的战略目标，切实肩负起全面深化改革"重头戏""突破口"的重任，承载起中国梦的远大理想，还有诸多具体的矛盾需要化解，不少障碍需要跨越，许多严峻的挑战需要应对。因此，"着眼长远机制的系统性重构"的财税体制改革，谋定后动，稳健推进，坚持不懈，积累寸功，或是我们本应持有的基本态度与立场。

（《陕西国税》2014［10］）

用文明税收助推企业"走出去"

在"一带一路"的国家战略背景下，中国企业如何顺利成功地"走出去"，积极参与全球经济竞争，从而缓解国内产能过剩、需求滞涨的压力与挑战，这无疑是一个重大的历史性与时代性课题。

固然，在全球化的经济竞争中，企业是真正的"责、权、利"集于一身的主体，成败得失都得企业自己扛着。但毋庸置疑的是，在促成企业顺利成功"走出去"的诸多要素中，税收法律、政策及其征管举措的有力助推与帮扶，也是十分重要和必要的。好的税收法律、政策与征管举措，不仅会积极助推中国企业能够成功顺利地"走出去"，而且能在全球化的经济竞争中获得优势与成功，便于处理好生存与发展的关系，从而有助于每个国民福祉总量的增进，促进中国社会的文明转型。相反，如果缺乏好的税收法律、政策及其征管举措，完全可能阻滞中国企业"走出去"的步伐，自然也就妄谈在全球化经济竞争中获得优势与成功，以及处理好生存与发展的关系，增进国内每个国民的福祉总量了。

毋庸讳言，就中国企业"走出去"的国家战略而言，既需要好的国内税收法律、政策与征管措施的助推，也需要好的国际税收法律、政策及其征管措施的助推。好的国际税收法律、政策及其征管措施意味着，它的价值取向"应该且必须"是文明的，不能仅仅满足于"文化"。因为"文化"虽与"文明"有一定的联系，但二者却存在根本的区别。众所周知，"文化就是人类的语言文字等符号和思想心智所创造的有价值的东西，就是人类通过语言进行的思想心智所创造的有价值的东西，说到底，就是人类思想的创造物。"而"文明就是好的、具有正价值的文化。"而且，文明有广义与狭义之别，狭义的文明仅是野蛮的对立概念；而广义的文明，则是指好的、具有正价值的文化。

就狭义的文明而言，好的国际税收法律、政策及其征管措施，应该是远离非人道、非自由、非公正、非平等治税理念的。或者说，它是遵从人道自由、公正平等道德观念和精神的。直言之，就国际税收法律、政策及相关征管措施而言，对内，应该拥有最大的民意基础，而且，各项国际税收治理的权力性规范（法律和政策等），都直接或间接地得到了最大多数国民的同意和认可。同时，符合公正平等的精神，征纳税人之间、相关纳税人之间权利与义务的分配是等利害的交换，基本权利与义务的分配是完全平等的，非基本权利的分配符合比例平等原则。关键是对外的国际税收法律、政策及相关征管措施，同样也是基于人道自由、公正平等原则缔结的。具体说，国与国之间的税收协定是基于人道自由、公正平等原则缔结的。至少是经过涉税两国政府之间通过平等协商谈判完成的，符合目前国际税收的缔结规则，自然也是基于互惠互利、双赢的"为己利他"基本原则缔结的。也就是说，中国企业要成功顺利地"走出去"，并在参与全球经济竞争中获胜，必须首先建立、健全相关的国际税收管理权力性规范体系。而且，这些规范要符合文明的道德价值要求，即国际税收法律的缔结符合人道自由与公正平等的原则。

就广义的文明而言，好的国际税收法律、政策及其征管措施本身也应该是一种具有正价值的文化。"正价值"意味着,国际税收要有助于增进缔约两国之间每个国民的福祉总量。一般情况下,也就是在两国企业之间的利益没有发生根本性冲突、可以两全的情境下,应该奉行"不伤一人地增进所有人利益"的帕内托最优原则。唯有在两国企业之间的利益发生了根本性冲突、不可两全的情境下,才可能基于双方利益最大化的原则,在自愿的前提下,"利之中求大,害之中求小"。而且,对受害一方,要给予应有的补偿。

质言之,助推中国企业成功顺利"走出去",而且能在参与全球化经济竞争中获胜的国际税收法律、政策,及其征管举措,都必须符合文明税收治理的道德原则。具体说,要以"不损人"作为最低的恒久的道德原则,以"为己利他"作为基本的恒久的道德原则,以"纯粹为他"作为最高的偶尔的道德原则。换言之,助推中国企业成功顺利"走出去",而且能在参与全球化经济竞争中获胜的国际税收法律、政策,及其征管举措,其道德价值导向系统必须且应该是文明的,互利双赢的。必须坚决摒弃"损人利己",特别是"损人不利己"的国际税收法律、政策价值取向,警惕只顾眼前,不顾及长远的急功近利意识。一言以蔽之,中国企业能否顺利成功地"走出去",并在全球化竞争中获胜,长期看,既取决于我们的国际税收治理等活动能否遵从基本的税收道德原则,守住税收道德的底线,更取决于我们的企业在参与国际竞争的各项活动中,能否遵从基本的企业竞争道德原则,守住企业竞争道德的"底线",树立整体的企业文明形象,不被同行当作既成游戏规则的破坏者与利益的争抢者。

当然,中国企业要成功顺利地"走出去",并在参与全球经济竞争中获胜,仅仅依靠好的文明的国际税收法律和政策是远远不够的。归根结底，取决于企业自身的核心竞争力如何，战略与危机管理的水平如何，以及机遇把握能力如何等要素。在笔者看来，企业走出去要成功，至少应该上好"三炷香"，念好"三字经"。

中国企业要成功顺利地"走出去"，并在参与全球经济竞争中获胜，要上的第一炷香是"戒香"，即要首先理性客观地认识自己，能从企业的生存与发展实际出发，弄清楚企业"走出去"的基本戒律，即"不能做什么"。然后才能上第二炷香——"定香"，让自己的心能彻底地安定下来，不浮躁、不跟风，明确认知本企业的优劣与劣势，从而做出"出去"还是"不出去"的选择，以及要出去的基本条件与关键时机。最后再上"慧香"，即"智慧之香"。"智慧之香"重在探索与发现那些显而"难"见之商机，提前进行战略布局，获取超额利润。常识告诉人们，显而易见的机会，大多竞争激烈，利润空间小。

然后就是要念好"假、大、空"三字经。"假"者，善假于物也！全部管理活动的本质就在于如何"借力"。企业要顺利成功地"走出去"，并在竞争者获胜，就需要全方位地"借力"，诸如人、财、物、环境等力，包括税收之力。"大"者，即要有全球视野，未来思维，必须站在高处（全球化），看在远处（未来），想在深处（实力），力争协调处理好现实复杂性、实践可操作性与未来不确定性等问题。"空"者，即要寻找市场的"空白"，抢占先机，减少竞争成本，志在获取超额的利润回报。

总之，中国企业要成功顺利地"走出去"，并在参与全球经济竞争中获胜，通过好的文明的国际税收制度建设助推是必不可少的要素。事实上，缺少及时有效有力的国际税收法律、政策以及征管措施助推，中国企业要成功顺利"走出去"的底气是不足的，参与全球经济竞争的自信也会受损。毋庸讳言，"走出去"是中国企业的历史性选择,参与全球经济竞争是中国企业的时代宿命。唯有善念,善的文明的制度,特别是好的文明的税收法律、政策与征管举措等助推,才是中国企业化解未来不确定性命运的最好法宝。

(《大连国税》2015〔5〕)

财税法治任重道远

伴随三中、四中全会对"法治"一词的组织性高频动员,"财税法治"也会被特别青睐,成为国家治理现代化的主攻目标。然而,由于对"法治"内涵的理解,一直以来朝野并未达成共识,也就出现了两种不同的财税法治建设思路。一种是以财税法制为主要诉求,注重财税法治形式要素的优化,另一种是以财税法治的内容为主要诉求,主张追求优良的财税法治,也即全体国民同意的财税法治。事实上,二者缺一不可,共同构成优良财税体制的充要条件。质言之,唯有内容与形式统一的财税法治,才是任何社会都值得追求的优良的财税法治,才是真正能够增进全社会和每个国民福祉总量的财税法治。

何谓"财税法治"

顾名思义,"财税法治"是指政府的重要收支行为应该且必须遵从法律,即一切征税、用税强制都要遵从法律——税法,用税也要遵从法律——预算法。问题是,征税、用税仅遵从法律(税法、预算法等法规)就是"财税法治"了吗?如果征税、用税遵从的是恶劣、落后的财税法律,还属于"财税法治"吗?

遵从良法、先进之法律,显然是"财税法治"无疑。因为,

264

良法、先进之法意味着，它是有助于增进全社会和每个国民褔祉总量之法，是符合自由最高财税治理原则之法。同时，它也是符合公正平等财税治理根本原则之法，是征纳税人之间、纳税人之间、征税人之间权利与义务公正平等分配之法。相反，恶劣、落后之法意味着，它是消减全社会和每个国民福祉总量之法，是违背自由最高财税治理原则之法。同样，它也是违背公正平等财税治理根本原则之法，是征纳税人之间、纳税人之间、征税人之间权利与义务不能公正平等分配之法。

严格说来，前者属于"财税法治"，后者并不属于"财税法治"，或者说又仅具有"财税法治"之形式，并不具备"财税法治"之内容。因为它很可能背离财税法治增进全社会和每个国民福祉总量之终极目的，同时也是不自由不人道、不公正不平等的。因此，凡是文明社会，应该且必须追求和建立的一定是"良法"之治，而非"恶法"之治。人类社会发展历史也告诉我们：恶法之治的"财税法治"，不论古今中外，都是存在时间最久、地域最广的一种形式；而良法之治的"财税法治"，却是近代以来才日渐增多的事实，地域也是逐渐扩大的。道理在于，如不做这样的区分，岂不意味着 1911 年以前的中国，早已实现了"财税法治"。因为，每个朝代都有财税"法制"之规范。

进而言之，法治是自由的一般原则，它意味着，"一个社会的任何强制，都必须符合该社会的法律和道德；该社会的所有法律和道德，都必须直接或间接得到全体成员的同意"。对于前者，哈耶克早就指出："法治意味着：政府除非执行众所周知的规则决不可以强制个人。"对于后者，里查德·普赖斯说得更直接："如果一个国家的法律是由一个人或由某个小集团——而不是由公共意志——制定，那么，这种'法律的统治'无异于奴役。"

进而言之，凡是真正的财税法治，都必须符合该社会的财税法律。直言之，一个社会的收入强制——征税，必须符合税法等法律；支出强制——用税，必须符合预算法等法律，诸如宪法、收支基本法，即收入法律体系——税法，支出法律体系——预算法等。但是，真正的"财税法治"，如果仅仅满足这一条件——"法制"是远远不够的。"必须符合财税法律"，这仅仅是"财税法治"的形式要素、必要条件，并不是"财税法治"的充要条件。"财税法治"的充分条件是：一个社会的财税法治规范，诸如收支法律，"都必须直接或间接得到全体成员的同意。"或者说，如果一个社会的财税法治规范体系，未经全体社会成员的直接或间接"同意"，这样的"财税法治"，就不能属于真正的"财税法治"，只是具有财税法治之形式而已。唯有这两个条件同时符合的"财税法治"，才是真正的"财税法治"，才是文明社会应该追求的"财税法治"。

优良"财税法治"不能随意约定

就"财税法治"是政府收支行为"应该且必须"遵从的权力与非权力规范而言，"财税法治"之内涵是可以任意约定的。因为，任何社会任何人，都可以相互约定一个财税法制规范。而且，一个社会的政治、经济、文化背景不同，"财税法治"的内涵或规范也就可能不同。有多少个国家，就可能有多少种"财税法治"。而且，不论这种财税法治规范是自由平等约定的，还是被迫强迫约定的。问题在于，优良财税法治规范的约定却不是随意的。

这是因为，凡是优良财税法治规范，都必须通过财税法治行为事实如何的规律，经由财税法治的终极目的才能制定。前者是财税法治价值的客体根源与标准，后者是财税法治价值的主体条件与标准。换言之，唯有符合财税法治终极目的的财税法治行为，才是具有正价值效用的财税法治，依次制定的财税法治规范，才是优良的财税法治，才是值得追求的财税法治。而且，凡是符合财税法治终极目的的财税法治，就是有助于增进全社会和每个国民福祉总量的财税法治，才是全社会值得追求的财税法治；凡是背离财税法治终极目的的财税法治，则是可能消减全社会和每个国民福祉总量的财税法治，即是文明社会不值得追求的财税法治。

如果没有财税法治的优劣差别，也就不存在财税法治的优劣选择。但是，选择本身的优劣，既受制于财税法治的终极目的，即增进全社会和每个国民福祉总量的多少，也受制于公共资金收支行为规律之"事实如何"。也就是说，如果一个社会的财税法治建设选择了有助于增进全社会和每个国民福祉总量，符合公共资金收支行为规律，它就是优良的，值得追求的；相反，如果一个社会的财税法治建设选择了消减全社会和每个国民的福祉总量，违背公共资金收支行为规律，它就是恶劣的，不值得追求的。就现实而言，"选择性"无疑直接受制于一个社会的政体类型。

如此观之，"财税法治"必须增进全社会和每个国民福祉总量，坚决选择能够增进全社会和每个国民福祉总量的财税法治。当然，如果一个社会尚处于文明初级阶段的话，也就是权力的民意基础不广泛、不坚实的话，其财税法治权力的合意性也就成为财税法治建设最大的"软肋"与障碍。它的选择也就最容易受制于当下政体的性质与类型，与当下政体类型同构，致使其财税法治偏重于形式，有意无意地忽视财税法治本质性的内容优化，仅仅着眼于财税法治规范体系的完备化与精致化，偏好于财税法制体系技术要素的优化，进而背离财税法治的大道目标。

根本说来，一切社会的财税治理，既应该且必须法治，同时其财税法制更应该且必须经过全体国民的直接或间接同意。前者是形式，后者是内容，内容与形式的统一，才是财税法治的真正内涵，才是优良财税法治建设最根本的奋斗目标。

财税法治任重道远

"财税法治"本真内涵分析告诉我们，中国社会的财税法治建设任重道远。这是因为：

首先，财税法治规范体系本身的不完善，注定了当下财税法治建设任重道远。一是就财税法治的终极目的而言，全社会至今尚未认识到是为了最大限度地增进全社会和每个国民的福祉总量，并以此作为判定一种财税法治优劣的终极标准。而且至今没有认识到，这一终极标准，还可具体化为两个标准：即在征纳税人之间权利与义务未发生冲突、可以两全的情况下，奉行"不伤一人的所有人利益"的帕内托最优原则；在征纳税人之间权利与义务发生冲突、不可以两全的情况下，奉行"最大净余额"原则，即"最大多数人的最大利益原则"。

二是就政府收支行为的财税法治规范体系而言，宪法层面关于征纳税人权利与义务的规定太过简略和语焉不详。显然不能仅仅以第56条"纳税人有依法纳税的义务"一句，就涵盖和代替一切财税行为规范，特别是不能缺少对政府征税权力明确限制的条款，以及对政府支出权力给予限制的条款，还有关于国家公共资金收支行为的"问责"条款。这无疑需要通过及时的修宪，进一步清晰化、具体化，从而发挥宪法在财税法治中的支柱与基石作用。

三是现行财税法体系的法律"位阶"比较低。以税法为例，目前我国有十八种税法，但仅有三种税法，即《中华人民共和国个人所得税法》《中华人民共和国外商投资企业和外国企业所得税法》《中华人民共和国车船税法》是经过全国人大立法的，其他十五种税法，都是以《条例》或《暂行条例》的形式施行。而且，作为中国税收最大税种的《增值税暂行条例》，已经试行二十多年了，至今还在试行。

四是就政府支出行为的法治规范体系而言，同样法律"位阶"比较低，而且，与《预算法》配套的政府支出行为法律体系也不完善。众所周知，1994年出台的《预算法》，2004年启动修改之后，其间曾两度成立起草小组，历经三届人大，四次启动审议，历经20年，直到今年8月31日才被人大审议通过，并于2015年元月1日才开始施行，远远落后于时代发展的需求。

当然，如果再加上财税法治问责体系的低效与滞后，财税法治建设更加任重道远。

一言以蔽之，真正优良的财税法治，既要重视财税法制建设，更要争取财税法治规范的合意性，即财税法治权力的优化。没有财税权力的优化，即全体国民利益表达机制与同意机制的建立，财税法治建设就只能是一句空话。当然，财税立法、执法、司法机制的法治化也不可忽视。

（《广东地税》2015［2］）

能否限制税权是税改成败的关键

衡量一种税改成败的标准可能有很多，但笔者以为，根本说来要看其是否有助于实现增进全社会和每个纳税人福利总量的终极目的。

如果一种税改方案有助于实现增进全社会和每个纳税人福利总量的终极目的，哪怕是它的各种举措有这样那样的缺陷，都不失为一种优良的税改方案。相反，不论一种税改方案的名义多么漂亮和动听，如果无助于实现增进全社会和每个纳税人福利总量的终极目的，它就不是所有纳税人共同期待的税改，就不是最优的税改。这种税改，很可能只是为了几个人或少数人福利总量的增进，是一种与民争利的税改，是打着为纳税人服务旗号的税改。

但是，一种税改要切实实现增进全社会和每个纳税人福利总量的根本目标，笔者认为，关键要看通过税改对税权的限制是否到位。换句话说，一种对税权不做实质性限制的税改，注定是不会成功的，也不可能实现增进全社会和每个纳税人福利总量的终极目的。

这是因为，税权是仅为税收治理者拥有的一种迫使纳税人不得不服从的强制力量。它是保障征纳税人之间、征税人之间、纳税人之间权利与义务公正分配的必要条件。换句话说，如果税权不合法，税权的使用缺乏有效监督的话，征纳税人之间、征税人之间、纳税人之间权利与义务公正分配将失去前提条件。这将意味着，一种税制的结构就会失衡扭曲，基石便会松动。无疑，整个税制将会背离增进全社会和每个纳税人福利总量的终极目的。

所以，如何通过税改来不断优化税权，也就是不断扩大税权的民意基础，增强税权运用过程中的监督与制约，将是任何一个真正的税改必须始终瞄准的主要目标。失去这个主攻目标的税改，终归会事倍功半，甚至南辕北辙。

无疑，扩大税权的民意基础，就是要不断提升纳税人在税收治理中的主导地位，要逐渐还权于纳税人。

总之，衡量一种税改方案的优劣，一种税改成败的关键标准就在于，这种税改是否在税权优化与制衡方面能够有所作为，或者已经有所作为。中国税改要实现实质性突破，同样也要看在税权优化与制衡方面是否有所收获。

（《中国改革论坛》2012-06-06）

自由是税改的最高诉求

　　自由之所以成为税改的最高诉求，这是因为，一方面，自由是每一个纳税人达成自我实现的根本条件。也就是说，唯有自由可以解放每个纳税人的个性。而每个纳税人个性的解放，是每个纳税人创造性潜能得到最大发挥的根本条件。没有每个纳税人个性的解放，每个纳税人的创造性潜能就不可能得到最大的发挥。这就提示我们，一切真正的税改，其实意味着有助于每个纳税人个性的不断解放，意味着能够不受外在强制而能按照自己的意志进行涉税活动的纳税人的人数规模越来越大，甚至达到全体。反过来，真正的税改意味着，受外在强制而不能按照自己意志进行涉税活动的纳税人越来越少。自然，这种税改所追求的税制，也就越优良，越有助于增进每个纳税人的福利总量。

　　另一方面，自由也是促进税改和社会进步的根本条件。这是因为，每个纳税人个性的解放、创造性潜能的发挥，无疑意味着一种税改可以最大限度地增进每个纳税人的福利总量，意味着可以最大限度地增进每个国民的福利总量。增进每个纳税人的福利总量，岂不就是增进全社会的福利总量，就是促进社会的繁荣与进步。

　　因此，任何真正的税改，一定是有助于增进每个纳税人个性解放的税改，也就是有助于每个纳税人创造性潜能得到最大发挥

272

的税改，也就是有助于增进每个纳税人福利总量实现的税改。相反，一切无助于每个纳税人个性解放、无助于每个纳税人创造性潜能最大发挥的税改，不论其标榜得多么美好，都是无助于每个纳税人福利总量增进的税改，都是伪税改、假税改。正是因为如此，笔者认为，给每个纳税人以最大的自由，应是一切真正的税改都应追求的价值目标和理想。税改就是要解放每个纳税人，激励激发每个纳税人可持续创获财富的主体精神和意识，为社会整体的繁荣与进步注入人性的活力。

税改要给每个纳税人自由，就是因为现实中的税制往往压抑束缚了纳税人的个性自由，使大多数纳税人被强制，不能按照自己的意志从事涉税活动。也就是说，由于现行税制的落后性，大多数纳税人的个性被束缚，创造性潜能被压抑，这种税制体现和反映的意志不是大多数或所有纳税人的税收意志，仅仅是个别人或少数人的税收意志。因此，这种税制反映和体现的也就只能是个别人或少数人的税收意志，自然，这种税制增进的也就只能是个别人或少数人的福利总量。无疑，这种税制伤害的将是大多数人的福利总量，也无助于整个社会的繁荣与进步。

这种仅仅反映和体现个别人或少数人税收意志的现象，就是异化。纳税人异化现象是指，在纳税人被强制的情况下，由纳税人自己做出而又异于自己意志的行为。可见，与自由相反，异化越是严重，每个纳税人的个性越是受压抑，创造性潜能越是得不到最大发挥，自然也就越无助于全社会和每个纳税人福利总量的实现。因此，异化是最不人道的。哪种税制异化越大，哪种税制就越不人道，自然也就越缺乏公正，越是不平等。正是在这种意义上说，一切真正的税改，不过是为了消减异化，为了最大限度地体现每个纳税人的涉税意志，力争按照每个纳税人的意志进行税改。

但如细究，这种强制纳税人自己做出又异于自己意志的异化行为，根本说来，无非四种。第一种强制显然来自于税权。税权作为一个社会税收活动管理者拥有的迫使纳税人不得不遵从的强制力量，如果得不到绝大多数纳税人认同的话，最容易催生纳税人的涉税异化行为，强制纳税人自己做出又异于自己意志的异化行为。众所周知，一切权力都是一种强力，是一种仅仅为管理者拥有，迫使被管理者不得不服从的力量。但是反过来，一切强力并不等于权力，唯有被管理者认同的强力才是权力。权力通常由暴力强制和行政强制两种构成，前者是指军队、警察、监狱等国家专政的暴力工具，后者则是指提职、降薪等行政性强制力量。税权同样。纳税人异化最大的税权，也就是束缚纳税人个性最大的税权，压抑纳税人创造性潜能最大的税权，也就是无助于使每个纳税人自我实现的税权，更是无助于增进全社会和每个纳税人福利总量的税权。自然，在这种税权保障下的征纳税人之间，以及征税人之间、纳税人之间权利与义务分配也就不会公正平等。因此，一切税改，莫不是以消减税权异化为根本目标，莫不期待通过政治体制改革优化税权，致力于税权异化现象的消减。

第二种强制无异来自于经济强制。毫无疑问，拥有资本和财力本身就是一种强制力，它可以迫使弱势群体违背自己的意志做出异于自己意志的行为。对此，马克思早有精辟的论述，他说："生产力，一般财富等等，知识等等的创造，表现为从事劳动的个人本身的异化，他不是把他自己创造出来的东西当作他自己的财富的条件，而是当作他人财富和自己贫困的条件。"需要特别强调的是，非经济异化先于经济异化。经济异化起源于人身占有、人身依附等非经济强制和私有财产、资本等经济强制两种。

第三种强制来源于社会强制。也就是指一个纳税人违背自己税收意志而屈从社会税收意志的行为，是自己所进行的不是按照自己税收意志的属于自己的行为，也就是屈从社会税收意志的属于社会的税收行为。具体说，也就是违己而屈从群众税收意志、集体税收意志、他人税收意志的行为。无疑，这种社会异化同样会束缚每个纳税人的个性，压抑每个纳税人的创造性潜能，无助于每个纳税人福利总量的增进，也无助于全社会福利总量的增进。自然也就是税改应该消减的异化现象。

当然，或许还有第四种强制，也就是来自宗教的强制。宗教的税收异化意味着，束缚每个纳税人个性发展和创造性潜能发挥的因素是神灵。也就是每个纳税人是按照所谓神灵的税收意志来参与税收活动的行为，也就是按照神、魔、鬼、精灵、灵魂等一切超自然存在的税收意志来参与税收活动的行为。

可见，就积极方面而言，一切真正的税改，应该致力于束缚每个纳税人个性发展的解放、创造性潜能的发挥。就消极方面而言，一切真正的税改，应该致力于消减现行税制存在的异化现象，诸如税制的政治异化、经济异化、社会异化以及宗教异化。

消减税制的政治异化，主要途径在于期待实质性政治体制改革的启动。税制经济异化现象的消减途径在于，如何消除人身占有、消除人身依附和消除私有制的经济基础。税制社会异化现象的消减途径，一方面在于如何创造法治、民主、人权的社会，另一方面在于如何培养热烈追求自我实现的纳税人。税制宗教异化现象的消减途径，用马克思的话说就是："废除作为人民幻想的幸福的宗教，也就是要求实现人民的现实的幸福。要求抛弃关于自己处境的幻想，也就是要求抛弃那需要幻想的处境。因此，对宗教的批判就是对苦难世界——宗教是它的灵光圈——的批判的胚胎。"具体说，一方面在于发展科学，另一方面在于消减自然苦难和社会苦难（经济异化、政治异化、社会异化）的社会根源。

然而，自由虽是税改的最高诉求或原则，但却不是最重要最根本的诉求。税改最重要最根本的诉求当是公正，当是如何通过税改，建立更为根本的税制。这是因为，正如亚当·斯密所说："与其说仁慈是社会存在的基础，还不如说正义是这种基础。虽然没有仁慈之心，社会也可以存在于一种不很令人愉快的状态之中，但是不义行为的盛行却肯定会彻底毁掉它。"税收治理和税改一样，追求公正目标，当是永远不变的根本主题。

（《爱思想》2012-06-03）

"互联网＋税务"何时推出

"互联网＋税务"，至少在节奏上、力度上、范围上应该与客观经济形势相吻合，既不能太快，加重企业的经营负担，也不能太慢，征管能力与手段落后于大数据时代的新要求。

最近流行"互联网＋"，有税务部门及时召开了"互联网＋税务"研讨会议。

微信群中流传的一个段子，却让人不得不深思与省察。为何如此高规格追赶高新技术潮流的会议，百度、阿里、腾讯、京东、航天信息等与会企业并不十分热心？当被问及你们的互联网为什么没＋税收时，其回复实在叫会议举办方不知如何回答是好。

据悉主办者回复如下：我们的系统要是能随便＋税收，如果我们的互联网＋税收解决了税收管理问题，还要税务部门干什么？

其实，从伦理道德看，主办者遭遇这种尴尬既在情理之中，也在意料之中。

道理在于，人的一切行为，都基于需求与欲望，都是为了某种利益，其目的与手段，都有利害之争。从行为主体的总体或长期利益观之，一般而言，只有"己他两利"的行为目的与手段，才可能收获双赢的结果。因此，如果"互联网＋税务"有助于满足企业的理性需求与欲望，可以实现企业的目的，那企业一定会高兴和上心。否则，敷衍应付，配合支持一下税务部门的工作，同样也在情理之中。

质言之，对税务机关而言，"互联网＋税务"意味着其征管能力的提升，意味着聚财手段的现代化，无疑有助于聚财规模的扩大，及其政绩的彰显，有利有益。特别是在宏观经济形势严峻，组织收入压力加剧的情势下，期待通过"互联网＋税务"发挥神力，助其履行职责，或是一种惯性思维，无关乎是非善恶。但对企业而言，"互联网＋税务"则意味着，随着税务机关征管能力的提升与征管手段的现代化，企业税负会增加，可支配资金会减少，特别是在宏观经济形势下行挑战加剧的大环境下，也就是在企业发展资金短缺，融资成本大，经营空前艰难的情况下，"互联网＋税务"有些不利。常识告诉我们，经济与税收是一对孪生子，企业经济不景气，税源必然紧张枯竭。

毋庸讳言，"互联网＋税务"，至少在节奏上、力度上、范围上应该与客观经济形势相吻合，既不能太快，加重企业的经营负担，也不能太慢，征管能力与手段落后于大数据时代的新要求。问题是，由于当下税制法定税率，主要是增值税税率约定时的特定时代背景，以及征管能力与手段的实际，经过二十多年的征管信息化建设，税务机关的总体税收征管能力与征管手段的现代化水平已经大幅提升，而原定的税率并未及时降低，与现行征管能力和手段相适应。毋庸置疑，这意味着，当下税制的聚财功能会习惯性地超长发挥，进而越界或异化，特别是在宏观经济形势面临历史性挑战的境遇下，最容易背离税收增进全社会和每个国民福祉总量的终极目的。换句话说，如果在这种形势下大力推进"互联网＋税务"的话，或许好心办坏事，至少时机不是十分成熟。

总之，唯有穿透"互联网＋税务"的现象，我们才能感受此次"互联网＋税务"遭遇伦理尴尬的真实原因。转型中国，矛盾与冲突纠缠．特别是征纳税人之间矛盾与冲突的调理，既需要大智慧，也需要高超的方法与艺术。

（《深圳特区报》2015-11-10）

"互联网＋税务"必须再"＋纳税人权利"

"互联网＋"经济大热，"互联网＋税务"也拍马紧跟。

"互联网＋税务"，也就是互联网＋税收相关的事务，广义讲，就是互联网＋税收立法、税收执法与税收司法。狭义讲，就是互联网＋税收征管执法。由于"互联网＋"是互联网思维的进一步实践成果，它代表一种先进的生产关系，会推动经济、政治、文化、法治等社会形态不断地发生演变，从而为整个社会的改革、创新、发展提供广阔的发展平台。因此，"互联网＋税务"，注定也将推动税收立法、执法、司法等形态发生新的演变与变革。

当然，"互联网＋税务"需要很好地处理税收立法、执法、司法三者之间的关系，仅仅将互联网作为增强政府聚财能力的工具与手段的话，逻辑上，"互联网＋税务"便只是意味着征管能力的大幅提高，聚财功能的迅速加强。如果"互联网＋税务"意味着民间资本的快速减少与流失，意味着纳税人税负的很快加重，自然也意味着纳税人创造潜能的加速被遏制与被压抑。这样，会导致征纳税人之间权利与义务分配不公正问题的加剧，既加剧纳税人之间权利与义务分配的不公。当然，也就意味着全社会和每个国民福祉总量的消减，以及整个社会活力的加速衰减。

因此，"互联网＋税务"要实现大的社会功德与效用，就必须同时促进互联网＋税收立法、＋税收执法、＋税收司法等，不能仅仅追求互联网＋税收执法，忽视互联网＋税收立法、＋税收司法。"互联网＋税务"不能见钱眼开，唯利是图，不能一味地增税务机关的权利，还应自觉追求"互联网＋纳税人权利"，自觉促使征纳税人之间权利与义务、征税人之间权利与义务，以及纳税人之间等权利与义务的公正平等分配。

具体说，"互联网＋税务"，应加的纳税人权利如下：根据《中华人民共和国税收征收管理法》的规定，纳税人权利包括知悉权、要求保密权、申请减税权、申请免税权、申请退税权、陈述、申辩权、复议和诉讼权、请求国家赔偿权、控告、检举、请求回避权、举报权、申请延期申报权、取得代扣、代收手续费权、申请延期缴纳税款权、索取完税凭证权、索取收据或清单权、拒绝检查权、委托税务代理权等。

因此，"互联网＋税务"应该是"互联网＋纳税人权利"，特别是纳税人在税收治理体系中的主体地位权利，包括对政府税权的"闭环式"监督权利。或者说，如果"互联网＋税务"仅仅是"互联网＋征税人权利"，不是"互联网＋纳税人权利"的话，必然会快速加剧税收不公正，从而背离税收增进全社会和每个国民福祉总量的终极目的。

总之，"互联网＋税务"固然必须和紧迫，但"互联网＋纳税人权利"更为关键和重要，更符合社会可持续发展的战略目标。

（《深圳特区报》2016-01-12）

"法定"是税收法治的基本要求

按照《贯彻落实税收法定原则的实施意见》(以下称为《实施意见》)要求,落实税收法定原则的改革任务,将力争在 2020 年前完成。届时,税收暂行条例将上升为法律或者废止,并相应废止 1985 年制定的《全国人民代表大会关于授权国务院在经济体制改革和对外开放方面可以制定暂行的规定或者条例的决定》。

在特定的历史阶段,《实施意见》的通过,无疑对推进整个国家税收法治化进程意义重大。但 2020 年完成税收法定任务的时限要求,或应理性对待。一方面,这有助于督促和鞭策党政相关各个部门协力推进税收法治建设,提升国家整体税收法治水平。另一方面,税收法定仅仅是税收法治的基本要求。或者说,税收法治固然要以税收法定为前提,但仅有税收法定是远远不够的。因为税收法治还有更为重要和根本的内涵与要求。比如,既需要"法定之法"能体现和反映全体或绝大多数国民的税收意志,直接或间接征得全体或绝大多数国民的同意,更需要"法定之法"能够全面体现公正、平等的原则与精神。

因此,未来中国税收法治注定面临诸多挑战与压力,既有来自内部的,比如立法、执法、司法部门的观念意识、组织架构,以及工作惯性、作风,特别是监督制衡机制落后等原因;也有外部的,比如民众日益增长的权利意识与问责意识,以及民众不断提高的对政府公共产品与服务质量和数量的新要求等。

事实上，中国税收法治建设会充满任务的艰巨性、过程的复杂性，以及未来的不确定性。主要表现在：税收法定仅仅是税收法治的必要条件，而非充要条件。道理在于，"法"是一种"应该且必须"如何的权力性规范，而"权力"的合意性决定"法"的合意性。

要全面实现税收法定原则，关键在于如何坚持社会主义核心价值观，拥有一个明确、稳定、基本、文明的税收法治价值取向，确定科学的目标体系。同时能坚持循序渐进，积累寸功的实践原则，逐步推进。中国税收法治建设关键在于，如何对税权实施有效监督，以确保"有权不再任性"。

要遏制税权任性，除强化政府涉税官员的道德自律外，关键是如何全面发挥内外监督力量的作用。既要发挥现有党政内外监督机制的职能，一切按照现有的规矩办，任何部门、任何组织、任何人不得超越"规矩"调税，特别是加税与增税。更要正视现有党政监督机制职能交叉重叠导致的"虚化"与"弱化"现象，主动发挥社会各界的监督与制衡作用。根本在于涉税信息的公开与透明。同时，要敢于解放思想，充分发挥媒介对税权任性现象的监督与制衡作用。

（《深圳特区报》2015-04-18）

后　记

在丁酉年的最后一日，为笔者的第一本税收随笔集《大国税事》写"后记"，似乎有着特别的意义。

一方面，丁酉年是笔者文昌运大行之年，先是在夏月里，再次由西北大学出版社推出了笔者《税道苍黄：中国税收治理系统误差现场批判》的姊妹篇《税道德观：税收文明的伦理省察与探寻》，也是三卷本，100 多万字，从而督促笔者对 2009 年以来的"税收伦理"探索与思考，做了一次阶段性的回顾与总结。接着是在冬月里，拙著有幸忝列中国财政经济出版社"当代税收名家丛书"，出版了第一本系统化理论著作《优良税制论——基于伦理视域的探索与尝试》。坦率地说，这些文字的付梓，对于一个"拥书自雄"的业余税收理论研究者来说，足感幸福和宽慰。至少意味着，笔者关于"税收伦理"问题思考的文字数，已达 236 万余字。

另一方面，丁酉年也是笔者流年不顺，被"阴人"特别"惦记"，历尽心理熬煎与焦虑、愤怒与无奈、悲哀与绝望的一年。好在，年三十之后，过去的一年终将过去。

因此，丁酉年注定刻骨铭心，永生难忘。

所幸，不论是在最好的日子，还是在最糟的时刻，不论是在烈日炎炎的夏天，还是在风霜施虐的冬日，都有来自亲人和天南地北师友以及身边领导和同事们通过各种途径和方式给予的庇护、关切与安慰。顺心的时候，有师友们理性的提醒与告诫；受挫的时候，有师友们热诚、贴心的关怀与支持。对此，轩鸽的感念与感激难以言表，唯衷心祝愿各位师友健康永相随，阖家欢乐，与美好生活永远相依相偎。

必须特别致谢的是，《大国税事》中收集的随笔、评论文章，如果没有黄钟、张剑荆、周国和、赵灵敏、江雪、徐迁军、曹钦白等媒体界师友们的厚爱，如果没有《改革内参》《中国经济报告》《南风窗》《深圳特区报》《华商报》《凤凰博客》《凯迪评论》等新老媒体的偏爱与推介，这些文字，或许至今都无法摆脱"抽屉"作品的宿命，难见社会功德。

特别是，如果没有我的导师王海明先生及先生所创立的"新伦理学"精神之导引与支撑，笔者也不可能以中平的天分，写下关注这些现实税收问题导向的税情文字。同样，如果没有中国伦理学界、财税法学界刘剑文、李炜光、涂龙力、熊伟、周序中、蔡昌、唐代兴、孙春晨、李胜良等师友们的专业性鼓励与鞭策，笔者也难取得这些文字性的成绩。同样，如果身边没有董中、陈翔鹤老师，范军、史晓明兄嫂等朋友们的经常性肯定与呵护，如果没有家人长期以来的理解与包容，同样不可能取得现在这些文字性的成果。因此，笔者愿再次引用爱因斯坦先生关于"感恩"的名言，以期表达笔者赤诚的感恩、感念与感激之情："我每天上百次地提醒自己：我的精神生活和物质生活都依靠着别人的劳动，我必须尽力以同样的分量来报偿我所领受了的和至今还在领受着的东西。"笔者又何尝不是如此呢？

冰火两重天的丁酉年，终于要过去了。

在时间的坐标上，我们中的每一位，不论是愿意还是不愿意，自觉还是被动，都将开始铺陈新的人生轨迹，让我们"相信不屈不挠的努力，相信战胜死亡的年轻，相信未来，相信生命"（食指）。

最后，祝愿每一位与《大国税事》邂逅的读者，能把日常生活的执着，分一些给中国税情，关心一下税收与国运兴衰的大事，借此提升自己的人生境界，扩展自己的人生格局，最终能真正"成为自己"，成为一个有点家国情怀的"大写的人"。

姚轩鸽
丁酉年除夕于沉潜斋